I0067761

43858

OEUVRES COMPLÈTES

DE P. ROSSI

PUBLIÉES

PAR ORDRE DU GOUVERNEMENT ITALIEN.

SAINT-DENIS. — TYPOGRAPHIE DE A. MOULIN.

ŒUVRES COMPLÈTES

DE

P. ROSSI

PUBLIÉES

PAR ORDRE DU GOUVERNEMENT ITALIEN

TRAITÉ DE DROIT PÉNAL

3ᵉ Édition

REVUE ET PRÉCÉDÉE D'UNE INTRODUCTION

PAR

M. FAUSTIN HÉLIE

Conseiller à la Cour de Cassation, Membre de l'Institut.

TOME SECOND

PARIS

LIBRAIRIE DE GUILLAUMIN ET Cⁱᴱ

Éditeurs du Journal des Économistes, de la Collection des principaux Économistes
du Dictionnaire de l'Économie politique, du Dictionnaire universel du Commerce et de la Navigation, etc.

RUE RICHELIEU, 14

1863

TRAITÉ

DE

DROIT PÉNAL

CHAPITRE XI.

IMPUTABILITÉ; MODIFICATIONS DE LA CULPABILITÉ;
APERÇU GÉNÉRAL.

Nous venons de considérer l'imputabilité dans ses
éléments les plus simples, et nous avons vu qu'il
suffit que l'un de ces éléments disparaisse pour qu'il
n'y ait plus d'imputabilité. C'est là l'*imputabilité*
proprement dite.

Mais comme elle existe dès qu'il y a eu concours de
l'intelligence et de la volonté, comme elle consiste
uniquement à *savoir* que l'acte qu'on va commettre
est défendu, et à le *vouloir* cependant commettre,
l'imputabilité proprement dite se retrouve déjà dans
les délits les plus légers, même dans ceux commis
par emportement instantané, dans la violence d'une
passion. Un coup porté dans un accès de colère fortement provoqué par la partie lésée, est un acte
imputable, car on ne peut pas affirmer que la provo-

cation ait ôté la conscience du mal à la personne
provoquée. Quant à sa volonté, la provocation l'a
mise en mouvement. Cependant l'homme provoqué
était libre de ne point agir. Cette liberté est un fait
de conscience, un fait attesté aussi par la conduite de
ceux qui résistent à des provocations semblables,
parce qu'ils ont mieux appris à maîtriser leurs passions, à respecter le devoir. Enfin l'homme qui cède
à la provocation sent lui-même qu'il fait le mal ; il
le sent au moment même où la passion l'entraîne au
délit, et il ne l'a pas plutôt consommé qu'il s'en
repent ; il est mécontent de lui-même.

Il y a donc imputabilité.

Mais que le coup soit porté de sang-froid, qu'il
soit accompagné d'outrages et de sévices, que des
crimes accessoires viennent se joindre au crime principal, la conscience universelle s'élève contre le
meurtrier.

Cependant la culpabilité spéciale de cet acte n'est
encore que le résultat de l'intelligence et de la volonté
de l'agent. Mais le coupable, par mouvement instantané, n'a eu que l'aperception du crime ; l'assassin y a appliqué sa réflexion. Son intelligence a
examiné à loisir tous les obstacles légaux et moraux
qui s'opposaient à l'exécution du crime, le cri de la
conscience, la voix de la religion, les menaces de la
loi se sont tour à tour fait entendre ; sa volonté a
tout franchi, tout bravé, et le crime a été consommé.
Tandis que, dans l'acte instantané, l'idée du crime
n'a fait que passer par l'esprit de l'agent, à travers le
nuage de la passion, dans l'acte prémédité, elle a pu

se placer face à face du criminel ; elle a pu se développer sous toutes ses formes, s'entourer de toutes ses terreurs, et mettre en évidence tous les dangers qui accompagnent le crime. La société s'alarme avec raison d'un semblable méfait; et, oubliant l'indulgence qu'elle a pu témoigner à l'homme qui a été précipité dans le délit, elle s'arme d'une juste sévérité contre l'assassin.

De même celui qui, pressé par un malheur imminent et sans autre moyen de s'y soustraire qu'un délit, se détermine à le commettre, est coupable. Il a choisi le mal. Mais le second élément de l'imputabilité, la délibération, n'a eu que le degré de culpabilité strictement nécessaire pour rendre l'agent responsable de son fait. Sa résolution aurait été bien autrement coupable s'il eût eu devant lui des moyens licites d'échapper au danger, et qu'il eût cependant préféré le moyen criminel.

Ainsi sous le rapport de l'intelligence, la culpabilité se proportionne au nombre des obstacles que la réflexion a eu le temps de reconnaître ; sous le rapport de la volonté, au nombre des moyens irréprochables d'action qui s'offraient à l'agent. Il est inutile de remarquer que c'est uniquement pour arriver à des formules plus précises que nous distinguons ainsi le rôle que jouent les diverses facultés de l'âme.

Outre la culpabilité que nous pourrions presque appeler *élémentaire* et qui est indispensable pour que le fait soit imputé à crime, il y a donc une culpabilité qu'on peut appeler *spéciale*.

Considérée uniquement dans ses rapports avec une action particulière, elle se révèle le plus souvent sous deux formes, par le mode d'exécution et par les crimes accessoires au crime principal. Le meurtre commis de sang-froid ou par le moyen du poison, le meurtre précédé d'outrages à la pudeur ou suivi du vol, de l'incendie, en sont des exemples. Or le caractère distinctif de ces actes, c'est la réflexion, puisque tous supposent un intervalle de temps plus ou moins long entre la pensée criminelle et l'acte qui achève la consommation du crime.

A la vérité, on peut citer des exemples de délits complexes qui ne paraissent pas avoir été l'effet de la réflexion, mais la suite de mouvements successifs, chacun irréfléchi et instantané. Un meurtre est commis dans un accès de colère ; le meurtrier, effrayé de son crime, embarrassé du cadavre, trouve du feu sous sa main, lance un brandon dans un amas de matières combustibles et fuit. Il y a là deux mouvements instantanés, deux aperceptions rapides, indépendantes l'une de l'autre, et qui paraissent n'entacher le crime d'aucune perversité spéciale. C'est un meurtre sans préméditation et un incendie également non prémédité.

De même, il n'est pas difficile de se représenter un empoisonnement sans préméditation, dans l'acte d'un domestique qui, gravement provoqué par son maître au moment où il allait lui présenter une potion, et trouvant sous sa main la substance dont une dose exagérée peut causer la mort, jetterait dans la coupe ce qui était destiné à être pris en cinq ou six jours.

Ces exceptions prouvent que le législateur qui veut décider par des faits particuliers arbitrairement généralisés, toutes les questions relatives à la moralité de l'agent, ne saurait éviter de graves erreurs.

Mais, en tant qu'observation propre à éclairer la doctrine et à fournir d'utiles directions aux juges du fait, notre remarque subsiste. C'est principalement sur le mode d'exécution et sur les crimes qui précèdent, accompagnent ou suivent le crime principal, qu'on doit fixer son attention, quand on veut reconnaître s'il y a eu culpabilité spéciale dans l'acte imputé.

Qu'on le remarque ; nous disons culpabilité spéciale dans le crime dont il s'agit ; car nous n'entendons pas parler de la plus ou moins grande immoralité habituelle et interne de l'agent.

Il se peut qu'un homme profondément immoral ne commette qu'un léger délit et que ce délit ne soit nullement prémédité.

Il se peut qu'un homme moins corrompu que le précédent, commette cependant un crime avec les caractères les plus décidés de culpabilité.

La justice sociale ne peut apprécier que les actes spéciaux qui tombent sous l'empire de ses lois.

Ce n'est que sous ce point de vue qu'elle apprécie la moralité de l'agent.

Il ne lui appartient pas d'en apprécier le mérite et le démérite absolus. Celui qui blesse la morale dans les parties que la loi pénale n'a point étayées de sa sanction, et celui qui ne respecte la loi que par des motifs intéressés, n'ont rien à craindre de la justice humaine. Elle n'a ni droit ni intérêt de les punir.

Elle n'a droit de punir que le mal imputable; elle a droit et intérêt de le punir en proportionnant la peine à la gravité du mal, et au degré de culpabilité révélé par l'acte particulier. Mais elle ne peut ni ne saurait demander compte à l'homme de sa vie tout entière; elle ne doit lui demander compte que des atteintes qu'il a portées à ceux des droits d'autrui sanctionnés par la loi pénale.

Résumons; il ne faut pas confondre l'*imputabilité* proprement dite, avec la *culpabilité spéciale* à tel ou tel cas, de tel ou tel délinquant, ni celle-ci avec la *perversité*.

Point de délit sans la première, tandis que la seconde n'est point une condition essentielle du crime; la troisième n'est point du ressort de la justice humaine.

Dans la *culpabilité spéciale*, il y a des degrés *rigoureusement parlant*, il n'y en a point dans l'*imputabilité proprement dite*.

Il y a eu, ou il n'y a pas eu concours de l'intelligence et de la liberté, conscience de l'acte et volonté. Il n'y a là ni plus ni moins.

En prononçant sur l'*imputabilité proprement dite*, on décide si le prévenu est coupable; en prononçant sur la *culpabilité spéciale*, on prononce sur le degré de la criminalité individuelle.

CHAPITRE XII.

DES CAUSES DE JUSTIFICATION OU D'EXCUSE.

Est justifié celui qui, en commettant une action en apparence criminelle, se trouve cependant dans un état personnel d'exception tel que la moralité intrinsèque de l'acte se trouve supprimée dans le cas particulier.

Nous appelons excusable celui dont l'état exceptionnel au moment de son action était de nature à lui mériter un adoucissement de la peine ordinaire, même une exemption complète de peine légale.

La défense légitime justifie l'homicide de l'agresseur.

Le mari qui, *impatientiâ justi doloris*, donne la mort à sa femme et à son complice, surpris en flagrant délit, est excusable.

Une cause de justification exclut toute imputabilité pénale. L'agent est innocent.

Un motif d'excuse affaiblit l'imputabilité pénale; il peut la réduire à ses moindres termes; il peut même éloigner toute peine sociale; il n'établit point l'innocence de l'agent.

La justification et l'excuse, selon la diversité des cas, résultent de la légitimité intrinsèque de l'acte, malgré ses conséquences nuisibles au tiers et ses apparences criminelles,

De l'ignorance ou de l'erreur,

De la contrainte.

Dans le premier cas, l'acte est justifié, quoiqu'il y ait eu plein concours de la volonté et de l'intelligence de l'agent. Aussi, rigoureusement parlant, cette première cause de justification dépend de la moralité de l'acte et non de celle de l'agent. Il n'y a pas délit en soi ; si nous en parlons en traitant le sujet de l'imputabilité, c'est dans le but de réunir en un seul groupe les diverses causes de justification, et aussi parce que l'appréciation de la moralité de l'acte, dans ces cas plus que dans tous les autres, ne peut guère être faite que par le juge, le législateur devant se borner à des indications tout à fait générales, comme pour ce qui concerne la moralité de l'agent.

L'ignorance est l'absence de toute idée relativement à l'objet dont il s'agit.

L'erreur est la conséquence du désaccord qui existe entre les qualités réelles des objets et les idées que l'agent s'en est formées.

L'ignorant ne sait rien. Celui qui est dans l'erreur pense savoir et croit, sur la matière, autre chose que la vérité.

On peut se tromper sur le fait et sur le droit ; on peut se tromper sur les qualités essentielles des choses, ou sur des circonstances purement accessoires.

L'ignorance peut être générale, absolue ou restreinte à certains objets particuliers.

La contrainte peut être physique ou morale.

CHAPITRE XIII.

Le mal fait à autrui n'est pas imputable, comme
délit, à l'agent, lorsque c'est un mal mérité par le
patient et autorisé par la loi, ou lorsque le mal a été
fait dans un but légitime d'utilité, pour celui qui l'a
souffert.

Le voyageur qui repousse à main armée un agresseur ;

Le soldat qui, par ordre de son supérieur, réprime
une insurrection ;

Le chirurgien dont le malade succombe dans une
opération dangereuse, font des actes pleinement justifiés aux yeux de la raison et de la loi.

Seulement l'homme attaqué doit contenir la défense dans ses bornes légitimes ; nous avons eu occasion de les indiquer dans le chap. VIII du livre Ier.

Le chirurgien aussi peut, dans certains cas, ne pas
consulter la volonté du malade, mais il doit cependant
se conformer à toutes les règles prescrites pour l'exercice légitime de son art.

On ne parlerait pas correctement en disant que le
chirurgien, et celui qui se défend contre une injuste

agression, agissent par contrainte physique ou morale.

Au surplus, ce n'est là qu'une question de mots, sans importance réelle.

De même, le soldat, le gendarme, le geôlier, etc., qui obéissent aux ordres légaux de leurs supérieurs, remplissent un devoir. Leurs actes sont des actes irréprochables.

Mais le sont-ils dans tous les cas, sans exception, toutes les fois qu'ils ont été commandés par un supérieur? C'est demander, en d'autres termes, si l'obéissance qu'on appelle passive est un devoir absolu.

La question de l'obéissance passive est une de celles dont l'esprit de parti et les passions politiques ont le plus abusé; les uns pour relâcher tous liens d'ordre, de subordination, de hiérarchie militaire et politique, les autres pour faire du soldat une machine au service de la tyrannie.

Un soldat, un gendarme, un geôlier, ou tout autre fonctionnaire, ou agent de la force publique, n'en demeure pas moins un homme, c'est-à-dire un être moral et responsable.

Qu'un chef militaire, en traversant avec sa troupe les rues d'une ville paisible, ordonne tout à coup à ses soldats de fusiller les passants, ce chef, s'il n'est pas atteint de folie, est sans doute un assassin. Les soldats qui lui auraient obéi, seraient-ils innocents? Pourraient-ils se justifier par l'ordre reçu? Certes, ils ne le pourraient pas aux yeux de la morale. Il faudrait pour cela que l'habit militaire privât l'homme qui l'endosse, de toute raison et de tout sens moral.

Ce même soldat doit-il être à l'abri de toute responsabilité légale?

C'est la seule question qu'on puisse élever.

« Le soldat ne doit pas raisonner. » Tel est l'apho-
risme banal par lequel on prétend décider la question
d'une manière absolue.

Le soldat ne doit pas raisonner; vis-à-vis de qui?
de tout supérieur? de son caporal? de son capitaine?
de son colonel? Doit-il réprimer sa raison en toutes
choses, ou en quelques-unes seulement?

S'il doit se faire machine vis-à-vis de tout supérieur et en toutes choses, il faudra donc l'absoudre
lorsque, par ordre de son supérieur, il aura tué
son roi.

S'il doit distinguer entre supérieur et supérieur,
entre ordre et ordre, il faut qu'il raisonne. Que la
distinction à faire soit facile ou difficile, peu importe;
toujours est-il qu'il a l'obligation légale de faire usage
de son intelligence; toujours est-il que, dans un cas
donné, il doit dire : Je n'obéirai pas ; toujours est-il
que la doctrine absolue de l'obéissance passive, incom-
préhensible en morale, n'est pas moins absurde en
politique.

Essayons de ramener la question à ses véritables
principes, pour ce qui concerne l'imputabilité légale.
Les autres questions relatives à l'obéissance passive
n'appartiennent pas au sujet que nous traitons.

L'homme ne saurait être un instrument matériel.
Il ne peut abdiquer sa conscience; nul n'a le droit
de lui en commander le sacrifice, nul ne peut lui
expédier une dispense de la loi morale et lui enlever

toute responsabilité. Aussi l'obéissance due par l'inférieur à son supérieur, suppose-t-elle la légitimité de l'ordre donné. C'est là le principe moral, éternel, immuable.

Mais qu'est-ce qu'un supérieur? ou du moins que devrait-il être? Investi du pouvoir de commander, d'appliquer la raison aux affaires humaines, par cela seul il est censé la connaître, et avoir le désir de l'appliquer; il est censé juge compétent des mesures à prendre, appréciateur légitime des actes à exécuter. Aussi la présomption est-elle en faveur de l'ordre qu'il donne. La légitimité en doit être présumée : et cette présomption est rationnelle. En thèse générale donc, l'inférieur qui obéit n'est point responsable du fait qu'il a exécuté.

Telle est, telle doit être la règle, du moins partout où il existe un gouvernement que la raison puisse avouer.

Mais présomption n'est pas certitude. Quelles que soient les garanties données par l'organisation politique de l'État, les hommes investis du droit de commander peuvent en abuser. Les ordres qu'ils donnent peuvent être illégitimes.

La question est de savoir si, par des considérations d'ordre public, la présomption dont nous avons parlé peut être transformée en présomption *juris et de jure*, qui n'admet point la preuve du contraire.

Distinguons trois ordres de faits :

Ceux qui sont de nature à pouvoir être réglés par le commandement direct de la loi ;

Ceux que la loi ne peut pas régler elle-même, mais

dont cependant elle peut assurer, presque, l'accomplissement légitime, au moyen de formes et de garanties spéciales ;

Enfin ceux qui par la nature des choses doivent
être abandonnés au libre jugement, à la libre action
des hommes du pouvoir.

La loi humaine est aussi l'œuvre des hommes. Le
commandement du législateur peut être inique. Cependant, imposée sous forme générale, pour des faits
à venir, sans connaissance des personnes, toutes les
présomptions se réunissent en faveur de la loi, surtout dans les pays où elle n'est pas l'œuvre d'un seul.
D'ailleurs il faut un point d'arrêt matériel et sensible
dans l'ordre politique. Mettre, pour ainsi dire, la loi
en jugement, ce serait uniquement déplacer le pouvoir législatif, et le dépouiller de toutes ses formes
tutélaires. Ainsi, désobéir à la loi peut être, en certains cas, un acte de vertu, mais il ne saurait y avoir
d'imputabilité politique pour celui qui l'exécute,
quelle qu'elle soit.

Les jugements, et en général tous les actes de justice, sont les faits les plus saillants parmi ceux dont
la loi entoure l'accomplissement de formes et de garanties spéciales propres à rassurer sur la conformité
de ces faits avec les principes du juste. Il en est de
ces actes comme des actes législatifs. Celui qui obéit
au commandement, qui l'exécute, doit être exempt
de toute responsabilité : on ne saurait admettre
d'exception, sans bouleverser l'économie du système
social.

Reste le troisième ordre de faits, ceux qui doivent

être abandonnés, pour le fond et pour la forme, au libre jugement des hommes investis du pouvoir de commander. C'est pour l'accomplissement de ces faits que le supérieur exige de l'inférieur l'obéissance hiérarchique. Elle est exigée formellement des militaires : elle est aussi imposée à tout fonctionnaire vis-à-vis d'un supérieur donnant un ordre sur un objet de son ressort. Seulement les conséquences du refus d'obéir ne sont pas les mêmes pour les employés civils que pour les militaires.

Le délit du militaire résistant à son supérieur est moralement et politiquement beaucoup plus grave que celui d'un employé civil, par les conséquences désastreuses que peut entraîner la désobéissance militaire, conséquences que le coupable n'a pas dû ignorer.

Jusqu'ici tout est bien. L'obéissance hiérarchique est un devoir, car la présomption est en faveur de la légitimité du commandement. Cependant ce n'est plus la présomption résultant d'un mandat d'arrêt délivré dans les formes légales, d'une chose jugée *quæ pro veritate habetur*, de la lecture réitérée de la loi martiale et de l'intervention d'un magistrat civil. La présomption n'est fondée que sur le choix fait par le gouvernement, du supérieur qui donne l'ordre. La loi n'a pris aucune précaution ultérieure.

Or, ne considérant même que la loi positive, est-ce à dire qu'elle ait voulu faire de tous les subordonnés autant d'instruments purement matériels ?

Le contraire est évident, puisqu'elle ne leur prescrit que l'obéissance hiérarchique et dans les objets qui sont du ressort de leurs supérieurs. Elle fait un appel au libre jugement des subordonnés pour la vérification de ces deux conditions. Les lois militaires elles-mêmes reconnaissent ce principe. Ainsi toute sentinelle qui se laisserait relever par d'autres que par les sergents ou caporaux de la garde dont elle fait partie, serait punie d'une peine grave. Ainsi les membres d'un conseil de guerre auxquels leur général ordonnerait de ne pas suivre les formes de la loi, se rendraient coupables en exécutant cet ordre.

L'obéissance hiérarchique n'est donc pas une obéissance absolument aveugle et passive, même en droit positif.

Or, si un officier chargé de la police d'une promenade publique, d'un théâtre, ordonnait aux soldats de son détachement de faire feu sur une population paisible, d'égorger femmes et enfants, le soldat qui refuserait d'obéir à l'ordre de son chef devra-t-il être déclaré coupable d'insubordination? Celui qui au contraire s'empresserait de l'exécuter, pourrait-il ne pas être déclaré coupable de meurtre? Sa raison, qui doit lui faire reconnaître si l'officier est un officier de son arme, de son corps, s'il a le droit de lui donner des ordres, doit-elle demeurer absolument inactive sur la nature de l'ordre donné, fermer les yeux à l'évidence et ne pas apercevoir le crime, lors même qu'il apparaît sous des formes que l'être le plus grossier ne saurait méconnaître?

Quelle peut être l'excuse d'un subordonné qui, par obéissance hiérarchique, exécute un ordre inique? Alléguera-t-il une loi qui lui prescrit l'obéis-

sance, textuellement, même dans le cas où l'ordre
donné serait évidemment criminel? Non; les apôtres
les plus ardents de l'obéissance passive n'ont pas cependant osé écrire de telles paroles dans la loi, et si
l'on proposait une semblable rédaction de leur pensée,
ils n'oseraient l'adopter.

L'exécuteur d'un ordre injuste peut dire pour sa
justification : J'ai cru que l'ordre était légitime ;
l'ayant reçu de mon supérieur, je n'ai pas imaginé,
quelque sévère qu'il me parût, qu'il fût donné sans
raison. J'ai pu douter de sa convenance ; mais je
n'ai pas cru me rendre l'instrument d'un crime.
Cette défense doit être valable dans le plus grand
nombre de cas. Elle est l'expression de la vérité ; ou
du moins elle énonce un fait tellement probable que
la preuve du contraire doit retomber à la charge de
l'accusation. Il faut reconnaître aussi que l'ordre
politique réclame l'impunité du subordonné, toutes
les fois que l'excuse alléguée a l'apparence de la
vérité.

Mais si cette apparence elle-même n'existe pas, si
le crime est évident, s'il n'est pas possible qu'un être
doué de raison puisse interpréter l'ordre de deux
manières différentes, si le chef d'une patrouille,
s'arrêtant tout à coup à la vue d'un enfant, ordonne
aux soldats de l'égorger, le fait n'a plus d'excuse :
toute présomption de légitimité disparaît, l'exécuteur
de l'ordre n'est plus que le mandataire d'un criminel, et il doit être responsable de l'exécution. Personne n'oserait affirmer le contraire. Cependant le
soldat aurait obéi aux ordres de son chef, de son

chef en état de service et dont il ne connaissait pas les instructions secrètes. Mais le fait ordonné était évidemment criminel, tel que le soldat a dû nécessairement se dire : Il est impossible que cet ordre soit légitime. Il a dû se le dire avec la même certitude qu'il se dit à lui-même : Ce sergent est bien le sergent de ma compagnie ; ce n'est pas un homme qui lui ressemble et qui en a endossé l'uniforme et imité le langage.

En un mot, l'obéissance hiérarchique cesse d'être une excuse pour l'agent, lorsque la criminalité de l'ordre donné est tellement évidente, qu'elle détruit la présomption de la légitimité du commandement.

Ainsi, il est nécessaire de distinguer entre les ordres divers que le supérieur peut donner à l'inférieur. Lorsque l'ordre est du nombre de ceux pour lesquels la loi a prescrit des formes spéciales, si ces formes n'ont pas été observées, l'inférieur doit refuser l'obéissance ; s'il exécute l'ordre, le fait lui est imputable.

Toutefois, comme l'imputation suppose que l'inférieur a dû connaître de l'observation des formes prescrites, la responsabilité ne pèse que sur le fonctionnaire auquel l'ordre est adressé, et non sur les agents subalternes appelés pour coopérer matériellement à l'exécution.

Lorsque l'ordre n'est pas de ceux pour lesquels des formes spéciales ont été prescrites, et qu'il renferme un crime ou un délit prévu par la loi, il faut distinguer.

Si le fait ordonné est semblable ou analogue par

sa forme extérieure à ceux que le supérieur peut or-
donner légitimement sur tous les objets de son ressort,
l'inférieur qui exécute doit être exempt de responsabilité pénale.

Cette règle doit être appliquée avec une grande
latitude aux militaires qui exécutent les ordres de
leurs chefs, sur des objets de service militaire, surtout
en temps de guerre, et plus encore en présence de
l'ennemi. Car, d'un côté, l'état d'hostilité légitime des
actes qui seraient criminels en temps de paix ou sur
le sol de la patrie, et de l'autre, l'inférieur n'a pas les
moyens de juger les combinaisons militaires, ni d'apprécier les exigences, souvent bien sévères, du service et les terribles nécessités de la guerre.

Si au contraire le fait ordonné est dépourvu de
tout caractère extérieur qui puisse laisser croire à
l'agent subalterne que le supérieur agissait légitimement et sur un objet de son ressort, l'imputabilité
existe; il y a de la part de l'inférieur participation
plus ou moins coupable au crime.

Les fonctionnaires subalternes ne doivent pourtant
pas être considérés comme des êtres plus matériels,
comme des instruments plus aveugles que l'esclave
d'un Romain : la servitude et la terreur ne paralysent
pas leur intelligence, n'enchaînent pas leur libre ar-
bitre. Or les Romains appliquaient la distinction
même aux esclaves. *Servus non in omnibus rebus sine
pœna domini dicto audiens esse solet : sicuti si do-
minus hominem occidere.... servum jussisset.* L. 20,
D. de oblig. et act. (XLIV, 7). — *Ad ea quæ non habent atrocitatem facinoris vel sceleris ignoscitur servis*

si dominis… obtemperaverint. L. 157, D. de reg. jur.

Au surplus, nous reconnaissons que la loi ne saurait tirer une ligne exacte de démarcation entre l'obéissance imputable et l'obéissance non imputable de l'inférieur envers le supérieur.

Elle peut, pour certaines catégories de faits et par des considérations de politique, mettre les inférieurs à l'abri de toute responsabilité. Mais aussi est-il aisé de comprendre que si le principe de l'irresponsabilité de l'inférieur prenait une grande extension, la liberté et la justice en souffriraient également. Le silence du législateur est souvent un acte de sagesse : en fait d'obéissance passive, en voulant tout dire, on dit trop ou trop peu.

Le subordonné doit agir moralement et rationnellement, à ses risques et périls. Il doit obéir à son chef et présumer la légitimité de l'ordre reçu, toutes les fois que le contraire ne lui apparaît pas d'une manière évidente. Sa conscience et sa raison ne doivent pas lui être inutiles. Les tribunaux qui, seuls, sont juges compétents et libres appréciateurs de l'imputabilité, décideront s'il en a fait l'usage convenable, les tribunaux auxquels le devoir commande de le punir s'il a désobéi à tort, de le punir s'il est devenu sciemment l'instrument d'un crime, de l'acquitter s'il a refusé d'obéir à un ordre criminel.

Parmi les causes de justification nous n'avons pas énuméré le consentement de la partie lésée par le délit. En effet, il n'y aurait là qu'un abus de mots. La partie a ou n'a pas le droit de disposer du bien enlevé par le fait imputé. Dans le premier cas, si elle y a consenti, il n'y a pas même l'apparence d'un délit : dans le second cas, son consentement ne peut effacer la culpabilité de l'acte en soi.

La justice sociale peut trouver à la vérité, soit dans le consentement préalable, soit dans la ratification postérieure, soit dans l'absence de plainte ou de poursuites de la part des personnes lésées, un motif de ne pas déployer son action contre certains délits, ou d'appliquer aux coupables une peine inférieure à celle qu'ils auraient dû subir sans l'une ou l'autre des circonstances indiquées. Ce sont là des appréciations politiques qui appartiennent au libre jugement du pouvoir social ; mais ce ne sont pas des causes de justification. L'agent peut demeurer impuni ; il n'est pas innocent.

Celui qui consent à un délit, lors même qu'il en serait le sujet passif, loin d'enlever à l'acte sa qualité criminelle, peut, dans certains cas, en être complice, quelquefois aussi un des principaux coupables. On peut élever à ce sujet de graves et curieuses questions de détail. Ce n'est pas le moment de les résoudre.

Remarquons, en finissant, combien de discussions aussi vaines que dangereuses on évite, lorsque, en remontant à la nature morale des choses, on reconnaît que le délit en soi n'est que la *violation d'un devoir*, et que c'est là la définition dont on part. C'est l'expression de *violation d'un droit* qui a été la source de plus d'une équivoque relativement à l'effet du consentement de la personne lésée par le délit.

CHAPITRE XIV.

DE L'IGNORANCE ET DE L'ERREUR.

L'ignorance et l'erreur peuvent dériver de causes indépendantes de la volonté de l'agent et de causes qui lui sont plus ou moins imputables.

Dans le premier cas, l'ignorance et l'erreur étant involontaires, on ne saurait les reprocher à l'homme, ni pour mettre à sa charge les faits qui en sont résultés, ni pour le rendre responsable de la cause de ces faits, de son état d'ignorance ou d'erreur.

L'ignorance imputable ou, comme on l'appelle, *volontaire*, est au contraire le résultat d'un fait négatif, d'une omission dont on peut demander compte à celui qui aurait dû se procurer les connaissances dont il a manqué.

Parlons d'abord des causes principales d'ignorance ou d'erreur involontaires.

CHAPITRE XV.

Les facultés intellectuelles et morales de l'homme ne se développent qu'à un certain âge et progressivement. L'homme dans son enfance est sous l'empire de la vie animale. Son sens moral est encore dans l'assoupissement, et sa raison est faible et vacillante. La nature morale des actions humaines lui est inconnue, ou il ne fait que l'entrevoir confusément à travers un brouillard; il ne sait pas même en discerner toutes les conséquences matérielles.

La loi morale ne trouve pas en lui, dès son entrée dans le monde, un être responsable; et la justice humaine n'a point à lui demander compte de ses actions. *Infantem innocentia consilii tuetur.*

Quel est le moment où commence la responsabilité morale de l'homme? A quels signes pouvons-nous la reconnaître?

Et d'abord nous n'avons d'autres moyens de reconnaître le développement de la raison dans l'enfant que l'induction. Ce n'est qu'en comparant les discours et les actes de l'enfant avec nos discours et

nos actes en des circonstances semblables, que nous
concluons par analogie qu'il comprend, qu'il raisonne, qu'il distingue le bien du mal, l'utile du nuisible. Les apparences extérieures du développement
purement physique ne sont que des signes trompeurs
du développement intellectuel et moral. Plus d'un
homme est resté imbécile toute sa vie avec un corps,
en apparence du moins, assez bien conformé et suffisamment développé.

Il est question de faits de conscience qui se sont
passés dans le domaine intérieur d'une autre personne
que le juge. Celui-ci pourrait-il les apprécier autrement qu'en plaçant, pour ainsi dire, sa propre conscience au milieu de toutes les circonstances extérieures où l'agent se trouvait placé, en s'attribuant en
quelque sorte ses paroles et ses actes, pour se demander ensuite : Avait-il le sentiment du bien et du
mal, avait-il conscience de la moralité de ses actes,
celui qui dans un semblable état de choses s'est con-
duit de telle manière? ses faits ont-ils dû être le résultat d'une volonté à la fois éclairée et perverse?

Il faut encore, en appréciant la moralité d'un enfant, distinguer entre le développement de l'intelligence et celui du sens moral, entre les divers progrès
de l'âme humaine. Ceux qui ont observé l'enfance,
ont pu remarquer que le sens moral est fort développé
chez des enfants dont l'intelligence est encore très-
bornée et l'instruction très-retardée, tandis que chez
d'autres l'esprit jette déjà de vifs éclairs, sans que le
sentiment moral ait encore profité de cette lumière.
Le fait est irrécusable; il ne nous appartient pas de

chercher ici à l'expliquer. Nous devons seulement
faire remarquer qu'un enfant, dans le premier cas,
pourrait, par un mouvement très-pur en soi, commettre un acte répréhensible, faute d'en connaître
l'illégitimité relative ; par exemple, faire du mal dans
le but de punir l'auteur d'un crime ; et qu'un enfant
dont l'intelligence aurait devancé le sens moral peut
ne voir dans un délit qu'une malice et le commettre
avec adresse, en bon logicien, sans que le mal moral
dans toute sa gravité ait frappé son esprit.

Aussi l'emploi rationnel du seul moyen que nous
ayons de juger de l'imputabilité d'un enfant, est un
procédé qui n'est pas sans danger. On présente, par
exemple, à un enfant prévenu de vol, une pomme et
une pièce de monnaie ; il choisit la pièce de monnaie ;
et on conclut de là qu'il connaît la valeur des choses,
que son intelligence est développée, qu'il a par conséquent agi avec malice en prenant le bien d'autrui.
L'induction est hasardée. Il a peut-être choisi la pièce
de monnaie comme une chose moins commune pour
lui que la pomme, plus luisante, plus propre aux jeux
qu'il désirait entreprendre. En Angleterre, deux enfants, dont l'un de neuf ans et l'autre de dix, furent
condamnés pour meurtre, et le plus âgé des deux fut
exécuté, parce que après le fait, au lieu de se cacher
lui-même, ayant pensé à cacher le cadavre, on vit
dans cette action la preuve d'un parfait discernement.
Preuve bien incertaine cependant ! surtout s'il n'était
pas prouvé qu'il eût songé d'avance aux moyens de
cacher le corps du délit. Car, il ne faut pas confondre
l'horreur et la peur qu'un fait criminel inspire à un

enfant après qu'il l'a commis, lorsqu'il voit devant ses yeux le résultat de son action, avec la connaissance préalable et distincte de la nature et des conséquences du fait qu'il va commettre.

Quant à la durée de l'incapacité intellectuelle de l'homme, elle dépend de causes que nous entre-voyons confusément, mais dont nous n'avons aucun moyen d'apprécier les effets avec exactitude. Il est à peu près certain que le développement de l'enfant varie selon son organisation physique, les circons-tances extérieures où il se trouve placé, et les soins directs qu'on donne à son éducation. Mais sommes-nous certains qu'il n'existe point d'autres influences à nous inconnues? Qu'il n'y a point quelque mystère qui se dérobe à nos observations? N'oublions pas que le développement de l'enfance s'opère dans les profondeurs d'un être incapable de l'observer, de le suivre, de le raconter.

Combien d'enfants dont l'organisation physique paraît défectueuse, ou ne présente du moins aucune marque de supériorité sur les autres, dont l'éducation est complétement négligée, qui se trouvent au milieu de circonstances propres seulement à retarder leur développement moral ou à lui donner une direction funeste, et qui cependant se distinguent par un bon sens qui étonne et par un sentiment moral très-délicat et très-pur? Plus fréquemment encore on voit des enfants, placés exactement dans les mêmes circons-tances extérieures, recevant les mêmes soins d'ins-truction, les mêmes influences d'éducation, et ne montrant dans leur organisation physique aucune différence remarquable, rester cependant à une grande distance les uns des autres dans leurs progrès intellectuels et plus encore dans le développement de leur sens moral.

Quoi qu'il en soit et à ne considérer même que les influences qui nous sont plus ou moins connues, toujours est-il que nous n'avons aucun moyen de conclure d'une manière certaine de la connaissance de ces antécédents à la réalité et à l'étendue de leurs effets dans chaque individu. Il n'y a pas un seul instituteur qui puisse affirmer d'avance que telle année, que tel mois, moins encore, que tel jour, le développement moral de son élève sera achevé, dans ce sens qu'on pourra ce jour-là lui imputer pleinement ses actions et l'en rendre responsable. Il n'y a pas même d'homme qui, après avoir examiné l'organisation physique d'un enfant et avoir lu le journal le plus minutieux et le plus exact de sa vie tout entière, puisse en conclure que tel jour, ni plus tôt ni plus tard, cet enfant a dû avoir pleine conscience de ses actes, et discerner le bien du mal au point de légitimer l'action de la justice.

De ces considérations il résulte :

1° Qu'il est impossible de déterminer à *priori* le moment où la raison prend dans l'homme ce développement qui légitime l'imputation pénale ;

2° Que même par l'observation il est impossible d'assigner un terme fixe, applicable à tous les enfants ;

3° Que même pour chaque individu en particulier, il n'y a aucun signe unique, extérieur et certain, d'a-

près lequel on puisse décider que tel ou tel individu
à telle époque précise de sa vie, a dû posséder les
qualités d'où résulte l'imputabilité morale des agents;

4° Qu'en conséquence, l'imputation ne peut pas se
faire d'après une règle générale, mais seulement dans
chaque cas particulier et individuel;

5° Qu'elle ne peut être que le résultat de l'impression produite sur la conscience du juge par l'ensemble
des faits et des circonstances dans le cas spécial.

En prenant les choses à la rigueur, ces conséquences sont applicables à tout individu mis en accusation et quel que soit son âge. Toujours est-il que
la moralité de l'agent ne peut être constatée que par
l'examen de chaque cas particulier. Elle est un fait
individuel, et qui, par la nature même des choses,
résiste à toute application d'une règle générale et immuable. Dire aux juges : Toutes les fois qu'un homme
de tel âge aura été l'auteur d'un fait défendu, vous
l'en déclarerez coupable, c'est leur dire : Toutes les
fois qu'on vous prouvera que le baromètre est à telle
hauteur, vous prononcerez qu'il fait beau temps.

Il est vrai cependant qu'en pratique nous ne pro-
cédons pas exactement de la même manière, lorsqu'il
s'agit de prononcer sur l'imputabilité d'un enfant et
sur celle d'un adulte. Dès le premier abord nous dou-
tons de la responsabilité du premier, quelles que
soient les apparences criminelles du fait imputé; pour
le second, au contraire, aussitôt que le fait est prouvé,
nous nous sentons disposés à reconnaître la responsabilité de son auteur [1]. C'est encore le principe de

[1] Nous parlons ici de la responsabilité d'une manière générale, en tant

l'analogie qui détermine ce jugement. L'expérience nous a appris que sur cent enfants, auteurs de faits défendus par la loi, il s'en trouve quatre-vingt-dix sans responsabilité morale ; que sur cent personnes adultes, à peine s'en trouve-t-il une qui, par l'état de ses facultés intellectuelles, échappe aux conséquences du délit : nous en concluons qu'en thèse générale, les enfants sont irresponsables et les adultes responsables.

La conclusion est légitime si elle se renferme dans les limites d'une *présomption*, si elle se traduit dans cette formule : tout enfant est irresponsable, à moins qu'on ne prouve que le principe de la moralité s'était développé en lui avant le fait qu'il a commis ; tout homme est responsable, à moins qu'on ne prouve que, par une exception individuelle, il y avait chez lui absence du principe créateur de l'imputabilité.

Mais les expressions d'*enfant* et de *personne adulte* ne désignent point une époque précise de la vie humaine, du moins dans le langage commun. Quelle est l'année où la première *présomption* doit disparaître pour faire place à la seconde ? Nous retombons dans les mêmes difficultés, car cette question n'est point susceptible d'une réponse absolue, applicable à tous les temps et à tous les lieux. Le développement physique et intellectuel de l'homme est achevé ou retardé selon les climats et selon la nature des institutions politiques

qu'elle dépend du discernement de l'agent, de la possibilité qu'il y ait eu de sa part moralité dans l'acte. La question de savoir, si l'agent étant en possession de la raison, il est des faits matériels dont la preuve peut suffire, seule, à convaincre de la culpabilité du prévenu, sera traitée ailleurs. (Chap. xxiv.)   (*Note de l'auteur.*)

et morales du pays. C'est par l'observation, c'est par l'examen des résultats statistiques qu'on doit, dans chaque État, déterminer le point qui sépare l'âge pendant lequel la *majorité* des auteurs matériels des actes défendus par la loi pénale agit encore sans discernement, de l'âge où le *plus grand nombre* des accusés, s'ils ont réellement commis le délit imputé, ont agi avec discernement; en d'autres termes, l'âge auquel il faut appliquer la présomption d'irresponsabilité, et celui où l'on peut au contraire admettre la présomption de responsabilité.

Le Code français a placé le point de séparation à l'âge de seize ans, et nous ne connaissons point de faits qui autorisent à réclamer contre cette décision.

Mais on peut nous demander, à quoi bon une semblable décision? Est-ce à dire que les jurés doivent se croire obligés de prononcer la culpabilité d'un accusé ayant commis le fait imputé à l'âge de seize ans et un mois, par cela seul qu'on ne leur a pas prouvé qu'il était en état de démence proprement dite? Le ciel les préserve de cette erreur! Encore une fois, l'activité du discernement à l'âge de seize ans n'est et ne peut être que *présumée* par le législateur : encore une fois, le jugement d'imputabilité est absolument individuel et abandonné à la conscience du juré. Toute loi contraire à ce principe serait radicalement illégitime : l'observer serait enfreindre le plus saint des devoirs. Si, par l'audition attentive des débats, les jurés sont convaincus que l'accusé, quoique âgé de plus de seize ans, a néanmoins agi sans discernement, ils doivent l'acquitter, comme ils l'acquitteraient s'il n'avait pas six ans. En matière d'imputabilité, sur tout ce qui concerne la moralité des agents, le législateur donne des directions plutôt que des lois.

Cependant la distinction entre les accusés au-dessous de seize ans et ceux plus âgés, est importante. D'abord elle appelle d'une manière spéciale l'attention de la cour sur la question d'imputabilité dans ses rapports avec l'âge de l'accusé au moment du délit, elle charge l'accusation de prouver que le prévenu au-dessous de seize ans a agi avec discernement, elle oblige à soumettre au jury la question spéciale de savoir si l'accusé a en effet agi avec discernement [1]. En un mot, elle applique aux mineurs de seize ans la *présomption favorable* : elle décide que la présomption contraire ne peut s'élever que contre ceux qui ont commis un fait défendu par la loi pénale, après leur seizième année. En second lieu, comme tout est progressif dans l'homme, comme il ne passe jamais d'un état à l'état opposé que par des nuances successives, l'âge est, selon les cas, un motif de justification ou une cause d'excuse : de justification, si l'enfant a agi sans discernement; d'excuse, si, tout en ayant agi avec discernement, il était cependant encore dans cette époque de la vie où l'irréflexion et la légèreté sont pour ainsi dire naturelles. *Ætati et imprudentiæ succurritur.* — *Mise-*

---

[1] Par l'article 1 de la loi française du 25 juin 1824, maintenu par la loi du 28 avril 1832, les individus âgés de moins de 16 ans sont, dans certains cas, justiciables du tribunal correctionnel, lors même qu'ils seraient prévenus de *crime*.

ratio ætatis ad mediocrem pœnam judicem producit.
Il vaut mieux cependant que la loi elle-même mitige
la peine.

Nous terminerons par quelques observations qui
ne sont pas, ce nous semble, dépourvues d'importance dans un sujet aussi délicat, et où la moindre
erreur ôte à la justice humaine toute sa légitimité.

Et d'abord, il est évident qu'en cherchant à déterminer par la loi le point de séparation entre l'âge favorisé par la présomption d'irresponsabilité, et celui
sur lequel pèse la présomption contraire, il convient
d'étendre la première période un peu au delà de la
limite indiquée par l'observation et par les résultats
statistiques. La règle posée par la loi n'étant qu'une
formule générale tirée d'un certain nombre de cas
particuliers, n'étant point l'expression d'une vérité
absolue, le législateur doit laisser les chances d'erreur
du côté de la présomption favorable plutôt que du
côté opposé. Qu'importe au fond si quelques jeunes
gens échappent à la peine qu'ils ont peut-être méritée, ou s'ils ne subissent qu'une punition inférieure
à la peine ordinaire? Mais un jugement qui flétrirait
à tort une jeune vie, un jugement qui frapperait de
ces coups irréparables qui sont réservés au crime les
égarements de la première jeunesse, serait un événement déplorable, qui révolterait les consciences et
ravalerait la justice. Or, quoique les indications de
la loi relatives à l'âge de l'accusé ne puissent jamais
enlever au tribunal le droit d'appliquer son libre jugement à la question d'imputabilité, et d'absoudre
l'accusé, quel que soit son âge, qui ne paraîtrait pas

avoir agi avec discernement, il est cependant naturel
que l'opinion du législateur exerce une influence sur
l'esprit des jurés ; ils seront du moins entraînés à
faire partir la présomption défavorable à l'accusé de
l'âge fixé par la loi, et ils seront en conséquence
moins disposés à faire une appréciation équitable des
preuves tendant à écarter l'imputabilité du prévenu.

Sans doute il serait ridicule de prolonger jusqu'à
la majorité civile le cours de la présomption favorable. Fort heureusement la connaissance du bien et
du mal peut se développer dans l'homme avant qu'il
ait acquis la capacité nécessaire pour bien gérer ses
affaires.

Il faut donc fixer au-dessous de vingt et un ans l'âge
où commence l'imputabilité présumée. Quoique certains délits soient toujours plus excusables dans les
jeunes gens qu'ils ne le sont dans les hommes d'un
âge mûr, ces motifs d'indulgence doivent influer sur
la mesure de la peine plus encore que sur la question
d'imputabilité.

Mais tout en fixant à l'âge de seize ans environ le
point de départ pour la présomption de responsabilité, il n'est pas rationnel de s'arrêter à cette unique
distinction, et d'exposer un enfant de sept ou huit
ans à être traduit en justice. La présomption *positive*
et la présomption *négative*, à mesure qu'elles s'é-
loignent du point de départ qui leur est commun,
procèdent, chacune dans son sens, par progression
croissante. La présomption d'innocence est à son
maximum dans un enfant de deux à trois ans, celle de
culpabilité dans un homme de vingt à vingt-cinq ans.

Il est donc, entre le jour de la naissance d'un homme et l'âge de seize ans, un point où la présomption d'innocence s'affaiblit assez pour que l'acte individuel mérite d'être examiné. Mais avant d'atteindre ce point, la présomption d'innocence est tellement forte qu'elle doit dominer sans partage, et ne point admettre d'examen. Placer sur la sellette un enfant qui n'a pas huit ou neuf ans accomplis, c'est un scandale, c'est un acte affligeant qui n'aura jamais l'assentiment de la conscience publique. C'est une éducation qu'il faut donner à ces petits infortunés; on ne peut songer à leur infliger une peine. Qui pourrait la prononcer avec une parfaite conviction de la culpabilité de l'accusé? Qui pourrait affirmer que la condamnation ne serait pas un mouvement de haine contre le fait en soi, plus encore qu'une appréciation impartiale de la culpabilité de son auteur?

Qu'on ne dise pas que nos craintes n'ont aucun fondement, que des enfants de cet âge ne sont jamais poursuivis. Encore tout récemment les papiers publics nous ont appris qu'un enfant de sept ans avait été traduit devant un tribunal français. Il fut acquitté, à la vérité, et nous regrettons de ne point retrouver le nom du président du tribunal et surtout les paroles nobles et sévères adressées par lui à ceux qui avaient été les moteurs d'une pareille procédure.

D'ailleurs, s'il est entendu que les enfants au-dessous de l'âge de huit ou neuf ans ne doivent pas être poursuivis, rien ne saurait justifier une loi qui rend ces poursuites possibles.

Venons à la vieillesse. A la vérité elle est souvent

une cause d'affaiblissement pour les facultés intellectuelles de l'homme.

Toutefois l'âge seul, quelque avancé qu'il soit, n'est pas regardé comme un motif d'excuse, moins encore comme un fait incompatible avec l'imputabilité de l'agent.

Le vieillard reste sous la présomption de culpabilité, tant que la présomption n'est pas détruite par des preuves contraires, propres à démontrer qu'il a agi en état de véritable imbécillité.

La raison en est simple. La moralité de l'agent en matière criminelle est compatible avec cet affaiblissement des facultés qui rend le même individu incapable de bien gérer ses affaires ou de se livrer à des travaux intellectuels.

Il se trouve par une cause diverse dans le cas d'un jeune homme de dix-huit à vingt ans, dont l'imputabilité pénale est compatible avec l'incapacité civile.

Le vieillard qui commet un crime a de plus à sa charge les habitudes morales qu'il a dû prendre, l'amortissement des passions de la jeunesse, enfin l'absence de plusieurs causes impulsives au délit.

Si la loi mitige la punition infligée au vieillard, cet adoucissement n'est dû qu'à la considération de l'excessive gravité qu'auraient certaines peines dans leur application à un homme d'un âge trop avancé.

CHAPITRE XVI.

DU SEXE.

La loi ne saurait avoir deux poids et deux mesures, dans les questions d'imputabilité, en raison du sexe des accusés.

Rien ne prouve que la femme ait dans son sexe, un motif général de justification ou d'excuse.

Il est à la vérité des crimes plus excusables dans une femme que dans un homme. Il est aussi des contraventions de police dont une femme, plus probablement qu'un homme, a pu méconnaître l'immoralité et l'importance. Mais il est impossible d'établir des règles générales à cet égard.

C'est aux tribunaux à apprécier les faits absolument individuels.

Quant aux faits généraux qui influent sur l'imputabilité de la femme, mais seulement à l'égard de tel ou tel crime, ce n'est pas dans cet ouvrage que nous devons nous en occuper. Ces considérations trouvent mieux leur place dans la théorie de chaque délit en particulier.

Toutefois dans plusieurs législations, le système des peines est mitigé à l'égard des femmes. Ce sont encore des modifications de la pénalité qui tiennent à d'autres circonstances qu'à la culpabilité de l'agent.

CHAPITRE XVII.

DE L'ÉTAT DE MALADIE.

Il est évident qu'il ne peut être question ici que des maladies qui suppriment ou suspendent l'exercice de nos facultés intellectuelles et qui sont désignées sous différents noms, tels que *démence, manie, fureur, imbécillité, idiotisme,* et autres.

Ce sont des faits individuels qui détruisent la présomption d'imputabilité pour tous les actes commis en état de maladie. *Fati infelicitas excusat.*

Ici, comme dans la question du discernement pour l'enfance, le législateur peut établir des principes généraux, donner quelques directions, il ne saurait établir *à priori* des règles d'imputabilité applicables aux divers cas particuliers.

Le législateur garderait le silence sur les questions d'imbécillité ou de folie, que le juge n'en procéderait pas moins avec une pleine indépendance.

Chargé de déclarer si un homme a agi sciemment et volontairement, c'est dans sa conscience éclairée par les faits, et dans sa conscience seule, que le juge doit puiser les éléments de sa conviction.

Aussi est-ce pour les jurés et pour les jurisconsultes plus encore que pour les législateurs, que la science du droit s'occupe, dans les limites de son domaine, des faits relatifs aux maladies mentales.

Les sens extérieurs et les sens internes, notre organisation physique et nos forces vitales et animales nous sont nécessaires, dans notre état actuel, pour l'exercice des facultés de notre âme. Comment cela? Nous n'en savons rien, mais cette nécessité est un fait. Que l'organe qui est regardé comme le centre de nos sensations perde son état de santé, qu'il y ait lésion ou dérangement au cerveau, l'exercice de nos facultés intellectuelles est paralysé ou interrompu.

Si au contraire nos fonctions animales et vitales peuvent s'exercer librement, nos facultés intellectuelles peuvent aussi agir sans entraves. Il en résulte alors pour tout individu une certaine manière d'être et de voir, qui, sur un grand nombre d'objets du moins, est fort analogue à celle de tous les autres. Si des différences notables viennent encore nous frapper, la diversité d'éducation, de position sociale, de fortune, certaines circonstances particulières s'offrent à nous comme des explications rationnelles de ces anomalies apparentes. Aussi nous n'en concluons point qu'il y a absence d'analogie entre la manière d'être de l'individu et la nôtre : car nous sentons qu'en des circonstances semblables, nous pourrions nous conduire de la même manière.

Mais si cette analogie disparaît d'une manière décidée, inexplicable, si un individu ne se forme plus des objets communs les mêmes idées que les autres, s'il n'associe plus les idées que tout le monde associe, s'il n'éprouve plus les affections qui font battre le cœur

de tous les hommes, s'il a perdu le souvenir de ses
rapports personnels les plus familiers et les plus chers,
s'il a sur lui-même, sur son être, sur son état, des
croyances démenties par l'opinion universelle, nous
disons de lui qu'il est affligé d'une maladie mentale,
qu'il est en état de démence.

En un mot, nous jugeons la folie par ses effets, et
par la singularité de ces effets.

Nous appliquons aussi trop souvent le nom de fou
à des hommes dont les actions conservent cependant
à nos yeux le caractère de l'imputabilité morale ; à des
hommes qui ne sont que bizarres, singuliers.

C'est que dans la folie aussi il y a le plus et le moins,
le commencement et la plénitude.

C'est aussi que nous mésusons du mot de folie. Il
n'est souvent que l'expression du mépris ou d'une
pitié dédaigneuse.

Les erreurs dans l'appréciation des circonstances
qui caractérisent la folie, sont surtout redoutables
dans l'administration de la justice. Il y a quelque
chose de particulièrement horrible dans un jugement
civil qui soumet à l'interdiction un homme qui se
connaît sain d'esprit, et dans un jugement criminel
qui condamne un homme frappé d'aliénation mentale. Mais l'erreur est plus facile à commettre dans la
justice pénale, que dans la justice civile, par l'intérêt
que peut avoir l'accusé lui-même à simuler la démence, et à se préparer par une série d'actes men-
songers calculés d'avance, un moyen de se soustraire
à la peine.

L'observation a fourni quelques moyens de distin-

guer diverses espèces de folie. Cependant tous les gens
de l'art n'ont pas adopté la même décision.

Les uns distinguent dans les maladies mentales le
délire fébrile ou délire proprement dit, le délire non
fébrile ou démence, et la fatuité ou stupidité. Ils distinguent la démence en folie et en mélancolie, selon
qu'elle porte sur tous les objets ou du moins sur un
grand nombre, ou bien sur un objet unique.

Les autres, en marchant par degrés du mal moins
grave au plus grave, signalent la mélancolie, ou
délire exclusif sur un objet;

La manie sans délire, résultant de la perversion de
ce qu'ils appellent les fonctions *effectives (quæ ani-
mum movent)*, et se révélant par une impulsion
aveugle à des actes violents, sanguinaires, sans toutefois qu'il y ait, disent-ils, d'altération sensible dans
les fonctions de l'entendement ;

La manie avec délire ou dérangement des facultés
intellectuelles, qui est continue ou périodique, qui
laisse ou ne laisse pas d'intervalles lucides au
malade;

La démence ou abolition de la pensée, carac-
térisée par la perte de la mémoire de tout état anté-
rieur, et par la suppression de la faculté d'apercevoir
et de juger, la tête du malade n'étant plus, pour ainsi
dire, qu'une boîte où les idées qu'il avait acquises
avant la maladie s'agitent sans liaison et sans ordre,
et jettent le malade dans une sorte d'activité conti-
nuelle, sans dessein et sans but;

Enfin, l'idiotisme ou fatuité, qui résulte de l'oblitération, de la suppression graduelle de toute faculté

intellectuelle et *effective,* et qui se manifeste soit par une sorte de rêvasserie, accompagnée de sons à demi articulés, soit par la taciturnité du malade, par la perte de la parole, conséquence de l'absence des idées.

On a essayé d'autres divisions, on a mis en avant d'autres systèmes. Nous ne les retracerons pas. *Non nostrum est tantas componere lites.* Il se passera long-temps avant qu'on soit d'accord sur cette matière. L'observation n'a pas encore fourni assez de maté-riaux pour élever une théorie incontestable, et les observateurs eux-mêmes ne se sont pas mis à l'abri de tout reproche dans leur manière d'observer. Évi-demment plusieurs d'entre eux avaient l'esprit préoccupé par tel ou tel système philosophique. Ils cherchaient à se pourvoir d'arguments plus encore qu'à recueillir des faits. Le spiritualisme redoute l'ob-servation des faits purement physiques, et témoigne à leur égard un dédain qui n'est pas entièrement dé-sintéressé. Ses adversaires prétendent, à leur tour, tout savoir, tout comprendre, tout expliquer par les altérations du fluide nerveux, de la bile, du sang, de la poitrine, de l'estomac, des intestins, de la substance cérébrale : que sais-je ? Il nous est impossible à nous autres profanes de rien croire, de rien accepter, tant que les médecins nous offrent cinquante systèmes opposés, tous également fondés sur l'observation et la pratique.

Cependant les questions judiciaires ne peuvent pas rester sans solution. La démence est un fait malheu-reusement trop certain ; et c'est un principe incontestable qu'aucune de ses actions ne peut être imputée à un homme atteint de folie.

Au milieu de ces difficultés, c'est à leur bon sens et à l'observation commune, plus encore qu'aux théories prématurées des savants, que les juges doivent se confier. Or, voici les directions et les règles que le bon sens nous paraît indiquer en pareille matière.

1° Il y a trois espèces de maladies mentales assez bien distinctes par leurs caractères extérieurs et sensibles. La démence tranquille, la folie accompagnée d'actes de violence et d'accès de fureur, l'imbécillité ou idiotisme. Le caractère commun à ces trois états est l'ignorance de la valeur morale des actions, la suppression de la conscience. L'homme fou ou stupide ne sait pas ce qu'il fait, il agit machinalement ; s'il a une volonté, elle est comme celle de la brute ; il est mû par des appétits, il peut l'être par l'espérance, par la crainte ; il ne l'est point par la connaissance de ce qui est bien ou mal en soi, par le désir de faire l'un ou l'autre. Aussi n'éprouve-t-il ni satisfaction interne ni remords. Il pleure sur le bien, il rit du mal ; il fait indifféremment l'un ou l'autre, car il ne les distingue plus.

2° La maladie peut, durant le cours de la vie du malade, subir une transformation, passer d'une espèce à l'autre. On a vu des maniaques tomber dans la mélancolie, plus souvent peut-être dans l'idiotisme ; quelquefois, quoique très-rarement, on a vu des idiots retomber, par une cause accidentelle, dans un accès passager de manie, puis recouvrer entièrement l'usage de la raison. — Quoi qu'il en soit, la question essentielle à résoudre, dans chaque cas particulier, est toujours celle de savoir, si l'homme qu'on dit atteint d'aliénation mentale avait ou non perdu la conscience de lui-même et de la nature de ses actions.

3° Cette question ne peut être résolue ni par la simple inspection du physique de l'homme ni par les observations médicales, soit générales, soit spéciales sur l'individu dont il s'agit. Il est vrai que la folie est souvent accompagnée de symptômes physiques externes. Quelquefois aussi la folie est elle-même symptomatique, c'est-à-dire le signe et l'effet d'une maladie corporelle. Dans ce dernier cas elle est presque toujours passagère. Elle disparaît avec la maladie qui en a été la cause. Mais en général les signes physiques ne suffisent point pour constater l'aliénation mentale. Ils ne sont pas assez positifs ni suffisamment exclusifs. Ce sont les mêmes signes qui caractérisent en d'autres cas plusieurs maladies inflammatoires ou d'irritation, sans qu'il y ait aucune altération des facultés intellectuelles.

4° L'insuffisance des symptômes physiques n'autorise pas cependant à négliger le témoignage des experts. Il faut consulter de préférence les médecins habitués au traitement des maladies mentales, et ceux qui ont déjà donné des soins au prévenu même pour de simples maladies physiques. Le juge qui néglige leur témoignage est un imprudent : celui qui prend leur avis pour une décision, viole le plus sacré de ses devoirs; il substitue leur conscience à la sienne; il agit en aveugle.

5° C'est par l'ensemble des faits et des circons-

tances que le juge ou le juré doit former son opinion sur la moralité de l'individu qu'on dit atteint
d'aliénation mentale, pour reconnaître si *omni intel-
lectu caret*.

6° Les circonstances et les faits à étudier ne sont
pas seulement ceux qui ont accompagné l'action à
imputer, mais aussi ceux qui l'ont précédée et qui
l'ont suivie. La démence, excepté lorsqu'elle est
symptomatique, n'est pas un fait isolé et passager ; et
ordinairement elle ne se manifeste pas d'une manière subite, et moins encore par un crime matériel.
La raison de l'homme ne s'éclaire ou ne s'affaiblit
que par degrés; elle lutte avant de succomber ; elle
reparaît de temps à autre avant d'être enveloppée par
un nuage épais et impénétrable.

7° Aussi le juge qui, sur le fondement d'un fait isolé,
quelque singulier qu'il parût, s'empresserait de déclarer la démence de l'agent, ferait-il une déclaration
précipitée et irrationnelle.

8° Il est aussi évident que les faits dont le juge doit
le plus se méfier sont ceux qui ont accompagné ou
suivi l'acte à imputer, comme pouvant être l'effet
d'une simulation de la part de l'agent.

9° Toutefois, si on les apprécie avec soin, et si l'on
soumet le prévenu à des interrogatoires suivis et bien
dirigés, il est presque impossible que par l'ensemble
de toutes les circonstances, l'état réel de son esprit ne
se révèle à ses juges.

Nous finirons par l'examen rapide de quelques
questions importantes.

La plus grave est, sans aucun doute, celle de la

démence partielle, qu'on désigne sous le nom de
mélancolie, de manie sans délire, de monomanie. Y
a-t-il une démence partielle ! Les actes qu'on appelle
des actes de monomanie sont-ils des actes de démence.

Il paraît que le fait d'une démence partielle ne
peut être révoqué en doute : il a été observé de tous.
Les anciens criminalistes l'ont remarqué. Ils ont reconnu qu'il pouvait y avoir absence de raison, de connaissance du bien et du mal relativement à certains
objets, sans qu'il y eût pour tout le reste d'altération sensible dans l'exercice des facultés intellectuelles et morales. Ce cas se présentant, on doit lui
appliquer les mêmes règles que nous venons de tracer pour l'appréciation de la folie complète. Le jugement est plus difficile : mais les principes sont les
mêmes. Le point à vérifier est toujours la non conscience du bien et du mal relativement à l'acte en
question.

Mais de ce qu'il existe une démence partielle, il ne
suit point de là que tous les actes sans motif connu
soient des actes de démence, que leurs auteurs les
aient faits en ayant perdu toute conscience d'eux-
mêmes et de la nature de leurs actions.

En effet, quels sont ces actes ? Des faits isolés, un
grand crime, un meurtre commis sans aucun motif
apparent, sans qu'on aperçoive aucune de ces causes
qui d'ordinaire expliquent, sans la justifier, l'action
criminelle. Ces faits étaient connus des anciens criminalistes ; plusieurs d'entre eux désignaient le meurtre sans cause sous le nom d'*homicide bestial*. Cette

dénomination se trouve aussi dans plusieurs législations. A la vérité, on n'en concluait pas que le meurtrier dût être impuni ; au contraire, on lui infligeait le *maximum* de la peine du meurtre.

Avaient-ils tort? Certes nous ne croyons pas être suspects de préférence pour les vieux criminalistes. Mais nous partageons dans ce cas leur avis. Nous ne voyons dans ce crime qu'un meurtre prémédité et longtemps prémédité. Nous avons vu des hommes accusés d'*homicide bestial*. Ils nous ont paru des hommes profondément immoraux, mais nullement atteints de maladie mentale.

« L'homme, tant qu'il est doué de raison, n'agit jamais sans un motif. » Soit. Mais faut-il déclarer fous tous les hommes commettant un fait isolé par un motif qui nous est inconnu, dont l'impulsion n'est pas ressentie par nous? « Il fait le mal pour l'amour du mal. » Nous disons cela, sans en être trop étonnés, de celui qui médit de son prochain, qui le calomnie, qui lui refuse le moindre service, qui s'empresse de lui donner une mauvaise nouvelle, qui ne perd pas l'occasion de faire ressortir ses défauts et ses torts, sans intérêt personnel, sans colère, sans arrière-pensée, sans autre motif que le plaisir de nuire, de voir souffrir, de faire du mal. Donnez à cet homme un degré de perversité de plus, plus de courage et un poignard, et vous aurez un meurtrier *bestial,* qui ne sera pas plus fou que ne le sont le calomniateur et le médisant.

Sans doute l'homme qui ne se tient pas en garde contre un mauvais penchant, peut être en quelque

sorte entraîné fort au delà de tout ce qu'il prévoyait
d'abord. Nous l'avons déjà fait remarquer (liv. Iᵉʳ,
chap. ix), le moment arrive où l'homme qui a caressé
un désir criminel se trouve livré à ce désir, devenu
tout à coup irrésistible, comme un esclave enchaîné
à une bête féroce. Si dans ce moment on veut l'appeler monomane, si l'on affirme que dans ce moment
sa raison est égarée, nous n'en disconvenons point.
Nous allons plus loin encore; car nous sommes convaincus que c'est là l'état où se trouvent beaucoup
de criminels au moment dernier de l'exécution d'un
grand crime. Grand Dieu! que serait l'homme s'il
pouvait approcher du plus horrible forfait, le regarder
face à face, le toucher, tout en conservant le calme
de sa raison! D'où viennent, si ce n'est de cet égarement, de cette ivresse qui agite le criminel à l'approche de la catastrophe, ces oublis, ces inadvertan-
ces, ces fautes bizarres, ces objets délaissés, ces traces
non effacées, ces propos imprudents, qui élèvent ensuite leur voix contre le meurtrier, qui le traînent,
qui le poursuivent, qui l'accablent, accusateurs irré-
sistibles, devant le tribunal de la justice humaine?
Quel est l'homme tant soit peu versé dans la pratique
du barreau qui n'ait eu plus d'une fois l'occasion de
se dire : Chose singulière! ce malheureux n'avait qu'à
faire cela, et il était sauvé. Oui, mais cette chose
si naturelle, si simple, si facile à faire et à voir, il ne
l'a pas faite, il ne l'a pas vue, il ne l'a pas soupçonnée,
et cependant il était bien intéressé à la voir et à la
faire.

Toutefois l'acquitterez-vous comme un homme

tombé en démence? Personne ne l'a imaginé. Or ceux qu'on appelle monomanes ne sont pas dans une position différente. Ils connaissent d'abord l'immoralité de leur penchant; ils ont la conscience d'eux-mêmes et du mal qu'ils vont faire; ils ne retombent dans l'état d'égarement que lorsque le désir qu'ils ont négligé de maîtriser les pousse au dernier terme de la carrière; ils sont effrayés du crime qu'ils ont commis; ils savent qu'ils ont fait le mal; ils en éprouvent le remords. Toutes choses incompatibles avec la véritable folie.

Le monomane est comme un homme qui peu à peu a pris le goût du vin. Sa santé en est délabrée; le médecin l'avertit; il lui montre la mort au fond du vase rempli de la liqueur défendue. Le malade boit cependant; il meurt. Ceux qui le connaissent disent qu'il était fou, qu'il a agi comme un fou. Ils disent vrai selon le langage vulgaire. Mais était-il en état de véritable démence? Non; il n'était qu'un ivrogne. Il savait le mal qu'il se faisait; il n'avait pas oublié les préceptes du médecin; les conséquences de son vice lui étaient connues; cependant il buvait.

Il est possible qu'il y ait des folies dont la responsabilité morale pèse sur ceux qui en sont atteints, des folies, pour ainsi dire, voulues, en tant que le malade avait pu prévoir qu'en suivant un certain genre de vie, en négligeant certaines distractions ou certains remèdes, en insistant avec trop de complaisance sur certaines idées, il pouvait en résulter pour lui la démence. Mais la justice humaine ne saurait demander compte de ces faits, ni de ceux qui auraient

été commis par l'effet d'une folie qu'on croirait procurée. Ce sont là des mystères qu'elle n'a ni droit ni
intérêt de pénétrer. Les actes commis en état de démence n'en sont pas moins des actes voulus, com-
mencés, et exécutés sans moralité. Cela suffit; il n'y
a point d'imputabilité aux yeux de la justice humaine.

Il n'en est pas de même pour les faits qu'on appelle des actes de monomanie. L'agent en connaît la nature, et il les veut nonobstant la connaissance du mal.
Lors même qu'on admettrait un instant de véritable
folie à l'explosion dernière de son désir criminel, cet
égarement passager qui, à proprement parler, n'est
pas la cause, mais l'effet de l'acte dont il s'agit, ne
saurait le justifier. Il n'enlève pas à la perpétration
du crime son caractère de fait portant témoignage
de la résolution criminelle de l'agent.

Par ces considérations nous sommes loin de vouloir
nier qu'un fait absolument inexplicable et extraordi-
nairement atroce, quoique isolé, ne soit jamais l'effet
d'une véritable folie. L'homme moral et physique
ne renferme que trop d'énigmes. D'ailleurs qui oserait affirmer que la démence ne puisse jamais débuter
par un acte de férocité? Aussi le juge doit-il donner
la plus sévère attention aux causes de ce genre. C'est
une des parties les plus redoutables de son ministère.
Lorsque les faits paraîtraient suffisants pour légitimer
le doute, le parti le plus sage serait peut-être de
renvoyer le jugement à une époque plus éloignée. S'il
y a véritable folie, elle doit se révéler; l'homme placé
sous la main de la justice ne saurait échapper à des
observations suivies et rigoureuses.

Mais en tout état de choses, le juge et le juré ne doivent jamais oublier que le caractère de la folie est le dérangement des facultés intellectuelles. Ils porteraient atteinte à l'ordre moral et à l'ordre politique, si, par un sentiment mal entendu d'humanité, ils excusaient à titre de folie la violence et la bizarrerie sanguinaire de certains désirs.

Faut-il imputer à un maniaque les actes commis pendant un intervalle lucide? Cette question est d'une faible importance dans la pratique. La surveillance qu'on exerce sur les maniaques, même dans les intermittences de leur maladie, est une garantie contre les crimes auxquels ils pourraient se livrer. Si le crime était commis, non proprement dans un intervalle lucide, mais après une discontinuation assez longue de la manie pour qu'on eût abandonné l'individu à lui-même comme ayant recouvré la santé, nul doute que l'acte ne lui fût imputable. Enfin, si, malgré la surveillance exercée sur lui, un maniaque commettait une action criminelle dans un intervalle lucide, rigoureusement parlant, il devrait en être responsable. Mais qui oserait déclarer la culpabilité de l'agent, si les intervalles lucides sont de courte durée, si leur retour n'est pas périodique, s'il est prouvé que l'état habituel du prévenu est un état d'aliénation mentale? Comment se convaincre que, précisément dans le moment où il exécutait l'acte dont il s'agit, le prévenu était *compos suî?* D'ailleurs, quelle serait l'utilité d'un pareil acte? le jugement serait l'effet de la peine sur le public.

Rappelons à cette occasion que toute procédure,

que tout jugement, enfin que l'exécution doit être
suspendue si l'accusé ou le condamné tombe en démence. Il est superflu d'en indiquer les motifs. Or
c'est ce qui arriverait très-probablement dans le cas
d'un maniaque accusé pour un fait commis dans un
intervalle lucide. La manie surviendrait avant que la
justice eût achevé son cours.

On a élevé la question de savoir si l'idiotisme efface
la responsabilité du malade pour toute espèce d'actes
défendus par la loi pénale. Quelques criminalistes
ont prétendu que l'idiot conserve assez de sens pour
discerner le mal des actes les plus graves réprouvés
par la loi naturelle, et qu'en conséquence il n'est
excusable que pour les actes défendus uniquement
par les lois positives, et surtout pour les délits d'omission. Mais la question n'en est pas une lorsqu'on se
fait une juste idée de l'imputabilité, lorsqu'on reconnaît que c'est le jugement et non la loi qui doit décider tous ces divers cas, qui sont absolument individuels, et qui échappent à toute formule générale.
Dès lors que signifie la question proposée? Si le juge
reconnaît un idiotisme complet, il décharge l'accusé de toute responsabilité; s'il ne reconnaît qu'une
oblitération partielle des facultés morales, il examine si l'intelligence de l'accusé était en rapport
avec la nature de l'acte par lui commis, et si l'ensemble des circonstances prouve qu'il avait encore
conscience de lui-même et de l'immoralité de son
acte. Ce sont là de pures questions de fait, pour lesquelles toute règle générale donnée à *priori* serait
irrationnelle.

On a été plus loin : on a essayé de pénétrer les mystères du somnambulisme. On a demandé si les somnambules étaient responsables des actes commis pendant le sommeil. Les jurisconsultes et les professeurs de médecine légale ont manifesté des opinions diverses.

Les uns acquittent les somnambules, pourvu qu'ils n'aient pas d'inimitiés capitales ; car, dans ce cas, il est évident, à leurs yeux, que le meurtre commis dans le sommeil est un effet de leurs sentiments coupables pendant le réveil.

Les autres, plus sévères, soutiennent que le somnambule n'exécute, dans ce cas, que les actes qu'il a médités pendant la veille, et qu'il les exécute avec d'autant plus de liberté qu'il se trouve à l'abri de toute influence extérieure.

Enfin les plus indulgents ne leur imputent les actes commis dans le sommeil que comme des actes de négligence.

Après toutes ces décisions, si à notre tour nous demandons : Qu'est-ce que le somnambulisme ? quel est l'état de notre âme pendant le sommeil ? à moins que nous ne soyons disposé à nous contenter d'ingénieuses conjectures, nous ne trouverons de réponse satisfaisante nulle part. La raison en est simple. L'état de sommeil, cet état au sujet duquel des savants n'ont pas hésité à nous donner des décisions absolues en matière pénale, est un état qui échappe à nos observations, les somnambules, dont on veut faire des coupables, sont cependant des gens qui ne peuvent pas s'observer, car ce n'est pas s'observer pendant le sommeil que de retrouver au réveil le souvenir de ses rêves.

Ces discussions oiseuses sur l'imputabilité pénale des actions commises dans le sommeil ne méritent d'être citées que comme un exemple frappant de la témérité de l'homme lorsqu'il prétend se lancer sans frein et sans guide dans le domaine de la justice morale. Il suffit de se rappeler un instant les bornes et les imperfections de la justice humaine, pour reconnaître qu'elle n'a ni les moyens, ni le besoin, ni le droit de s'enquérir des actions commises pendant le sommeil.

Les sourds-muets, surtout de naissance, sont aussi dans un état de stupidité presque complète. Il y a chez eux absence d'idées, et en particulier de notions morales. Cependant le degré d'ignorance n'est pas le même dans tous, et plusieurs d'entre eux semblent avoir été en quelque sorte rendus à la vie morale par l'instruction.

Un sourd-muet est-il responsable de ses actions ? C'est aussi une question entièrement individuelle. Le jury doit, avant tout, s'assurer par tous les moyens possibles de l'état intellectuel et moral du prévenu, et ne jamais oublier que, dans le doute, il doit répondre pour l'irresponsabilité de l'accusé.

CHAPITRE XVIII.

DES CAUSES D'IGNORANCE OU D'ERREUR ACCIDENTELLES ET PASSAGÈRES.

A ces diverses causes plus ou moins absolues et permanentes d'ignorance et d'erreur involontaires, il faut ajouter les causes tout à fait accidentelles et temporaires. L'homme le plus clairvoyant et le plus sage peut tomber dans l'erreur au sujet d'un fait particulier, ou ignorer les circonstances qui auraient dû le détourner de l'acte qu'il vient d'accomplir. *Facti interpretatio plerumque etiam prudentissimos fallit.* L. 2, D. de juris et fact. ignor. (xxii, 6).

Le mal commis par une ignorance ou par une erreur nullement imputables, n'est ni prévu ni volontaire. Il n'y a pas délit. C'est ce que nous appelons un malheur, un accident, un cas fortuit.

La seule question à examiner dans chaque cas spécial est de savoir, 1° si effectivement il y avait ignorance ou erreur sur le fait ou sur ses circonstances essentielles, 2° si cette erreur ou cette ignorance sont imputables à l'agent.

Les circonstances essentielles du fait sont celles qui lui auraient donné le caractère de délit, ou celui d'un crime plus grave ou d'une espèce différente, si l'agent les avait connues.

L'ignorance et l'erreur ne sont pas imputables, lorsque tout homme raisonnable et prudent aurait pu, dans les mêmes circonstances, être dans l'ignorance et tomber dans la même erreur.

Et recte Labeo definit, scientiam neque curiosissimi neque negligentissimi hominis accipiendam, verùm etiam ejus qui eam rem diligenter inquirendo notam habere possit. L. 9, § 2, D. de jur. et fact. ignor. (XXII, 6).

Les développements ultérieurs sur cette matière trouveront leur place au chapitre suivant.

CHAPITRE XIX.

DE L'IGNORANCE ET DE L'ERREUR IMPUTABLES.

L'ignorance et l'erreur sont imputables à l'agent, soit lorsqu'il s'est placé dans un état propre à porter le trouble et la perturbation dans ses facultés intellectuelles, soit lorsqu'il a négligé d'acquérir les connaissances nécessaires pour éviter le mal dont il a été l'auteur.

Dans l'un et dans l'autre cas il a manqué à un devoir ; dans l'un et dans l'autre cas il n'a pas fait de ses facultés intellectuelles et morales l'usage que la raison lui prescrivait.

Mais si d'un côté la justice exige qu'il soit responsable, dans une certaine mesure, du mal occasionné par son imprudence ou par sa négligence, de l'autre elle ne permet pas qu'on lui impute ce mal comme un fait délibéré, et volontaire. Entre les résultats de l'imprudence et de la négligence, et l'acte délibéré, il existe la différence du négatif au positif. L'homme d'État, fût-il sourd à la voix de la justice, ne repousserait pas toutefois la distinction. Car si un acte de négligence peut quelquefois être aussi dangereux matériellement qu'un acte volontaire, il est cependant moins alarmant. Et d'ailleurs l'opinion publique se soulèverait contre toute loi qui placerait ces actes sur la même ligne. Quelques applications du principe en feront mieux ressortir l'évidence. Parlons d'abord des actes commis dans la perturbation de l'esprit.

CHAPITRE XX.

DE L'IVRESSE.

Les opinions des jurisconsultes et les décisions des législateurs sur la culpabilité des actes commis dans l'ivresse sont loin d'être uniformes.

Les uns ne reconnaissent point un motif d'excuse dans l'ivresse, puisqu'elle est elle-même un acte reprochable. Ils comparent un homme ivre à un homme qui a eu le tort de se laisser emporter par une passion funeste, par la vengeance, par la colère ou par la jalousie.

D'autres voient dans l'ivresse un motif légitime d'excuse.

D'autres aussi distinguent entre l'ivresse habituelle et l'ivresse accidentelle, entre l'ivresse imprévue et l'ivresse procurée dans le but de se préparer une excuse au crime qu'on médite.

Ces diverses opinions ne supposent pas une analyse bien exacte du fait dont il s'agit.

L'ivresse volontaire, même celle qui est le résultat d'un moment d'oubli, est un acte répréhensible en soi, et qui n'est pas sans quelque danger pour l'ordre public. Il est possible que dans certains pays il soit nécessaire de placer au nombre des délits l'ivresse volontaire, surtout lorsqu'elle est habituelle et accompagnée de publicité et de scandale.

Mais ce n'est pas sous ce point de vue qu'on doit la considérer ici. La question est de savoir si les délits commis en état d'ivresse sont imputables, et à quel degré peut s'élever la culpabilité de l'agent.

Or l'ivresse, lorsqu'elle est complète, ôte entièrement la conscience du bien et du mal, l'usage de la raison. C'est une sorte de démence passagère. L'homme qui s'est enivré peut être coupable d'une grande imprudence, mais il est impossible de lui dire avec justice : Ce fait spécial, ce crime, tu l'as compris au moment de le commettre. Si on pouvait à volonté se constituer en état de véritable démence, pourrait-on condamner celui qui aurait usé de ce funeste pouvoir comme auteur, le sachant et le voulant, des actes exécutés pendant sa folie?

On pourrait, au retour de sa raison, lui infliger une peine comme s'étant placé volontairement dans un état dangereux pour les autres, comme on punit celui qui fume dans un magasin à poudre. Mais lui imputer un fait spécial, ce serait vouloir ce qui est moralement impossible : imputabilité et absence de raison ; il y a contradiction dans les termes.

Il en est de même pour l'ivresse complète, s'il est vrai qu'elle suspende entièrement la connaissance de soi-même et l'usage de la raison. Quelque aversion qu'on ait pour l'ivresse, on ne fera jamais qu'un homme ait compris ce qu'il était hors d'état de comprendre.

On ne saurait comparer l'ivresse à une passion

violente. L'ivresse a une cause matérielle et externe; ce n'est pas l'imagination de l'homme qui s'exalte sur un objet déterminé, et le pousse à une certaine action particulière, qui avait déjà, pour ainsi dire, ses racines dans un désir conçu par lui en état de calme et de raison.

L'ivresse complète est une cause matérielle d'aveuglement; elle ôte la connaissance du bien et du mal en toutes choses; un homme absolument ivre donnera des coups dans une rixe, signera comme faux témoin, outragera la pudeur, et avec la même indifférence il s'enrôlera dans un complot de haute trahison. A son réveil il aura tout oublié, et sera également étonné, quel que soit le fait qu'on lui raconte comme ayant été son ouvrage.

On oppose le danger qu'il y a pour la sûreté publique à reconnaître dans l'ivresse un motif de justification ou d'excuse, la facilité d'abuser de ce moyen de défense. — Cherchons d'abord ce qui est juste.

Un homme n'ayant jamais fait usage de vin, en boit par prescription médicale; une raison physique quelconque fait que ce vin l'enivre, qu'il lui trouble complétement la raison, qu'il le rend furieux. Ce fait est possible; il ne le serait pas, peu importe. Personne ne saurait nier la possibilité, dans certaines circonstances, d'une ivresse complète, tout à fait accidentelle et involontaire. Cet homme dans son ivresse commet un acte défendu. Quel est le juge, à quelque école philosophique qu'il appartienne, qui, tenant le fait pour prouvé, osera cependant dire au prévenu : Tu es coupable.

Il y a donc une ivresse qui doit exempter de toute
peine l'auteur du fait matériel, comme la folie,
comme l'enfance. Nous n'en avons pas parlé en traitant de l'état de maladie, pour ne pas scinder la matière. Poser en principe que l'ivresse, même complète
et absolument involontaire, n'est jamais un motif de
justification, c'est punir dans l'être moral les actes
d'une machine.

On a dit que les hommes ivres, même par accident, ne faisaient dans l'ivresse que les actes auxquels
ils étaient déjà prédisposés en état de santé. C'est la
même doctrine qu'on a prétendu appliquer aux somnambules. On veut punir une intention *présumée*, un
désir vague, sur le fondement d'un acte purement
matériel.

S'il y a une espèce d'ivresse qui exempte de toute
peine pour les faits particuliers commis pendant la
maladie, il y a aussi une ivresse qui rend seulement
le fait excusable. *Per vinum lapsis capitalis pœna re-
mittenda est, et militiæ mutatio irroganda.* L. 6, § 7,
D. de re milit. (XLIX, 16). C'est lorsque le délit est
l'effet d'un mouvement de colère excitée par cette
espèce d'ivresse qui ôte l'usage de la réflexion, sans
toutefois supprimer dans l'homme ivre la conscience
de lui-même et du mal qu'il fait. *Delinquitur autem
aut proposito aut impetu aut casu... Impetu cùm per
ebrietatem ad manus aut ad ferrum venitur.* L. 11,
§ 2, D. de pœnis (XLVIII, 19).

Enfin l'ivresse complète peut rendre l'homme responsable, non de délit intentionnel, mais de délit
commis par imprudence : c'est lorsque l'ivresse a été

volontaire ou l'effet d'un oubli répréhensible de soi-
même.

La prudence politique ne repousse point ces distinctions. Dans plusieurs législations l'ivresse a été
regardée comme une circonstance atténuante, comme
un motif d'excuse.

Une loi de la république italienne (29 février 1804)
contenait à ce sujet des distinctions fort ingénieuses,
relatives à l'ivresse habituelle, à la récidive en état
d'ivresse, etc. C'était pousser trop loin peut-être les
détails de la législation; mais il n'existait pas de
jury; il était convenable de ne pas laisser au juge une
trop grande latitude sur le fait et sur le droit en même
temps.

Dans les pays où la loi ne tient aucun compte de
l'ivresse, les tribunaux accordent une impunité absolue, même dans les cas qui méritent un certain degré
de punition, ou ils prononcent des condamnations que
l'opinion publique désavoue.

Au reste, un jury pénétré de l'importance et de la
religion de son ministère ne saurait hésiter. Il doit
sans doute se tenir en garde contre l'imposture et le
mensonge, et ne jamais oublier que l'ivresse est un
des prétextes les plus faciles à alléguer et auquel les
témoins, il faut l'avouer, se prêtent d'assez bonne
grâce. Mais si le jury est convaincu que le fait a été
commis en état d'ivresse complète, machinalement,
il ne saurait sans trahir sa conscience déclarer l'accusé coupable.

La question est plus délicate dans les cas où
l'ivresse constatée paraîtrait aux jurés suffisante

comme excuse, insuffisante comme justification, sans
que la distinction soit admise par la loi. Qu'ils rendent hommage à la vérité et à la justice, à la première
et à la plus sainte des lois, de la seule manière qui
leur est possible, et les lois positives ne tarderont pas
à se mettre en harmonie avec elle et avec l'intérêt
public bien entendu. Le jury est la conscience de la
société.

CHAPITRE XXI.

DES ACTES COMMIS PAR EMPORTEMENT.

L'observation nous signale trois divers états internes : l'état de sang-froid, l'état de passion, l'état de colère.

Un homme convoite l'argent d'autrui : il étudie les moyens de s'en emparer, il examine l'état des lieux, il suit les pas de sa victime, il saisit le moment opportun, il commet le vol à l'aide de l'assassinat : il agit de sang-froid, avec maturité et réflexion. Son action est sans doute le résultat d'un désir criminel, d'un désir qui a grandi peu à peu et qui est à la fin devenu assez impérieux pour le pousser au crime. Mais il n'y a rien eu de subit, d'imprévu dans la détermination du coupable.

Un autre homme épris d'une femme désire l'épouser; des obstacles s'opposent au mariage; sa passion croît et s'enflamme; ivre d'amour, l'imagination en désordre, il veut essayer une dernière tentative; il se rend, dans les lieux où demeure celle qu'il aime; il espère surmonter les difficultés, obtenir sa main; il la rencontre au milieu de la pompe nuptiale, se rendant à l'autel pour donner sa main à un rival. Il le tue; il le tue à l'instant même, en s'emparant de

la première arme qu'il trouve. Ce crime est également
ment l'effet d'un désir effréné, d'une passion qu'on
n'a pas réprimée, mais qu'il était possible de réprimer, de contenir dans les bornes de la morale. *Satis
natura homini dedit roboris, si illo utamur, si vires
nostras colligamus, ac totas pro nobis, certè non con-
tra nos, concitemus. Nolle in causâ est ; non posse
prætenditur.* Seneca, epist. 116.

Toutefois personne ne conteste la différence énorme
qu'il y a entre ces deux meurtres. Nous l'avons expli-
quée au chapitre XI du présent livre. Le second
meurtrier a agi en état de passion, sans réflexion.

Imaginons que cet amour soit illicite. La femme
est une femme mariée. La passion s'exalte par les obstacles. Après une longue attente, un rendez-vous
est accordé ; le moment si vivement attendu arrive ;
l'amant franchit le seuil de la maison conjugale. Le
mari survient. La femme dans sa terreur s'écrie
qu'elle est perdue, que son mari va la tuer ; qu'il l'en
a menacée ; elle tombe sans connaissance aux pieds
de son complice, la pâleur de la mort couvre déjà
son visage ; le mari entre ; surpris d'abord, l'éclair
de la vengeance brille aussitôt dans ses yeux ; l'a-
mant aveuglé s'élance sur l'ennemi comme un tigre,
et le tue.

Ce meurtre, si l'on pouvait le considérer isolément, paraîtrait moins criminel que le premier. Il
est également imprévu, instantané, et beaucoup
moins personnel.

Cependant ce n'est pas là la réponse définitive de
la conscience. Si elle voit dans le premier cas un

meurtre bien condamnable, elle voit dans le second un assassinat. La distinction est juste.

Les deux actes, isolément considérés, manquent l'un et l'autre de préméditation. Mais dans le second cas, le meurtrier a dû prévoir que l'action illicite à laquelle il se livrait, pouvait entraîner des conséquences funestes autres que les suites nécessaires de l'acte prémédité. Il se rendait chez la femme d'autrui, il allait porter le crime dans le lit conjugal : sa réflexion était forcément dirigée sur les effets éventuels du premier délit. Il a pu ne pas prévoir quelle serait exactement l'issue de son entreprise, mais ce n'est pas avec un cœur pur, sans aucune intention de faire le mal, qu'il l'a commencée. Il était en quelque sorte préparé à franchir tous les obstacles, à subir toutes les conséquences du premier fait. Celui qui a commis un meurtre par un mouvement instantané à la suite d'une démarche innocente, le fait accompli, a pu en être aussi affligé qu'étonné. Le second meurtrier a pu en être affligé, mais il s'est dit en même temps, il a dû se dire du moins : Un des malheurs que je prévoyais est arrivé.

Dans l'un et dans l'autre cas il n'y a point ces motifs de justification ou d'excuse qu'on trouve dans l'ivresse. Car il n'y a pas suppression temporaire, partielle ou complète, de l'intelligence. C'est la volonté qui, emportée par la passion, s'est précipitée dans le crime.

Dans l'un et dans l'autre cas, si le fait du meurtre est considéré isolément, il y a eu simple aperception du mal, il n'y a pas eu réflexion.

Mais si l'on considère le second meurtre dans l'ensemble des circonstances, on doit remarquer que la réflexion a pu, à la vérité, ne pas s'appliquer directement au fait spécial, mais qu'elle a eu le temps de reconnaître que des conséquences funestes pouvaient résulter de l'acte prémédité. La preuve en est que la plupart de ceux qui entreprennent des actes qui peuvent avoir des conséquences de cette nature n'oublient pas de se munir d'armes. S'ils n'ont pas l'intention directe de tuer, ils ont du moins l'intention de se défendre. Mais qu'est ce que l'intention de se défendre, lorsqu'on se place volontairement dans une situation où la légitimité est du côté de l'attaque, le tort du côté de la défense?

Imaginons maintenant un autre cas. Un jeune homme a obtenu la promesse d'épouser celle qu'il aime. A la veille de son mariage, il entend dans un dîner couvrir de ridicule sa fiancée. Il prend sa défense. Au lieu de cesser, le plaisant insiste ; il ajoute au ridicule l'outrage et la calomnie. Le jeune homme irrité lui donne un démenti et le provoque en duel. L'offenseur se moque de lui, et renouvelle les outrages. Une violente dispute s'ensuit, le jeune homme s'empare d'un couteau, et les coups de la vengeance ferment à jamais la bouche de l'offenseur.

Non-seulement le meurtre n'est point prémédité, mais il a été provoqué. Une cause extérieure, imprévue, instantanée, a troublé l'esprit de l'agent en excitant fortement sa colère. Ce n'est pas l'homme qui peu à peu a lâché la bride à un désir qui devient une passion indomptable. C'est encore moins l'homme qui pour exécuter une action illicite s'est placé dans une situation qui pouvait l'entraîner à des actes encore plus criminels. L'emportement subit de la colère se distingue de la violence d'un désir. *Ira furor brevis*. Elle offusque l'intelligence. La raison de l'homme est comme enveloppée tout à coup d'un nuage ; il ne sait plus ce qu'il fait ; il y a quelque chose de machinal dans la rapidité et la violence de ses mouvements.

Sans doute la colère ne justifie point les actions humaines : sans doute l'atténuation morale dérivant de la colère varie selon les circonstances. La colère a-t-elle été provoquée ? A-t-elle été provoquée par une cause grave ? Le tort était-il du côté du provocateur ? Ainsi qu'on l'a remarqué : *non tam ira quàm causa iræ excusat.*

Il n'en est pas moins vrai que si la provocation exclut dans tous les cas la préméditation de l'acte exécuté dans l'emportement subit de la colère, dans plusieurs cas elle doit être une cause d'atténuation ultérieure. Non-seulement il n'y a pas eu réflexion de la part de l'agent, mais l'aperception du mal elle-même n'a pu être claire ni distincte. La colère est une sorte d'ivresse incomplète.

Il y a donc des crimes prémédités, soit directement, soit dans ce sens qu'ils ont été une conséquence qui a dû être prévue d'un délit prémédité, des crimes non prémédités, enfin des délits provoqués.

Ces distinctions morales obtiennent l'assentiment de la conscience universelle.

Tous les systèmes les admettent ; car le danger et l'alarme ne sont pas les mêmes dans les trois espèces d'homicide. La justice et la prudence politique arrivent au même résultat.

Il est à la vérité des crimes auxquels ces distinctions ne sauraient s'appliquer. Ces détails trouvent mieux leur place dans l'analyse des diverses espèces de délits.

Mais en admettant que la provocation, à quelques exceptions près, doit être un motif général d'excuse pour tous les délits qui peuvent être, par leur nature, le résultat d'une colère subite, comment déterminer les causes de provocation et leur importance relative pour l'atténuation du délit? Le législateur doit-il signaler à l'avance les faits de provocation qui, seuls, rendront le fait excusable, et déterminer jusqu'à quel degré la peine peut être diminuée ?

Telle est en effet la méthode suivie dans quelques législations : elle nous paraît peu rationnelle.

Le même fait ne produit pas toujours une provocation également intense, ni une excuse également légitime. Un fait négligé par la loi peut devenir, dans des circonstances données, une provocation violente, irrésistible, et légitimer l'atténuation plus encore qu'un fait matériellement plus grave.

S'il y a des cas où la provocation doive exempter de toute peine, il peut être utile que ces cas soient déterminés par la loi, comme il est utile que la loi elle-même détermine quels sont les crimes que nulle provocation ne peut rendre excusables.

Mais le principe d'excuse par la provocation étant

une fois admis, c'est organiser une justice bien grossière et souvent bien embarrassante pour les juges que de tracer à l'avance le cercle où ils devront nécessairement se renfermer dans une matière sujette à tant de variations et de nuances diverses. Le législateur devrait se borner à fixer le *maximum* de la diminution que la peine peut recevoir, dans le cas où le jury déclare que le fait de provocation est constant. On pourrait aussi aller plus loin et demander au jury de déclarer si l'accusé a commis le délit dans le premier ou dans le second degré de provocation. Les nuances dans chaque degré seraient ensuite appréciées par le juge pour l'application de la peine, car nous supposons que la loi se borne à en fixer le *maximum* et le *minimum* pour chaque degré de provocation. Enfin, pour les rixes, où il y a ordinairement colère et délit des deux côtés, on a distingué dans quelques législations, entre le délit du premier provocateur et celui de l'homme provoqué; on a aussi prévu le cas d'une rixe où il serait impossible de reconnaître quel a été le provocateur.

CHAPITRE XXII.

L'homme agit avec négligence lorsque avant d'agir il néglige de se procurer les renseignements nécessaires pour que son action ne soit pas illégitime.

Si le mal résultant d'un acte de négligence retombe sur la société ou sur les individus d'une manière sensible, le coupable subit une peine, ou il est condamné à la simple réparation civile, selon la gravité de la faute et les exigences de l'ordre social.

Le mal matériel produit par la négligence peut être aussi grave que celui de l'acte délibéré. Le mal moral est toujours moindre.

Le mal moral se proportionne à la gravité de la faute.

La faute est en raison directe de la possibilité de l'événement nuisible et de la facilité qu'avait l'agent de le prévoir.

En parcourant la série des actes de négligence, on arrive d'un côté au *minimum* de la faute, à l'acte que nous ne pouvons presque plus distinguer du cas fortuit; de l'autre, au *maximum* de la négligence, à l'acte commis avec conscience, non précisément du mal déterminé qui a eu lieu, mais de la probabilité d'un mal en général.

Casu delinquitur, cùm in venando telum in feram missum hominem interfecit. L. 11, § 2, D. de pœn. (XLVIII, 19); la faute est minime, surtout si la chasse a eu lieu avec les précautions d'usage.

Si putator ex arbore ramum cùm dejiceret, vel machinarius hominem prœtereuntem occidit, ita tenetur, si is in publicum decidat, nec ille proclamavit, ut casus ejus evitari possit. L. 31, D. ad leg. Aquil. (IX, 2).

On peut imaginer des cas encore plus graves que celui qui est présenté par le jurisconsulte romain.

Mais toujours est-il que l'acte de négligence et le fait délibéré et volontaire, ne peuvent être confondus, sans renoncer au bon sens. Les jurisconsultes qui se sont plu à confondre la négligence très-grave avec l'intention directe, ont été induits en erreur par les actes qui ne donnent lieu qu'à la réparation civile : ils ont confondu le résultat avec la cause. Lorsque l'ordre social ne réclame pas une peine, que l'acte soit le résultat de l'intention directe ou d'une négligence très-grave, peu importe : la réparation civile se proportionne, dans les deux cas, à l'importance du mal matériel. On peut dans ce cas ne pas distinguer, sans trop d'inconvénients, entre la négligence et l'intention directe. Mais devant la justice pénale les choses ne peuvent pas se traiter ainsi *grosso modo :* la peine doit, avant tout, se proportionner à la moralité de l'acte et à celle de l'agent

In lege Corneliâ dolus pro facto accipitur : nec in hac lege culpa lata pro dolo accipitur. L. 7, D. ad leg. Cornel. de sicar. (XLVIII, 8).

Pour apprécier le degré de négligence, il faut dans chaque cas particulier prendre en considération la qualité de la personne, le temps, le lieu et la nature de l'acte qui a été la cause immédiate du délit de négligence. Il est impossible de ramener tous les cas divers à un petit nombre de formules claires et précises. Les essais qu'on a faits à cet égard ont été, ce nous semble, sans succès. On n'a fait, pour ainsi dire, qu'envelopper la difficulté dans des phrases qui l'ont laissée reparaître tout entière, au moment de l'application. Si l'on redoutait de donner aux juges une trop grande latitude pour l'application de la peine, une latitude qui rendrait nécessaire de leur part un second jugement approfondi sur le fait, on pourrait déterminer par la loi que la négligence peut être au premier et au second degré, et que le jury devra déclarer quel est le degré de la négligence qu'ils imputent au prévenu. Le juge appliquerait la peine correspondante, dans les limites tracées par la loi, et qui seraient dans ce cas plus resserrées.

Quoi qu'il en soit, l'appréciation de la négligence en tant qu'elle place l'agent en état d'ignorance ou d'erreur relativement au fait, est une question individuelle que la loi abandonne aux juges et aux jurés.

Si au contraire l'acte est volontaire en soi, la loi n'admet point d'atténuation, sous le prétexte que l'agent n'a pas connu la loi qu'il a enfreinte. Il est de règle que l'ignorance du droit n'excuse point.

On peut ignorer l'existence de la loi positive ; on peut ne pas saisir les rapports de cette loi avec la loi morale ; enfin, on peut croire à tort que la loi positive est injuste, qu'elle défend un acte licite, même l'accomplissement d'un devoir. Dans ce dernier cas, l'agent peut commettre un crime par des motifs purs, désintéressés, et s'exposer même à de grands sacrifices pour l'exécuter. Les assassins du maréchal d'Ancre affirmaient qu'ils n'éprouvaient aucun remords, qu'ils étaient convaincus de la légitimité de leur action. Et il est sans doute permis de supposer que l'assassin du prince d'Orange croyait de bonne foi faire un acte de vertu, d'héroïsme, puisque c'était Philippe, un roi, un monarque très-dévot, qui mettait le poignard dans la main du meurtrier, par un manifeste publié à la face de l'Europe, et dans lequel il promettait à celui qui aurait tué Guillaume, de magnifiques récompenses, même des lettres de noblesse. Enfin, nul doute que les forfaits commis par un sentiment religieux, tels que ceux dont le canton de Zurich a été le théâtre il y a peu d'années, n'aient été exécutés avec pleine conviction, de la part de leurs auteurs, qu'ils obéissaient à un devoir.

Nous n'insisterons pas sur les motifs du principe que l'ignorance du droit n'excuse point. Ils sont trop connus. Il est possible à la rigueur qu'un citoyen ignore l'existence d'une loi pénale ; il est possible qu'il n'en comprenne pas les motifs. Mais la justice humaine ne saurait admettre la preuve du premier fait, sans s'abdiquer, pour ainsi dire, elle-même. Les faits sont innombrables dans leur infinie variété; mais les règles de droit pénal sont bornées, et tout homme a des moyens de les connaître, autant du moins que cela est nécessaire pour s'abstenir du crime ; *cùm jus finitum et possit esse et debeat.*

Il est également possible qu'un citoyen ne saisisse pas les rapports de la loi positive avec la loi morale. Cela ne le dispense point de s'y conformer.

Le troisième cas paraît plus douteux. Il répugne au premier abord de punir celui qui a fait le mal dans l'intime persuasion de faire le bien. Quel est l'honnête homme qui voudrait prononcer un jugement contre celui qui aurait enfreint une loi que le juge lui-même croirait inique, une loi qui défendrait aux pères de donner une éducation à leurs enfants? Or, celui qui enfreint une loi juste en croyant fermement qu'elle est inique, ou qu'elle n'oblige point, n'est-il pas, quant à lui, dans le même cas que celui qui viole une loi réprouvée par la conscience universelle? Pourra-t-on lui appliquer la peine sans blesser la justice? Le jugement sera-t-il autre chose qu'un acte de politique?

Nous croyons que la responsabilité morale de l'homme s'étend plus loin. Si, sans être atteint de folie, il conçoit et nourrit des erreurs funestes, des opinions bizarres, démenties par la conscience universelle et par la loi écrite, c'est à sa vie intérieure, à sa vie morale tout entière qu'on doit l'attribuer. Son âme, pervertie par des penchants non réprimés ou par des erreurs reçues légèrement et caressées au point qu'elles ont dégénéré en fanatisme, en superstition, a jeté volontairement un voile sur son intelligence. C'est volontairement qu'il s'est mis en quelque sorte en dehors de l'humanité. La vérité n'arrive plus jusqu'à lui, non par l'effet d'une maladie, non par l'effet d'un instant passager d'aveuglement, non par l'effet d'un moment de distraction à l'égard de quelques circonstances de fait variables et matérielles, mais par une barrière intérieure que l'homme lui-même a élevée. Que dis-je, la vérité ne lui arrive pas? il l'a chassée. Sa conscience lui parlait d'abord le langage de l'humanité; elle l'éclairait de sa lumière. Mais il l'a éteinte; et cela n'a pas été, n'a pu être l'ouvrage d'un moment ni d'un jour.

Il est d'autant moins excusable que la voix solennelle de la loi, la conscience publique formellement révélée dans les paroles du législateur, l'autorité du pouvoir conservateur de l'ordre social, tout l'avertissait de son erreur. Il en était averti à temps, et de manière que l'avertissement pouvait lui être utile, salutaire. Son intelligence a eu le temps de comprendre, sa liberté a pu choisir; si le secours a été nul, c'est que d'avance, longtemps d'avance, peu à peu et volontairement, il avait, pour ainsi dire, fermé à la vérité les portes de son esprit. *Imputet sibi.*

Il est à la vérité des peuplades entières qui ont fait de fausses applications des principes du juste et de l'injuste, du bien et du mal. Il est des peuples où les fils témoignent à leurs pères leur attachement filial en abrégeant les jours de leur vieillesse. La responsabilité morale de ces peuples aux yeux de la justice absolue doit-elle être appréciée autrement que celle d'un individu s'égarant au milieu d'une société civi-

lisée, qui pense, agit et parle autrement que lui : où
l'enseignement, la religion, les mœurs, les lois,
contredisent à chaque instant ses funestes opinions ?
Cette recherche nous entraînerait au delà de notre
but. Lorsque l'erreur est commune, le législateur la
partage, ou du moins il n'ose pas la combattre de
front. On brûle encore, nous le croyons du moins,
des veuves dans les possessions anglaises aux Indes.

Il ne faut pas toutefois confondre l'ignorance du
droit avec l'inobservation des règles que la loi impose,
précisément dans le but de prévenir les accidents et
les malheurs. L'entrepreneur de bâtiments qui, négligeant les précautions prescrites par les règlements
de police, occasionne la mort d'un ouvrier ou d'un
passant, n'est pas coupable d'homicide volontaire,
par cela seul qu'il est censé avoir connu ces règlements. Il est à la vérité coupable d'infraction volontaire aux règlements ; il en est coupable lors même
que cette omission n'aurait occasionné aucun accident ; mais quant à l'homicide, la négligence seule
lui est imputable. L'acte délibéré et voulu est l'o-
mission ; l'homicide est une conséquence plus ou
moins imputable, selon que l'accident était plus ou
moins probable ; mais il n'y a pas eu intention directe de le commettre. L'inobservation de la loi peut
donc être à la fois un délit *sui generis* et un acte révélateur de la négligence de l'agent relativement à
un autre fait.

CHAPITRE XXIII.

DE LA CONTRAINTE.

La contrainte proprement dite a lieu lorsqu'un homme, en cédant à une force physique irrésistible, exécute une action qu'il n'aurait point faite s'il eût été libre d'agir ou de ne pas agir. L'acte, étant involontaire, n'est point imputable. L'auteur immédiat du fait n'est qu'un instrument matériel.

Mais la contrainte physique est un fait extrêmement rare et fort peu probable. Elle peut être la cause d'une omission plutôt que d'un fait positif. Il est plus facile d'empêcher une personne d'agir que de la contraindre physiquement à faire quelque chose.

Reste la contrainte morale. On est en état de contrainte morale lorsqu'on se trouve placé entre deux maux immédiats, de manière que l'un ou l'autre soit impossible à éviter. Celui qui dans cette position prend le parti de commettre l'acte défendu n'agit pas involontairement; à la vérité, le jeu de sa liberté n'est point arrêté, mais la faculté de choisir est resserrée dans des bornes très-étroites. Il ne peut pas s'abstenir, dans ce sens qu'il ne peut pas s'empêcher de prendre l'un ou l'autre des deux seuls partis qui lui restent : souffrir un mal immédiat, ou nuire à autrui.

Il faut d'abord examiner la nature morale du mal qu'on veut écarter. Ce mal peut être juste, injuste, ou sans moralité aucune, de force majeure.

Nuire à autrui, violer la loi pour éviter un mal dont nous sommes affligés ou menacés avec justice, c'est enfreindre une obligation, c'est fouler aux pieds le droit. Il n'y a lieu ni à justification ni à excuse. Il n'y a pas même contrainte morale, dans ce sens que le seul parti à prendre est celui de se soumettre, de subir les conséquences de ses torts, en tant du moins qu'on ne peut les écarter qu'en violant un devoir, en portant atteinte aux droits d'autrui. Le dissipateur, le paresseux, n'a pas le droit de s'emparer du bien d'autrui pour échapper à la faim ou à la honte, pas plus que le condamné à mort n'a le droit de tuer ses gardes pour s'évader.

Les maux injustes, nous avons le droit de les repousser, et en cas de nécessité, même par la force. Nous ne sommes responsables que de l'excès de la défense. Il n'y a pas là d'hésitation, d'incertitude dans le choix; il n'y a pas, à proprement parler, de contrainte morale, pas plus qu'il n'y en a à l'égard de celui qui, au lieu de perdre sa créance, intente une action judiciaire contre son débiteur.

En est-il de même lorsque pour éviter un mal injuste, au lieu de réagir contre l'offenseur, nous faisons un acte nuisible à un tiers ?

Le principe de rigueur est que nul n'a droit de nuire à autrui dans le but d'éviter un mal. Il n'y a donc pas motif de justification. *Suum cuique incommodum ferendum est, potius quam de alterius commodis detrahendum* (Cicéron). L'injustice du mal que nous voulons éviter, n'étant pas imputable au tiers, ne peut pas justifier notre action à son égard. Son droit est entier ; et nous ne sommes pas autorisés à rejeter sur lui le poids dont nous sommes accablés. Relativement à lui, le mal que nous voulons éviter ne peut pas être appelé un mal injuste, puisqu'il n'en est pas l'auteur : relativement à lui, c'est comme si nous étions menacés d'un mal de force majeure, sans moralité.

Or, dans ce cas, nous ne serions justifiés en lui nuisant, que s'il voulait nous empêcher de l'éviter, ou si, étant menacé du même mal que nous, il essayait de l'éviter à nos dépens. Par *summum jus* nous pourrions alors le repousser, le sacrifier à notre salut. Mais nulle justification n'est possible vis-à-vis de celui qui est complétement étranger au mal qui nous menace.

Y a-t-il du moins un motif suffisant d'excuse ?

Il est évident que la question n'admet point de réponse absolue et générale.

Qui pourrait excuser celui qui, pour éviter l'incendie de sa maison, consentirait à livrer son hôte à un assassin ; ou celui qui, pour éviter la perte de ses effets, quelle qu'en fût la valeur, allégerait son embarcation en jetant un passager à la mer ?

Ainsi, en cas de maux inégaux, point d'excuse, si on inflige à autrui la mort ou un mal très-grave pour éviter un mal moindre.

Si le mal qu'on désire éviter est d'une importance
à peu près égale à celle du mal qu'on inflige, point
d'excuse encore, si l'on fait à autrui un mal quelconque pour se soustraire à un mal tolérable. Commettre un vol pour acheter le silence d'un calomniateur
est un fait sans excuse.

En un mot, l'acte ne peut être excusable que lorsque l'agent cède à l'instinct de sa propre conservation, lorsqu'il se trouve en présence d'un péril imminent, lorsqu'il s'agit de la vie. On n'accuse pas
celui qui, sur le point de mourir de faim au milieu
de l'Océan, égorge son compagnon d'infortune, et
cherche dans le repas du tigre un horrible aliment.
Il n'est ni accusé ni justifié : on le plaint, on l'excuse,
on l'exempte de toute peine.

En effet, pourquoi le punir? Quelle utilité retire-
rait l'ordre social d'une semblable punition? Quel
est le danger, quelle est l'alarme de pareils actes?
Quel espoir de les prévenir par la peine? quel intérêt à les prévenir, à avoir une victime au lieu
d'une autre, ou deux à la place d'une.

De même celui qui, menacé sérieusement d'une
mort imminente, consent, pour y échapper, à devenir l'instrument d'un crime, est excusable. Il manque d'héroïsme. Mais la justice humaine peut-elle
l'exiger? L'acte n'est pas légitime; mais la menace
d'une peine sera-t-elle utile? Celui qui craint la
mort, qui préfère le meurtre à la perte de sa propre
existence, sera-t-il retenu par la menace d'une peine
peu éloignée?

L'ordre matériel, le seul que la justice humaine

est chargée de maintenir, n'exige pas la répression des actes faits en ces terribles circonstances. Ainsi que l'a remarqué un savant criminaliste, *juris conditores.....* *conatum magis et quasi adumbrationem virtutis, quàm virtutem ipsam à subditis exigunt.* Cremani, de jur. crim., lib. I, part. I, c. IV, § 4.

Le ciel nous préserve de regarder ces actes comme pleinement justifiés aux yeux de la justice morale! L'homme doit immoler au devoir même sa vie. Il a le devoir de la conserver; mais un devoir encore plus sacré lui commande de respecter celle d'autrui. Le plus grand nombre des juges qui condamnèrent Louis XVI votèrent sous l'impression de la terreur, d'une terreur qui n'était point panique; si ce prince eût été acquitté, il est extrêmement probable que plusieurs des membres de la convention auraient été égorgés par les brigands qui entouraient l'assemblée; très-probablement le roi lui-même aurait été assassiné. Cependant qui oserait justifier le vote de ces juges? La petite république de Genève fut aussi ensanglantée par les fureurs d'une poignée de brigands qui singeaient les terroristes de France. Mais à Genève, comme en France, il y eut aussi de ces actes de fermeté et de courage qui, au milieu du débordement du crime, semblent destinés à protester en faveur de la dignité de la nature humaine, et à conserver le fil de la tradition du bien et du juste. Un jour, entre autres, les siéges de la justice étant occupés par des hommes intègres et d'un caractère élevé, deux accusés extrêmement odieux à la faction dominante furent traduits devant le tribunal de Ge-

nève, entouré d'hommes atroces qui demandaient à
grands cris la mort des prévenus. Ni les menaces ni
la terreur ne purent ébranler l'âme des juges. Les
prévenus furent acquittés; mais ils n'échappèrent
pas à la mort; ils furent égorgés au pied de l'escalier
du tribunal. Les juges qui pouvaient les acquitter
n'avaient aucun moyen de les défendre. Ce crime
pouvait être prévu; les juges avaient toute raison de
le craindre; ils pouvaient craindre aussi de risquer
leur propre vie, sans sauver celle des accusés; qui
oserait cependant blâmer leur jugement, et n'y voir
qu'un acte de niaiserie, un faux calcul? Qui oserait
affirmer qu'une condamnation fondée sur de pareilles considérations n'aurait pas été, pour le moins,
un acte de faiblesse très-condamnable?

Toutefois la gravité des circonstances peut être,
dans certains cas, une excuse à la fois légale et morale. Le mal moral et le mal politique se trouvent
l'un et l'autre diminués, lorsqu'ils n'ont pu être évi-
tés que par un effort qui exige tout ce que la nature
humaine à sa plus haute élévation renferme de puissance et de courage. L'atténuation morale est surtout légitime lorsque des événements imprévus ont
tout à coup assailli, pour ainsi dire, l'agent, de manière à gêner sa liberté et à obscurcir en même
temps la clarté de sa raison; il est alors excusable et
par contrainte morale et par ignorance.

Avant de quitter ce sujet, il ne sera pas inutile de
faire remarquer combien il est difficile, dans certains
cas, de bien apprécier la moralité des actions qui paraissent faites par contrainte morale. Souvent nous

sentons en nous-même une différence intime entre
deux actes, sans que notre raison parvienne à trouver dans l'analyse du fait une explication satisfaisante de la diversité de nos sentiments.

Des navigateurs pressés par la tempête jettent à
la mer le bien d'autrui pour sauver leurs personnes :
leur action nous paraît, non pas excusable, mais légitime. Un pauvre se sentant prêt à expirer d'inani-
tion, après avoir inutilement supplié un boulanger
de lui donner un morceau de pain, le prend de force
ou par adresse; il sera probablement puni comme
voleur; le jugement nous paraîtra peut-être sévère,
mais nous ne nous sentons pas le droit de le déclarer
inique. Cependant dans l'un et dans l'autre cas il
s'agit d'une destruction de la propriété d'autrui ;
dans l'un et dans l'autre cas cette destruction est
faite par la nécessité de sauver sa vie, par l'instinct
de la conservation de soi-même. Nous blâmerions
sévèrement le propriétaire des marchandises, dans
le cas où il aurait le pouvoir et le courage de s'opposer au jet en compromettant ainsi la vie des voyageurs : nous ne serions pas moins sévères envers le
boulanger qui laisserait mourir de faim un mendiant
sur le seuil de sa boutique. Telles sont les analogies
des deux cas : quelles sont les différences?

D'où vient notre improbation? du devoir que
nous reconnaissons à l'un et à l'autre propriétaire
de venir au secours de leurs semblables, surtout en
cas de nécessité absolue. Si tel est le devoir moral
des propriétaires, il y a un droit quelconque dans
ceux à qui le secours est dû. Jusque-là l'analogie est

complète. Mais les devoirs sont, les uns, exigibles, les autres, purement moraux; aux premiers correspondent des droits positifs et parfaits, aux autres des droits imparfaits. Le droit parfait autorise à invoquer à son secours l'autorité publique, et en cas de nécessité, même la force particulière. Le droit imparfait n'a point cette efficacité; celui qui le blesse, ce n'est que devant la justice morale qu'il en est responsable. Or, le droit du mendiant et celui du navigateur sont-ils de même nature? sont-ils le corrélatif de deux devoirs exigibles?

Entre le mendiant et le boulanger il n'y a d'autre rapport que le lien général de l'humanité. Le mendiant se meurt de faim; le boulanger est un homme dur, avare, inhumain; mais est-il la cause directe de la faim ou de la mort du premier? a-t-il empiété sur ses droits? lui a-t-il enlevé quelque chose, quelque moyen? a-t-il envahi la sphère de son individualité? non; ou bien, s'est-il passé entre lui et le mendiant quelque fait particulier qui ait modifié légitimement les rapports généraux d'homme à homme, et qui ait placé ces deux individus dans une situation particulière? non, encore; il n'y a donc pas de devoir exigible. Si le mendiant prend le pain légitimement, tous les mendiants du pays, tous les mendiants du monde auront le même droit.

En est-il de même à l'égard du propriétaire de marchandises et du navigateur? nous ne le pensons pas.

Lorsqu'un navire est chargé de choses et de personnes, ce fait établit un rapport particulier entre

ces personnes et les propriétaires de ces choses. On
sait que la navigation a ses périls ; on se réunit pour
les affronter ; on court les mêmes chances. Mais les
lois se tairaient, et nulle convention expresse ne serait faite, que la raison ne reconnaîtrait pas moins des
conditions tacites, un état spécial de droit entre ces
personnes, et l'une de ces conditions serait que, le
cas échéant, on jettera à la mer les marchandises
pour sauver la vie des matelots et des voyageurs.
Supposez le contraire, et supposez en même temps
qu'il y ait un moyen de s'assurer qu'en cas de nécessité on allégera le navire en jetant à la mer les pas-
sagers, ou bien qu'on ne l'allégera point ; supposez
cette loi proclamée dans le port au moment de l'embar-
quement, et vous verrez en même temps les voyageurs demeurer à terre ; et si quelques-uns d'entre
eux s'embarquent, ils seront taxés d'imprudence ou
regardés comme des malheureux obligés de s'immoler au caprice et à la force.

Cela étant, représentons-nous le navire battu par
la tempête, et près de périr s'il n'est pas déchargé
d'une grande partie de son poids. Le propriétaire
est à bord ; aveuglé par l'avarice, il s'oppose au jet
de ses marchandises. Est-il dans le cas du boulanger
qui refuse du pain au pauvre ? Nullement. Une obligation positive, résultant du fait spécial qui s'est
passé entre lui et ses compagnons d'infortune, lui
commande de ne pas s'opposer à l'avarie. En s'y
opposant, il empiète sur les droits d'autrui : il veut
leur ôter à son profit un moyen de salut qui leur
appartient. Au moment où le navire n'a pu être

sauvé que par le jet de la cargaison, son droit de
propriété a disparu, non parce qu'un homme quelconque a un besoin urgent de son bien, mais parce
que telle est la loi naturelle qui résulte du fait spécial qui l'a mis dans un rapport déterminé avec les
hommes du navire; les marchandises n'ont été em-
barquées qu'à cette condition : expresse ou tacite,
peu importe. Est-il en même temps propriétaire du
navire, capitaine? rien n'est changé dans la question; c'est encore à la même condition que les autres
se sont embarqués. Le même fait spécial, le même
rapport nécessaire de droit, le même devoir exigible
existe. Y a-t-il à bord un homme qu'on ait recueilli
sur mer, par hasard, par charité : qu'importe? en
refusant de le recevoir on aurait imité le boulanger
qui refuse le pain au pauvre : on aurait manqué à
un devoir, mais non à un devoir exigible. Une fois
l'homme reçu à bord, il est sous la protection de la
loi commune; le même fait établit en sa faveur le
même rapport qu'il a établi pour les autres. Le boulanger peut refuser le pain; mais s'il l'a donné il ne
peut le reprendre.

Ainsi les navigateurs ne sont pas en état de contrainte morale; leur action est légitime; ils ne font
qu'exercer un droit. Leur acte est justifié par son
innocence intrinsèque, nonobstant ses apparences
criminelles (chap. xiii). Le pauvre mourant de faim
est en état de contrainte morale : dans l'hypothèse il
ne peut choisir qu'entre le vol et la mort. Son action
est illégitime, mais excusable.

Le degré de l'excuse dépend des circonstances. Si

l'agent se trouve dans la nécessité de choisir entre
deux maux, sans qu'il y ait eu faute de sa part, si le
mal qu'il évite est très-grand, celui qu'il fait très-
léger, l'imputabilité morale sera très-faible ; le contraire aura lieu en des circonstances opposées.

Ici la même observation se représente sur l'incapacité où se trouve le législateur de prévoir tous les
cas excusables et de fixer à l'avance les divers degrés
d'excuse. Mais cette incapacité ne justifie point une
législation où, pour échapper à la difficulté, l'on prétendrait interdire aux tribunaux d'avoir égard à
toute modification de la culpabilité que la loi n'aurait pas prévu. Le jury en doit tenir compte pour
déclarer l'accusé non coupable, du moins aux yeux
de la justice humaine, lorsque par la contrainte morale la culpabilité lui paraîtrait extrêmement faible.
Quand l'excuse n'est pas de nature à empêcher la
déclaration de culpabilité, c'est au juge d'examiner
si ce n'est pas du moins le cas d'appliquer le *minimum* de la peine prescrite par la loi. Dans la sphère
de ses pouvoirs, le juge aussi doit tenir compte de
la moralité de l'agent dans chaque cas particulier.

CHAPITRE XXIV.

DE L'IMPUTATION.

Nous avons appelé *imputation* la déclaration du pouvoir compétent qui affirme la culpabilité d'un individu désigné, en tant qu'auteur responsable d'un fait déterminé et défendu par la loi pénale.

Il résulte des doctrines que nous avons exposées sur la nature et sur les caractères de l'imputabilité :

1° Que la déclaration de la culpabilité n'étant que l'appréciation de la moralité individuelle, à un certain moment et dans ses rapports avec un fait spécial, exécuté par un individu désigné, le législateur doit l'abandonner à la libre conscience du juge, mise en présence de toutes les preuves que l'accusation et la défense ont alléguées.

2° Que la moralité n'étant appréciée par la justice humaine que dans les limites de l'ordre matériel, ce n'est pas le démérite moral et absolu de l'accusé, ni ses intentions perverses en général, que le juge doit constater, mais seulement le concours positif de l'intelligence et de la volonté de l'agent dans l'acte illicite prévu par la loi pénale, la *résolution criminelle*.

3° Qu'en conséquence dans l'appréciation de la culpabilité spéciale, l'imputation doit se proportionner à la malice de l'agent, dans ce sens seulement que la justice doit tenir compte, soit des causes involontaires qui peuvent avoir obscurci l'intelligence ou gêné la liberté de l'accusé, soit des faits constatant qu'il a agi par un mouvement irréfléchi, dans des circonstances excusables, ou au contraire avec réflexion et sans ombre d'excuse.

4° Que si le législateur peut donner quelques directions générales pour l'appréciation de ces divers degrés de culpabilité, et pour l'application d'une peine proportionnée, il ne saurait cependant, sans dépouiller l'administration de la justice de toute moralité, dicter à l'avance les décisions spéciales que le juge doit rendre dans chaque cas individuel.

Le développement ultérieur de ces propositions, et leur application en ce qui concerne les formes de la procédure, trouveront plus convenablement leur place ailleurs.

Nous devons cependant exposer ici, par anticipation, quelques considérations sur le procédé logique que la justice humaine doit suivre, autant que cela est possible, pour prononcer avec plus de certitude sur l'imputabilité. Ces réflexions peuvent jeter quelque lumière sur les matières dont nous nous occuperons bientôt.

Demander par quels moyens on peut se convaincre de la culpabilité de l'agent matériel d'un fait défendu par la loi pénale, c'est demander par quels moyens on peut acquérir la connaissance des actes internes d'un autre homme.

Il est déjà si difficile, dans un grand nombre de

cas, d'acquérir une conviction pleine et entière de
la réalité de l'action matérielle imputée à l'agent,
qu'on a raison de trembler en songeant qu'il faut
en même temps prononcer sur la partie morale du
fait. Il ne suffit pas de dire, Titius a blessé : il faut
dire, Titius est coupable de blessure.

Rappelons d'abord quelques notions essentielles.

La justice humaine ne lit point dans les cœurs;
il lui faut chercher péniblement la vérité, à l'aide
de faits matériels propres à produire la conviction
d'une conscience éclairée.

Quant à l'acte extérieur, le juge obtient quelquefois la preuve la plus directe qu'il puisse espérer,
la preuve testimoniale. Cependant le témoignage
ne porte pas toujours sur l'acte qui est imputé,
mais sur les circonstances qui l'ont précédé, accompagné et suivi. Alors la justice procède en argumen-
tant des faits secondaires au fait principal, en se ha-
sardant à établir un système de causalité pour le cas
spécial. En d'autres termes, elle ne forme sa conviction que par *inférence*.

Ce jugement est le seul qu'elle puisse prononcer,
quant à l'*acte interne*, quant à l'intention de l'agent. Il
n'y a dans ce monde qu'un seul témoin direct de l'intention; c'est l'agent lui-même. Or, sans examiner
ici s'il convient ou non de faire usage de ce moyen
de preuve, les cas où il pourrait satisfaire la conscience du juge ne sont pas si nombreux qu'ils puissent détruire la règle que nous venons de poser.

Ce n'est donc qu'en allant du connu à l'inconnu,
des faits extérieurs et sensibles aux faits internes qui

ne tombent pas sous les sens, que l'homme peut parvenir à la connaissance de ce qui s'est passé dans le *moi* de l'un de ses semblables. Tant que rien n'est arrivé de matériel et de sensible, l'homme n'a aucun jugement à prononcer; il ne sait rien. Il lui faut des *faits*.

Mais que sont pour une induction si dangereuse, des faits secondaires, accessoires, n'ayant point de rapport direct, immédiat avec la prétendue intention criminelle? On conspire : Pierre, absent, ayant annoncé un long voyage, revient tout à coup dans son pays, sans bonnes raisons apparentes; plusieurs conspirateurs étaient de sa connaissance; en arrivant, il s'est empressé de les informer de son retour, de les voir. La conspiration éclate quelques jours après; Pierre n'a rien fait de visible; n'importe, il conspirait avec eux. On l'en accuse du moins; des juges complaisants le condamnent. Ils le disent conspirateur, qu'en savent-ils? Quel lien nécessaire y a-t-il entre les faits de Pierre, et le dessein de conspirer? N'a-t-on jamais interrompu un voyage par caprice, par lassitude, faute d'avoir bien calculé ses moyens pécuniaires, par le réveil d'une passion que l'honneur empêche de proclamer, enfin par mille causes diverses et qu'on ne se soucie pas de révéler? Rentre-t-on chez soi sans désirer de voir ses amis? Imagine-t-on de leur écrire : Venez me voir, si toutefois vous n'avez pas en mon absence ourdi une conspiration?

Il faut donc distinguer divers ordres de faits.

Un homme commet un faux en écriture privée,

en faisant disparaître par des procédés chimiques
quelques mots d'un acte, et en y substituant d'autres
paroles à son profit.

Suivons cet homme dans la perpétration de son
crime. Pendant qu'il le méditait et qu'il travaillait à
le commettre, il n'a pas moins suivi le cours ordinaire
de sa vie. Il a bu, il a mangé, il est sorti, il est rentré
chez lui, il a vu ses amis, il a vaqué à ses affaires. Ce
sont les faits de la vie commune. Quel rapport, apparent du moins, entre ces faits et l'intention de commettre un acte de faux? aucun.

En même temps il s'est procuré d'une manière
plus ou moins adroite, plus ou moins clandestine,
des substances chimiques, lui ne s'occupant pas de
chimie; il s'est renfermé dans son cabinet plus souvent qu'à l'ordinaire; on y a trouvé des morceaux
de papier sur lesquels on avait fait des essais pour en
effacer l'écriture, etc. Quelle liaison y a-t-il entre
ces faits et l'intention de commettre un faux? Une
liaison purement conjecturale, incertaine. Racontez
ces faits à dix personnes sages et honnêtes, ayant chacune la même opinion sur la moralité de l'individu.
S'il jouit d'une bonne réputation, personne ne soup-
çonne le crime. Si sa réputation est équivoque, le
soupçon pourra s'élever dans l'esprit de quelques-uns.
Si sa réputation est mauvaise, peut-être que tous soup-
çonneront qu'il méditait un crime. Mais dans ce dernier cas, demandez-leur d'affirmer sur leur âme et
conscience que cet homme a décidément projeté un
crime et précisément le crime de faux en écriture
privée; quelque parfaite que soit leur conviction des

faits que vous leur avez racontés, ils n'affirmeront rien.

Enfin, apprenez-leur que ce même homme a soustrait un acte sous seing privé, qu'au moyen d'un procédé chimique il en a effacé certains mots, et qu'ensuite, en essayant d'imiter la main de l'écrivain primitif, il a substitué d'autres mots de nature à ce que le papier représente, au lieu d'une obligation à sa charge, une obligation en sa faveur ; persuadez-les de la vérité de ces faits, et ils n'hésiteront pas à conclure que cet homme *a eu l'intention* de commettre le crime de faux. Pourquoi ? parce qu'ils aperçoivent un rapport direct entre ces faits matériels et l'intention de commettre un faux.

Qui nous révèle ce rapport, cette liaison ? Nous l'avons déjà dit, c'est notre conscience. Nous lui appliquons le même jugement que nous porterions sur nous-même en des circonstances semblables.(Chap. x.) Nous ne supposons pas qu'un être raisonnable agisse de la sorte sans connaître qu'il fait un acte illicite, et sans avoir l'intention d'en profiter.

Pouvons-nous raisonnablement tirer la même induction des faits ordinaires de la vie, et même des faits insolites que nous avons énumérés ? Non ; car la conscience et l'expérience nous apprennent que ces faits sont compatibles avec la pureté de nos intentions.

Les faits du second ordre sont, à la vérité, des actes à double sens. Ils peuvent être les effets d'une résolution criminelle, mais aussi d'un projet irréprochable. Leur liaison avec une résolution coupable n'est point nécessaire.

Le crime est le résultat de deux faits : d'un fait interne, et d'un fait extérieur ; d'un fait interne qui est la cause, et d'un fait extérieur qui est l'effet. Il s'agit de remonter de l'effet à la cause, d'appliquer dans les jugements criminels ce même procédé, qui est pour l'homme une source de connaissances et un principe de croyance. Mais la certitude morale sur le projet criminel, la seule qui soit possible en ces matières, peut-elle naître si les faits externes sont de nature à pouvoir tout aussi bien être le résultat d'une autre cause, d'une pensée, d'une résolution sans reproche ?

Les faits qui peuvent nous servir de base pour remonter jusqu'au dessein criminel de l'agent, sont donc, avant tout, les actes d'exécution. Pour tous les autres le sentiment de l'analogie n'entraîne pas irrésistiblement notre conviction. Notre conscience ne nous dit point que ces faits ont dû être le résultat d'une résolution criminelle.

La preuve de l'exécution ou pour le moins du commencement des actes constituant le fait matériel, est donc essentielle comme moyen de reconnaître la résolution criminelle de l'agent. Dans un bill présenté au parlement d'Angleterre en 1737 (ix, George II, ch. xxxv, sect. 10, 13), il y avait une clause qui appliquait la peine de la déportation à toutes personnes voyageant au nombre de trois avec des armes, si deux témoins affirmaient qu'elles avaient eu l'*intention* de commettre ou de favoriser le délit de contrebande. Non-seulement on n'exigeait point la preuve du fait matériel de la contrebande pour constater

l'intention, mais on enlevait au jury le droit de faire
l'*imputation*, et on en chargeait deux témoins. Aussi
un pair d'Angleterre, en repoussant le bill, disait :
« Nous ne connaissons point dans nos lois le crime
établi par inférence, et l'intention malicieuse ne
peut jamais être prouvée par témoins. On ne peut admettre d'autre preuve que celle des faits. Il appartient ensuite au juge et au jury de conclure des faits
prouvés, s'ils ont été ou non commis avec une intention criminelle. Mais aucun juge, aucun jury n'a,
par nos lois, le droit de supposer, moins encore celui
de décider que des actes en eux-mêmes indifférents
ont été accompagnés d'une intention criminelle. »

Il y a plus ; souvent la preuve de l'exécution du
fait matériel par le prévenu, suffit seule à produire
une pleine conviction de la culpabilité de l'agent.
Que l'on prouve que Titius a enfoncé nuitamment
les portes d'une maison, qu'il en a égorgé le propriétaire, et qu'il a pillé le coffre-fort, sans doute le
jury n'en demande pas davantage pour déclarer
Titius *coupable*, pour décider qu'il a agi sciemment
et volontairement. C'est que le fait, par sa nature,
n'étant guère susceptible de deux explications, la
culpabilité de Titius est suffisamment établie, à moins
que, par voie d'exception, il ne soit positivement
démontré qu'au moment de l'action il se trouvait
privé de sa liberté ou de son intelligence naturelle.
La présomption de culpabilité qui pèse sur tous les
hommes d'un certain âge, auteurs de faits défendus
par la loi pénale, s'élève, par la nature du fait matériel, au rang de certitude morale.   .

Mais l'acte matériel n'est pas toujours dans un rapport si intime et si nécessaire avec la résolution criminelle.

Titius, pharmacien, est accusé d'empoisonnement, moyennant une fausse exécution d'une ordonnance médicale, soit en donnant du poison à la place de la substance prescrite par le médecin, soit en exagérant les doses indiquées : suffira-t-il de prouver que Titius a été réellement l'auteur du fait matériel, pour en conclure qu'il est *coupable* du crime d'empoisonnement? L'innocence de Titius est conciliable avec le fait matériel. Il peut être un malheur et non un crime, l'effet d'un instant de distraction, tout au plus d'une négligence. Il faudra donc prouver la culpabilité par d'*autres* circonstances. Il faudra prouver, par exemple, que Titius portait une inimitié capitale au défunt; que c'est par erreur, par étourderie que le domestique du malade est allé, cette fois, à la pharmacie de Titius ; qu'après avoir expédié l'ordonnance, Titius a donné des signes d'une agitation extraordinaire ; que, contre son usage, il a demandé à plusieurs personnes des nouvelles de la santé du malade; qu'il n'a point enregistré l'ordonnance expédiée, etc. Ces circonstances étant prouvées, un juge pourra peut-être déclarer la *culpabilité* du prévenu.

Il importe de faire ici quelques observations.

1° Lorsque des circonstances accessoires, d'autres faits que le délit matériel, sont nécessaires à compléter la preuve de l'intention criminelle, comme cela se vérifie dans le cas que nous venons de repré-

senter, ces mêmes faits ou circonstances accessoires
seront probablement allégués par l'accusation, non-
seulement pour prouver la résolution criminelle de
Titius, mais aussi dans le but de mieux prouver qu'il
a été en effet l'auteur de l'acte matériel de l'empoisonnement. Mais cette preuve supplétive et indirecte
de l'action matérielle n'est pas nécessaire en soi.
L'exécution du fait matériel pourrait être pleinement
prouvée d'ailleurs; elle pourrait l'être par preuve
directe, ce qui n'est jamais possible pour l'intention
criminelle. Ainsi, qu'elles soient ou non alléguées,
même dans le but d'établir l'action *physique* de Titius,
ces circonstances accessoires ne sont pas moins des-
tinées *essentiellement* à prouver l'*imputabilité* lorsqu'elle ne résulte pas du simple fait matériel.

2°. Dans ce cas, l'*imputabilité* du prévenu serait
donc reconnue, quoique non révélée par l'action
matérielle; ce qui paraît, au premier abord, en contradiction avec notre théorie. Ici encore la contradiction n'est qu'apparente. Sans doute il y des faits
défendus par la loi pénale dont l'exécution matérielle ne *suffit pas* à convaincre de la culpabilité de
l'agent; nous en avons fourni un exemple. Mais la
preuve de l'exécution ou du commencement du fait
matériel est-elle moins essentielle pour cela? Que
sont toutes les circonstances accessoires, si on leur
ôte cet appui? Un édifice dont on sape le fondement;
tout s'écroule. C'est parce que l'empoisonnement est
arrivé; c'est parce que le poison a été effectivement
fourni par Titius, que les circonstances qui ne constituent pas le fait matériel, qui pouvaient même ne

pas exister, quoique le fait eût lieu, prennent un
corps, une importance, aussitôt que leur réalité est
démontrée. Mais supprimez le fait matériel, et con-
servez ces circonstances, il ne reste rien. C'est Titius
qui a expédié l'ordonnance ; c'est Titius qui était
l'ennemi capital du malade ; c'est Titius qui s'était in-
formé avec anxiété de la santé de son ennemi, etc., etc.
Mais il est prouvé d'ailleurs que la potion donnée par
Titius a été jetée sans l'examiner, qu'une autre lui
a été substituée ; en un mot, le fait matériel à la
charge de Titius a disparu. Encore une fois, que
reste-t-il ? Rien ; quand même la justice humaine
prétendrait vouloir connaître du simple délit moral,
de la seule résolution criminelle.

3° N'allons pas si loin ; au lieu de supposer que le
fait matériel à la charge de Titius est écarté par la
preuve que ce même fait doit être attribué à une autre
personne, imaginons seulement que le juge reste dans
le doute relativement à l'acte matériel ; non à l'acte
matériel en soi, car nous supposons le corps du délit
pleinement constaté, mais relativement à l'auteur de
l'acte matériel. S'il ne trahit pas sa conscience, le juge
acquittera le prévenu. Pourrait-il en effet dissiper ce
doute par la conviction des circonstances accessoires ?
pourrait-il induire de ces circonstances considérées
isolément, qu'en effet c'est le poison donné par Titius
qui a été la cause du meurtre, et que Titius avait eu
le dessein d'empoisonner son ennemi ?

Car, qu'on le remarque, il faut dans ce cas que
les circonstances accessoires servent à deux fins ;
qu'elles complètent la preuve du fait matériel et

celle de l'intention ; qu'elles raffermissent d'abord les bases du sillogisme, ensuite qu'elles leur prêtent ce qui leur manque d'efficacité pour autoriser cette conclusion : Titius a agi avec intention criminelle.

4° On peut sans doute imaginer d'autres circonstances qui viennent s'ajouter à celles que nous avons énumérées par forme d'exemple. Nous ne voulons pas affirmer qu'il ne puisse jamais se rencontrer un ensemble de faits secondaires propre à produire à la fois la conviction de la culpabilité matérielle et morale de l'agent, à suppléer d'abord à la preuve directe de l'exécution du fait matériel, puis à compléter celle de l'intention lorsqu'elle ne résulte pas suffisamment de la nature du fait exécuté. La conscience du juge peut, dans certains cas, être satisfaite de ces moyens d'induction.

Qu'il ait soin cependant de ne pas confondre les faits secondaires servant de moyens pour remonter au fait principal et en reconnaître l'auteur, avec les preuves de ces mêmes faits secondaires. Ces faits peuvent servir, il est vrai, de preuves indirectes et circonstantielles du fait principal, mais à la condition que chaque fait secondaire, chaque moyen d'induction sera pleinement et directement prouvé, qu'il sera prouvé en tant que fait matériel *sui generis*, enfin qu'il sera prouvé indépendamment de toute supposition gratuite d'intention criminelle relativement au fait principal. Si l'on présuppose arbitrairement l'intention, il est facile de grouper autour de cette hypothèse une foule d'actes secondaires, de circonstances accessoires qui prendront ainsi une vie, une

couleur propres à faire une grande impression sur
les esprits inattentifs. Mais c'est là un procédé que la
justice et la logique désavouent. On doit d'abord
prouver l'exécution ou le commencement d'exécution
du fait matériel, comme s'il n'était pas question de
scruter l'intention. Une fois ce fait prouvé, il suffit ou
il ne suffit pas à révéler l'intention criminelle. S'il
suffit, tout est dit. S'il ne suffit pas, il faut alors examiner si les circonstances accessoires, soit les mêmes
qui ont servi à l'induction du fait matériel, soit d'autres, ne fournissent pas une preuve complémentaire
de l'intention criminelle de l'agent.

5° Enfin, le jugement sur le fait en tant qu'œuvre
de l'accusé et celui sur l'intention criminelle de
l'agent, ne sont pas en pratique deux actes aussi
distincts que nous les représentons par manière
d'analyse. Précisement parce que la preuve de l'exécution du fait matériel renferme le plus souvent
celle de la culpabilité de l'agent, la conviction de
son crime pour l'un et pour l'autre des éléments qui
le constituent se forme, pour ainsi dire, d'un seul
jet dans la conscience du juge. Mais quoique le juge
ne se rende pas toujours un compte exact du procédé intellectuel d'où résulte sa double conviction,
ce procédé n'est pas moins réel, et propre à lui faire
découvrir la vérité.

Nous pouvons maintenant apprécier à sa juste
valeur une distinction que les praticiens, selon leur
coutume, ont assez bizarrement exprimée. Nous voulons parler de la distinction de la *culpabilité* (*dolus*)
en *réelle* ou *personnelle;* d'autres ont dit *présumée*

ou *à démontrer*; *objective* ou *subjective*. Ces expressions paraissent leur avoir été suggérées par le Droit romain. D'un côté, ils ont trouvé le principe de raison : *Dolum ex indiciis perspicuis probari convenit*, littéralement énoncé, entre autres, dans la L. 6, C. *de dol. mal.*; de l'autre, dans le fr. 36, D. *de verb. oblig.*, le jurisconsulte a dit : *Res ipsa in se dolum habet*. Voilà le *dol réel* des praticiens.

Il est facile de critiquer l'expression; il est trop aisé de faire observer que le *dol*, servant de base à une condamnation, ne doit jamais être une simple *présomption;* que la résolution criminelle n'étant que le résultat de l'intelligence et de la liberté, est toujours dans le *moi* de l'agent, et jamais dans l'acte matériel; qu'ainsi il est absurde de parler du *dol réel* ou *objectif*. Mais la distinction n'est pas moins conforme à la nature des choses. C'est la distinction entre la culpabilité résultant *primâ facie* de l'acte matériel, et celle qui doit être ultérieurement prouvée par d'autres circonstances, par d'autres faits.

Un exemple aussi juste que frappant de cette distinction se trouve dans les dispositions du Code pénal français relatives au crime de faux. L'art. 145 dit : « Tout fonctionnaire... qui, dans l'exercice de ses fonctions, aura commis un faux, soit par fausses signatures, soit par des écritures intercalées sur des registres depuis leur confection ou clôture, sera puni, etc. » Mais l'art. 146 suit en ces termes : « Sera aussi puni tout fonctionnaire, etc., qui, en rédigeant des actes de son ministère, aura *frauduleusement* dénaturé la substance ou les circonstances, soit en écrivant des con-

ventions autres que celles qui auraient été tracées
ou dictées par les parties, soit, etc. » L'art. 145 désigne ce que les praticiens appellent le faux matériel,
le *dol* réel, la culpabilité présumée, objective ; *res
ipsa in se dolum habet.* En effet, le moyen d'imaginer qu'un homme libre et sain d'esprit ait pu in-
nocemment apposer à un acte une signature pour
une autre, et intercaler dans ses registres fermés de
nouvelles écritures ! L'accusation peut donc se borner à la preuve de cet acte, sauf au prévenu à prouver qu'il se trouvait dans le cas rare d'une *exception.*
Il n'en est pas de même des cas prévus par l'art. 146.
Il peut arriver à tout homme de mal comprendre ce
qu'un autre homme lui expose, de mal rédiger sa pensée, d'omettre, en écrivant, une circonstance importan-
tante, et cela sans nulle intention criminelle, qu'il y
ait ou qu'il n'y ait pas d'ailleurs un reproche de négligence à lui faire ; il faudra donc une preuve, une démonstration ultérieure de la *culpabilité* de l'agent.
C'est ce que la loi indique par le mot *frauduleusement* introduit dans l'art. 144, et omis dans l'art. 145.
Personne n'imagine que le législateur ait voulu dire
que dans le cas de l'art. 146, pour qu'il y ait
faux, il doit y avoir eu intention, et que dans celui
de l'art. 145 il peut y avoir faux sans intention. Le
législateur a voulu donner lui-même, par les expressions de l'art. 146, une garantie aux fonctionnaires, en les mettant, dans ce cas, à l'abri de la
poursuite, toutes les fois que l'accusation ne pourra
établir leur culpabilité par d'autres moyens que la
simple preuve du fait matériel.

Cette distinction peut être utilement appliquée à une des matières du Droit pénal les plus délicates par ses rapports intimes avec les libertés publiques. Je veux parler des délits de la presse. S'agit-il de l'*auteur* d'un libelle? *Res ipsa in se dolum habet.* Car tout homme qui se mêle d'écrire est censé comprendre le sens des expressions dont il fait usage, et avoir donné une attention suffisante à un écrit destiné à être publié. Ainsi, si l'écrit est effectivement un libelle, la culpabilité de son auteur en résulte *primâ facie.* S'agit-il au contraire de l'imprimeur? Quoique, en thèse générale, on puisse regarder l'imprimeur comme complice, il est cependant vrai que sa culpabilité (encore une fois nous ne considérons pas ici la négligence) ne résulte pas avec la même certitude du simple fait matériel de l'impression de l'ouvrage. Ordinairement le but direct de l'imprimeur n'est point de contribuer à la publication de *tel* ou *tel* écrit, mais de travailler, d'activer son industrie, d'exercer son commerce. Il peut aisément arriver qu'il ne donne pas une grande attention à chaque expression des écrits qu'on lui présente; il se peut qu'il ne les comprenne pas, la profession d'imprimeur n'étant pas une profession nécessairement lettrée; il peut aussi arriver qu'une nouvelle page d'un écrit, une correction, un changement opéré à son issu se glisse dans les ateliers sans aucune coopération de sa part. En un mot, le simple fait de l'impression n'est pas de ceux dont on peut dire, *in se dolum habent.* Il est juste en conséquence d'imposer à l'accusation le devoir d'établir la culpabilité de l'imprimeur par des faits et circonstances autres que le simple fait de l'impression.

En résumé, nous regardons comme une des doctrines les plus importantes de la législation pénale la théorie suivante :

1° L'exécution, ou du moins le commencement d'exécution du fait matériel constituant le délit, est un élément essentiel de conviction quant à la culpabilité, c'est-à-dire à l'intention criminelle de l'agent. Il le voulait ; donc il l'a fait, ou il commençait à le faire, ou du moins il préparait les moyens de le faire : cet argument, quelque détourné qu'il soit, est un argument inadmissible, et qui dépasse les forces de l'humanité. Il faut aller du fait à la résolution, et non de l'intention au fait ; principe d'autant plus essentiel que l'imputabilité ne doit pas résulter d'une disposition à nuire si l'occasion s'en présente, ni d'un désir vague, ni d'un sentiment d'inimitié et de haine, mais de la résolution positive de commettre un des délits prévus par la loi pénale. Cela résulte de la doctrine de l'imputabilité.

2° L'exécution du fait matériel, dans un grand nombre de cas, peut produire seule la conviction de la culpabilité de l'agent, à moins qu'il ne prouve un fait particulier et exceptionnel. Dans plusieurs cas au contraire l'exécution du fait matériel, quoique complète, n'entraîne point la conviction du juge relativement à la culpabilité de l'agent : il est nécessaire que d'autres faits et circonstances soient prouvés en même temps que le fait principal.

3° En *thèse générale*, ces circonstances accessoires ne devraient servir de démonstration positive de la *culpabilité* d'un prévenu qu'autant qu'elles se rattachent à un fait d'exécution à *la charge* du même prévenu. Elles devraient seulement *suppléer* à ce qui manque dans la révélation que le délit matériel fait ordinairement à lui seul de la culpabilité de son auteur ; venir au secours de la justice, lorsque l'*imputabilité* de l'accusé ne résulte pas *primâ facie* de l'exécution de l'acte défendu par la loi pénale.

4° Enfin, si dans quelques cas particuliers on est forcé de s'écarter de ces règles fondamentales d'*imputation,* on ne doit jamais oublier qu'on se jette par là dans une voie d'exception pleine de difficultés et de périls.

Cette doctrine n'a-t-elle d'autre importance que celle d'offrir aux juges ou aux jurés d'utiles directions pour l'exercice de leurs fonctions ?

Est-elle inutile au législateur, soit pour la description de certains délits, soit pour le choix des règles à établir relativement aux actes préparatoires et à la tentative ?

Est-ce à dire que nulle résolution criminelle ne pourra être regardée comme délit, si elle n'a pas été suivie de l'exécution ou d'un commencement d'exécution de l'acte résolu ?

Enfin, en supposant que la résolution criminelle puisse, dans certains cas, être punie même avant l'exécution ou le commencement d'exécution du fait matériel, quelles sont les garanties propres à suppléer l'élément essentiel de conviction relativement à l'imputabilité, élément qui, dans l'hypothèse, manquerait aux juges ? Questions graves et délicates que nous aborderons au fur et à mesure qu'elles s'offriront dans la suite de notre travail.

CHAPITRE XXV.

DES ACTES QUI PRÉPARENT OU QUI CONSTITUENT LE DÉLIT.

Les actes de l'homme, être mixte, sont internes ou extérieurs.

La cause primitive de ses actes extérieurs et volontaires est au dedans de l'homme, dans le foyer mystérieux de ses facultés morales, dans l'action de son intelligence et de sa liberté; les effets matériels paraissent seuls au dehors.

Un acte extérieur, lorsqu'il peut être imputé avec justice à un individu, n'est donc jamais un acte absolument isolé, existant et complet par lui-même. Il représente toujours un but qu'on atteint par des actes précédents, plus ou moins multipliés, plus ou moins rapides, souvent impossibles à discerner par l'esprit humain, mais cependant réels.

L'action volontaire la plus instantanée et la plus rapide est toujours précédée par l'acte de l'aperception et le mouvement de la volonté.

Dans tout acte criminel aussi, il y a toujours deux termes extrêmes, celui du départ, et celui de l'arrivée; la première pensée, et l'accomplissement de l'acte final, de celui qui, dans la conception, dans le projet du crime, était regardé comme le dernier terme de l'entreprise.

Les actes intermédiaires constituent une progression croissante, une série plus ou moins longue.

Le développement hypotéthique de l'une de ces séries offre au moraliste une suite de nuances, ayant chacune son importance propre, sa gravité à elle; à chaque pas ultérieur ou rétrograde, le délit moral n'est plus le même.

La justice sociale ne saurait se prêter à cette analyse minutieuse. Elle n'en sent pas le besoin; elle n'en a pas les moyens, ni en conséquence le droit.

C'est à une analyse plus grossière qu'elle doit se borner; elle réunit et confond les petites quantités pour former des masses et des points saillants. Là où le moraliste parvient à discerner vingt degrés divers de mal ou de perversité, le législateur se borne à y marquer trois ou quatre degrés bien tranchés et bien distincts.

Ce travail législatif, quelque simple et facile qu'il paraisse, n'est pas moins hérissé de difficultés et d'épines. La doctrine des actes préparatoires et de la tentative, est encore une des parties les plus imparfaites du Droit pénal.

On a désigné par les mots de *pensée*, *projet*, *résolution*, *proposition*, *complot*, *tentative*, *tentative prochaine* ou *éloignée*, *tentative suspendue ou non par la volonté des agents*, *délit manqué*, *délit consommé*, les points divers qui ont formé le sujet de la théorie du Droit pénal. Mais cette nomenclature elle-même n'est pas exactement définie et uniformément reçue ; une variété plus grande encore se retrouve dans les résultats, soit de théorie, soit d'application.

Pour essayer d'apporter quelque précision dans cette partie délicate de la science, nous distinguerons :

1° Les actes internes, des actes extérieurs ou physiques ;

2° Les actes extérieurs simplement préparatoires, des actes d'exécution ;

3° L'exécution suspendue, de l'exécution manquée.

Enfin nous ne perdrons jamais de vue le principe fondamental de la justice pénale. La société ne doit l'exercer que lorsqu'il y a réalité morale du délit, et intérêt social à le punir.

CHAPITRE XXVI.

Sous le nom d'actes internes on doit comprendre le *désir*, la *pensée*, le *projet conditionnel*, la *résolution arrêtée* de commettre un délit.

Ces actes divers n'ont pas chacun la même gravité morale. Il est cependant inutile, pour le but de la justice pénale, d'étudier les nuances qui les distinguent. C'est de la *résolution* criminelle que nous devons parler, de l'acte interne le plus grave, et le seul sur lequel on puisse élever d'une manière plausible la question de savoir si la justice humaine n'a pas le droit, dans certains cas, de le réprimer par la peine.

Nous parlons ici de l'acte absolument interne, sans aucun mélange. Aussi devons-nous supposer qu'il parvienne à la connaissance d'autrui par tout autre moyen que celui d'une action quelconque, ne fût-ce que des paroles, tendant à préparer ou à consommer le crime. Sans avoir recours à la logique sanguinaire de Denys le Tyran, on peut imaginer une révélation spontanée, des notes écrites. Un faussaire anglais enregistrait, dit-on, fort exactement tous ses actes de faux : il aurait pu de même tenir note de

ses projets, égarer ces notes, et en avouer en justice
le contenu.

L'acte purement moral n'est pas du ressort de la
justice humaine. Cette proposition résulte des principes que nous avons posés (livre II, chap. III).

Mais un projet criminel, surtout lorsqu'il a pris
les caractères d'une résolution formelle, arrêtée, et
relative à un crime déterminé, n'est-il pas déjà une
atteinte directe et actuelle à la sûreté d'autrui, un
danger immédiat et présent contre lequel on peut
invoquer légitimement le secours de la justice pénale? Serions-nous tranquilles, pourrions-nous jouir
de cette liberté d'action et de mouvements qui est le
droit de toute personne, si nous savions de science
certaine que des assassins, des incendiaires, ont l'intention positive d'attenter à notre existence, de brûler
nos propriétés?

L'action de la justice humaine ne serait pas injuste
en elle-même, parce qu'il y aurait, de la part de l'a-
gent, délit moral. Dans un certain sens, il y aurait
aussi délit social : car, vouloir un grand crime,
être *décidé* à le commettre, sont des actes, internes
à la vérité, mais dangereux pour la société et pour
ses membres. Si la résolution est connue, elle est
aussi alarmante que l'événement, plus peut-être que
l'événement. L'alarme produite par un crime exécuté n'est que la conséquence d'une *conjecture;* des
faits arrivés on conclut que, soit le même individu,
soit d'autres, pourront de nouveau commettre de
semblables crimes. Mais l'alarme fondée sur une *résolution* connue a pour base une sorte de certitude

morale. C'est ainsi que l'alarme d'un homme sérieusement et directement menacé, celle d'un gouvernement qui a la conviction que l'on conspire contre lui, sans cependant avoir pu encore découvrir ni où, ni par qui, dépassent dans leur intensité l'alarme excitée par la simple expectation d'un cas semblable.

Supposons que la justice humaine, sans vexations, sans tyrannie, pût convaincre Titius d'un projet arrêté d'assassinat pour cette nuit, Caïus d'une résolution de haute trahison pour demain, pourrait-on soutenir d'une manière absolue que la société n'aurait pas le droit de réprimer le délit dès sa naissance, qu'elle aurait toujours le devoir d'attendre, pour agir, qu'un homme fût assassiné, que la haute trahison fût matériellement commencée, même si l'on pouvait avoir la certitude que le projet sera exécuté? Sans doute une répression précoce peut offrir des inconvénients sous d'autres points de vue : ce n'est pas ce que nous devons actuellement examiner. Mais à ne considérer que le droit d'une manière générale, on ne saurait contester à la société, dans l'hypothèse indiquée, celui de réprimer le mal dès sa naissance, et de n'employer par conséquent que la moindre quantité possible de pénalité; quelques mois d'emprisonnement ou de bannissement, l'éloignement temporaire d'une ville, d'une commune, d'un département, quelques années de surveillance suffiraient peut-être pour le même cas où, le crime une fois commencé, il faut frapper de grands coups d'une efficacité toujours incertaine, et qui ne peuvent jamais réparer le mal commis.

Au surplus, dans certains cas, ce droit est exercé.
Le Code français punit la menace de certains attentats contre les personnes, même lorsqu'elle n'est accompagnée d'aucun ordre ou condition, si elle est
faite par écrit, même lorsqu'elle n'est que verbale, si
elle est faite avec ordre ou sous condition (art. 305 à
308). Sans doute la menace est un acte extérieur,
dont, à tort ou à raison, on a fait un délit *sui generis*. Mais au fond, la menace n'est redoutable, elle
n'est réprimée qu'en tant qu'elle révèle une résolution sérieuse qui probablement serait mise à exécution. Aussi personne ne tient-il compte de la simple
menace proférée en un moment de colère. Un impo-
tent qui menacerait un homme valide et robuste de
l'assommer à coups de poing n'inspirerait que de la
pitié.

Combien de fois n'a-t-on pas entendu, surtout
parmi les peuples du Midi, des mères prononcer
d'horribles menaces contre leurs enfants? personne
n'y fait attention. On déplore ce mauvais langage :
on ne craint nullement le crime. On sait qu'au même
instant la mère qui menace son enfant donnerait sa
vie pour lui. Tant il est vrai que ce n'est pas la parole, l'injure qu'on punit, mais la résolution criminelle, le danger qui l'accompage, l'alarme qu'elle
peut inspirer, étant connue. La peine frappe le
crime, avant tout acte d'exécution, même avant tout
acte préparatoire, car certes la menace n'en est pas
un, surtout lorsqu'elle n'est accompagnée d'aucun
ordre ni condition ; elle le frappe parce qu'on estime
avoir une preuve matérielle et suffisante, donnée

par le coupable lui-même, d'une résolution criminelle et sérieuse.

Or, si l'homme avait des moyens légitimes d'obtenir dans tous les cas le même degré de certitude
morale sur les actes internes de ses semblables, ce
serait une bonne chose, du moins sous un certain
point de vue, qu'une justice sociale qui, pouvant
toujours frapper par de légers coups le projet criminel, et lui appliquer des peines qui seraient plutôt
des précautions que des châtiments, préviendrait
souvent l'exécution du crime, et, en étant juste, serait utile à la société et au coupable lui-même.

Tel serait le droit du pouvoir social à l'égard d'une
résolution criminelle, positive et près d'être mise à
exécution ; premièrement, s'il possédait ces moyens
légitimes de connaissance ; secondement, si des raisons politiques ne l'empêchaient pas d'user de ces
moyens.

Mais ces moyens lui manquent. Frappé de toutes
les faiblesses de l'humanité, le pouvoir social n'offre
au contraire qu'un spectacle lamentable de présomption et d'aveuglement, lorsque, sans le secours des
faits extérieurs, il s'arroge de sonder les consciences,
de scruter la pensée. Nous nous bornons à rappeler
la doctrine que nous avons exposée en traitant de
l'*imputation* (chap. XXIV). Dans le cas d'une simple
résolution, non-seulement il n'y aurait encore aucun
acte d'exécution, mais il n'y aurait pas même d'acte
purement préparatoire. Comment remonter jusqu'à
la pensée criminelle, à l'acte interne ?

Et lors même qu'on pourrait par des conjectures

deviner en quelque sorte une pensée criminelle,
quel homme oserait asseoir un jugement sur ces bases et définir exactement les caractères de la pensée
qu'il croirait avoir saisie ? Pourrait-il jamais s'élever
au-dessus d'un aperçu vague et confus ?

Si vous punissez la pensée criminelle, ou la loi
sera utile, ou vous organiserez l'investigation la plus
odieuse, la procédure la plus arbitraire, la tyrannie
la plus effroyable.

La pensée est libre ; elle échappe à l'action matérielle de l'homme ; elle peut être criminelle, elle ne
saurait être enchaînée. Seulement, par la menace
d'une punition, vous rendrez la manifestation de la
pensée beaucoup plus rare ; vous diminuerez le nombre des imprudents pour accroître celui des malfaiteurs. C'est couvrir des étincelles, pour avoir le plaisir d'assister à un embrasement.

La peine d'ailleurs ne frapperait point l'esprit des
masses d'une manière favorable à l'ordre public. La
justice humaine a toujours quelque chose de grossier
et d'incomplet dans son action ; personne ne lui accorde une aveugle confiance ; on ne croit à la légitimité de ses actes que lorsqu'elle est, pour ainsi dire,
palpable. Elle ne pourrait jamais l'être dans la poursuite des actes purement internes.

Ces actes ne sont donc pas punissables. Mais ce
n'est pas comme actes indifférents en eux-mêmes ;
c'est comme actes dont le mal ne trouble pas l'ordre
social, ou dont une punition juste est impossible à
l'homme, et serait attentatoire à la sûreté de citoyens.

CHAPITRE XXVII.

DES ACTES EXTÉRIEURS SIMPLEMENT PRÉPARATOIRES.

On a trop souvent confondu les actes préparatoires du délit avec les actes d'exécution. De là, un grand nombre de conséquences aussi funestes que dangereuses sur l'étendue légitime de la justice pénale. La doctrine de la tentative, entre autres, s'est ressentie de cette confusion d'idées. Essayons de jeter quelque lumière sur un sujet si important.

Le *conspirateur*, qui fait des amas d'armes et de munitions, qui prépare dans son cabinet des proclamations, qui, par des prodigalités, tâche de captiver la faveur populaire, qui augmente le nombre de ses ouvriers, de ses domestiques, de ses clients, qui essaye d'obtenir l'éloignement d'un corps de troupes, le rapprochement d'un autre corps, qui répand de fausses nouvelles, qui réunit souvent autour de lui des amis, des hommes influents, pour leur inspirer le dégoût de l'ordre de choses établi, et le vif désir d'un changement prochain ; ce conspirateur, dis-je, n'a pas encore *commencé* l'acte de trahison qu'il médite ; il le *prépare*.

Il ne l'a d'abord que conçu ; point de faits matériels.

Les faits matériels ont suivi ; mais l'acte de trahison, à proprement parler, n'est point commencé. Supposez que la loi ne défende pas les amas d'armes et de munitions ; qu'elle ne rende responsable l'auteur d'un écrit quelconque que du moment de sa publication ; qu'il ne soit point interdit aux citoyens de se réunir, de critiquer la marche, même la constitution du gouvernement, et de manifester le vif désir d'une réforme ; en ce cas, non-seulement il n'y a pas de commencement d'exécution du crime de trahison, mais chaque acte, considéré en lui-même, est un acte indifférent aux yeux de la loi.

Si l'ensemble de faits que nous avons présenté a pu offrir l'idée d'une action criminelle, à quoi cela est-il dû ? Au mot de *conspirateur* que nous avons employé.

Par ce mot, qui *suppose* une intention criminelle, tous ces faits se sont, pour ainsi dire, animés à nos yeux ; ils se sont enchaînés les uns aux autres ; ils ont formé un tout. La pensée criminelle est à la fois le principe de vie et de culpabilité.

L'exécution du crime de trahison *commence* lorsque, le jour de l'explosion étant arrivé, le conspirateur rassemble ses forces, distribue les armes, répand les proclamations, explique ses projets, désigne les points d'attaque. Il est sorti de sa sphère d'activité individuelle ; il trouble l'ordre public ; l'agression est flagrante. On ne prépare plus le crime ; on l'exécute. Ce n'est pas le moment de le suivre dans ses progrès.

De même, des hommes déterminés à commettre

un vol se pourvoient d'échelles, de crochets, de mar-
teaux. A la nuit, l'un d'eux se met en sentinelle pour
vérifier l'état des allants et venants dans la maison
qu'ils veulent dévaliser. A minuit, ses complices le
rejoignent ; ils se communiquent les informations
qu'ils ont recueillies ; ils discutent, ils concertent le
plan d'attaque ; enfin ils approchent de la maison et
l'escalade commence. Rigoureusement parlant, nous
pourrions les suivre encore ; car par l'escalade, par
l'effraction même, ils n'ont pas proprement commencé le vol. Ils pourraient employer les mêmes
moyens pour enlever une femme, pour arrêter illé-
galement un homme ; mais ne poussons pas à ce point
la rigueur de l'analyse. L'escalade, l'effraction, la
soustraction frauduleuse du bien d'autrui sont des
actes qui se précipitent en quelque sorte les uns sur
les autres, pour ne former qu'un seul tout. Il ne s'agit
pas de commettre les deux premiers pour examiner
ensuite à loisir s'ils ont réussi suffisamment bien, s'il
ne convient pas de renvoyer le dernier acte à un
autre temps, ou d'en transporter la scène dans un
lieu différent. Cependant les premiers actes que nous
avons décrits ne sont, à coup sûr, que des préparatifs ; l'exécution n'est point commencée, mais tout
est disposé pour commencer.

La théorie que révèlent ces exemples peut aisément
être étendue aux autres crimes. Il y a toujours un
fait, ou un ensemble de faits qui seuls constituent le
but que l'agent veut atteindre, l'action criminelle
qu'il se propose. Tout ce qui précède ou suit cette
action peut avoir avec elle des rapports plus ou moins

étroits ; mais ce n'est pas là ce qui la constitue ; elle peut avoir lieu sans ces précédents, ou avec des précédents tout différents.

Toutefois, empressons-nous de le reconnaître, les limites qui séparent les préparatifs du commencement d'exécution, et celui-ci de l'accomplissement final du crime, ne peuvent pas être tracées pour tous les cas avec précision.

Il faut aussi ne pas confondre le résultat qu'on attend du crime avec l'exécution du crime. Le but du conspirateur peut être de s'emparer du pouvoir, de le faire passer en d'autres mains. Est-ce à dire que le crime ne commence qu'au moment où le conspirateur s'empare effectivement de la chose publique ? C'est là le résultat du crime, ce n'est pas le commencement de l'exécution.

Mais les difficultés de détail ne peuvent pas faire révoquer en doute un principe. Les préparatifs et le commencement d'exécution sont choses différentes de leur nature. L'auteur des préparatifs, s'il s'arrête, n'a rien fait encore de matériel et de direct contre le droit qu'il voulait attaquer : l'auteur de la tentative a commencé son attaque. Celui-ci aussi peut se repentir, se désister ; mais l'auteur d'actes purement préparatoires a une bien autre latitude pour changer de volonté. Le premier peut se dire : Je veux cesser ; le second : Je ne veux pas commencer.

Ces actes ne se rencontrent pas dans tous les délits.

Il y a des crimes dont l'exécution n'exige guère d'être préparée par des actes extérieurs.

Il y en a qui sont l'effet d'un égarement instantané, presque aussi rapide que la pensée.

Un crime peut être précédé d'actes extérieurs d'une nature et d'une importance diverses. Un individu, dans un moment de passion, porte une blessure grave, à l'aide d'un couteau qu'il avait habituellement sur lui. Un autre aiguise son arme, dans le but de l'employer au crime. Un troisième, ayant formé le projet d'un attentat brutal, administre à la personne dont il veut abuser une potion qui paralyse pour quelque temps les forces du corps et celles de l'esprit.

Il y aurait exagération à dire du premier qu'il a *préparé* le délit par le port habituel d'une arme. Il a malheureusement trouvé sur lui un moyen facile de le commettre ; il ne l'avait pas préparé.

Le second individu, en aiguisant son arme, se prépare décidément au délit. Cependant son acte préparatoire, considéré isolément, en lui-même, est un acte irréprochable.

Le troisième prépare aussi son crime : mais outre l'intention criminelle, il y a déjà un acte malfaisant, un attentat positif contre les droits de la personne à qui il a administré sciemment une boisson dangereuse. Supprimez le projet d'un attentat à la pudeur, il n'en reste pas moins un acte injuste, et en tout pays bien gouverné, un délit.

Il ne faut donc pas confondre les moyens *occasionnels* avec les moyens directs et choisis *ad hoc ;* les moyens indifférents en soi avec les moyens déjà criminels par eux-mêmes.

Supposons des actes préparatoires proprement dits.

Que ces actes soient en eux-mêmes inoffensifs et
licites, ou qu'il s'agisse d'actes illicites et défendus,
peu importe ici. Quelque punissables qu'ils soient
comme délits spéciaux, la question est de savoir d'a-
bord, si des actes qui ne sont pas des actes d'exécution peuvent être rattachés à un tout autre délit
autrement qu'en cherchant à deviner la pensée de
l'agent par des conjectures hasardées.

Qu'un chasseur se rende au bois, dans un temps où
la chasse est défendue, qu'il s'y place à l'affût ; comment en conclure qu'il attendait un homme plutôt
qu'un lièvre, qu'il se proposait de commettre un assassinat au lieu d'une simple infraction aux règlements
sur la chasse ?

C'est ici que la doctrine que nous avons exposée au
chapitre XXIV du présent livre doit recevoir son application la plus importante. L'*imputation* exige, en thèse
générale, des faits matériels ayant un rapport direct
et immédiat avec la résolution criminelle. Or l'analyse
que nous venons de faire achève de démontrer, ce
nous semble, que par la nature des choses ce rapport
n'existe point quant aux actes purement préparatoires.
Il faut des actes d'exécution.

A la rigueur, pour soutenir le contraire, il faudrait
prouver qu'un homme ne fait jamais un acte dans le
seul but de le faire, ou pour en obtenir les résultats
immédiats et directs, sans le rapporter, comme moyen,
à un but ultérieur. Si, au contraire, l'homme peut
agir de la sorte, le rapport de l'acte actuel à un but
ultérieur, s'il existe, n'est qu'un rapport intellectuel
que l'acte matériel ne révèle pas.

Il peut encore moins révéler le caractère particulier du but ultérieur que l'homme s'est proposé, lorsque effectivement il s'en est proposé un. Car ces actes sont presque toujours des actes pouvant servir à deux fins. Ils ne légitiment donc pas l'inférence de la culpabilité de leurs auteurs. Si, en général, c'est là le caractère propre de ces actes, la justice humaine ne saurait se permettre de les aborder sans manquer à une condition essentielle de sa propre légitimité.

Il n'est pas impossible, nous en convenons, d'imaginer un cas particulier, un ensemble d'actes préparatoires capable de porter dans les esprits une conviction pleine et légitime des intentions criminelles de l'agent ; encore faut-il être sûr, en imaginant un cas de ce genre, de ne pas confondre en fait le commencement d'exécution avec les simples préparatifs.

Quoi qu'il en soit, admettons la possibilité du fait.

Mais est-il facile, lorsqu'on veut passer de l'hypothèse à la réalité et à la pratique, de poser nettement la distinction entre les actes préparatoires propres à révéler la résolution criminelle et ceux qui ne le sont pas ? Qui oserait établir une règle, écrire une loi ? Car c'est de la règle que nous nous occupons ici, et non des exceptions. Quelle serait cette loi ? Essayerait-on d'exprimer par une ou deux formules les caractères de ceux des actes préparatoires qui peuvent devenir l'objet de la justice pénale par leur rapport direct avec la résolution criminelle ? Heureux celui qui saurait écrire une semblable loi, tout en se rappelant que ces formules obscures et

vagues, qu'on se plaît trop souvent à honorer du nom
d'expressions philosophiques, et qui sont excusables
dans un livre de science où tout concourt à les expliquer et limiter, sont condamnables dans la bouche
du législateur. Fera-t-on une loi par laquelle on se
bornerait à charger la justice pénale de la poursuite
des actes préparatoires, lorsque *primâ facie* ils pa-
raîtront propres à révéler l'intention criminelle de
l'accusé ? Ce serait une loi funeste par le vague de
sa disposition. En pratique elle serait aussi vexatoire,
aussi inique que celle qui autoriserait la poursuite de
la pensée.

Ainsi, en thèse générale, les actes purement préparatoires ne doivent pas être l'objet de la loi pénale,
premièrement, parce qu'ils ne sont pas un fondement
assez solide pour l'imputation de la résolution criminelle.

En second lieu, parce qu'il importe à la société,
parce qu'il importe essentiellement aux familles et
aux individus, de ne pas multiplier les motifs qui
engagent le méchant à couvrir soigneusement du
voile le plus épais ses actes préparatoires. Tel serait
pourtant l'effet de la loi qui les incriminerait.

Il est essentiel aussi de ne pas précipiter la marche
des criminels vers leur but, et de ne pas fermer la
porte au repentir. Cependant tel serait encore l'effet
de la loi, quelque différence qu'il y eût entre la punition de ces actes et celle du délit consommé.

A la vérité cette observation ne s'applique peut-
être pas aux repris de justice, aux vagabonds endurcis
au crime, aux filous de profession, à cette classe de

malheureux pour qui la société n'a rien fait, et pour qui la société n'est plus rien. Je ne les mets pas en ligne de compte. Lorsque le système des prisons, au lieu de n'être qu'un moyen de se débarrasser d'une foule de gens, deviendra un système de peine inévitable de correction progressive; lorsque la police cessera une fois de s'occuper des honnêtes gens, pour se vouer à ses véritables fonctions; lorsque les gouvernements ne pourront plus, par l'énormité des impôts, par les monopoles, par un aveugle respect pour de vieux préjugés, et surtout par le fléau du despotisme et de la superstition, créer des pauvres, des ignorants, des oisifs et des malfaiteurs, cette classe trop nombreuse de sauvages parqués au milieu de l'ordre social, cette lèpre que trop d'États cherchent en vain à cacher par la splendeur des monuments, des richesses mal distribuées, et d'une civilisation inégalement répandue, diminuera tous les jours.

La théorie des actes préparatoires ne concerne guère cette classe de malfaiteurs. Toujours errants, toujours suspects, sans influence, sans clientèle, sans instruction, les crimes qui exigent une longue préparation, une série d'actes préliminaires assez étendue pour qu'elle offre une chance de découverte, avant le commencement de l'exécution, ne sont pas de leur ressort. C'est leur vie entière qui en est l'acte préparatoire. La loi pénale n'a point d'action directe à exercer. Une bonne police et de bonnes institutions peuvent seules les contraindre à changer de direction, et à se proposer enfin dans leur existence un but qui ne soit pas antisocial.

Mais s'il est vrai qu'un grand nombre d'hommes redoutent avant tout qu'une discussion solennelle mette à jour leur perversité; quelle serait l'influence de cette crainte, si elle était excitée par une loi pénale contre les actes purement préparatoires.

La crainte d'une poursuite peut retenir dans la sphère des actes purement internes les désirs criminels de quelques hommes malintentionnés. Mais pour ceux sur qui cet effet n'aura pas été produit, la loi pénale contre les actes préparatoires agira comme un stimulant au délit. Regardant désormais leur honneur comme compromis, ils éprouveront le besoin de s'enivrer en quelque sorte des plaisirs qu'ils attendent de la consommation du crime. C'est une barrière de moins à franchir, et cette barrière, qui aurait pu subsister longtemps encore, aura été détruite par l'action intempestive du législateur.

Et dans le cas d'actes préparatoires faits par le concours de plusieurs individus, quel puissant argument cette action prématurée de la loi ne placerait-elle pas dans la bouche du plus déterminé des complices, pour agir sur les irrésolus et sur les faibles !

Si le nombre de ceux que la repression des actes préparatoires empêcherait de les entreprendre, était égal à celui des individus qu'elle précipiterait dans l'exécution du crime, la loi serait mauvaise. Car il n'est pas sûr que les premiers, livrés à eux-mêmes, eussent exécuté le délit préparé.

Enfin, c'est une vérité de sentiment, avouée par l'universalité des hommes, que la punition d'actes purement préparatoires, surtout lorsqu'il y aurait

la moindre raison de penser qu'ils étaient déjà inter-
rompus par un désistement volontaire, ne serait
point approuvée par la conscience publique. La loi
serait sans efficacité morale ; la force punirait, l'opinion condamnerait le législateur. Il faudrait donc
distinguer entre le désistement volontaire et le désistement involontaire, ou, à mieux dire, entre le
désistement par résipiscence ou par calcul, et la
cessation par force majeure ou par cas fortuit. Mais
comment saisir, dans la pratique, les caractères de
ces deux actes internes, lorsqu'il ne serait encore
question que de simples dispositions préparatoires
au délit ? Le repentir, le changement de volonté,
serait toujours allégué. Rarement le prévenu manquerait de quelque argument spécieux pour colorer
son allégation. Ce serait confier aux tribunaux un
pouvoir discrétionnaire, sans nécessité, sans utilité,
et propre seulement à inspirer au public la pensée
que le caprice et la faveur ne sont pas étrangers à
l'application des lois.

La poursuite des actes purement préparatoires est
donc également désavouée par la justice et par la
politique.

Non par défaut d'immoralité dans ces actes, non
parce qu'ils n'auraient encore produit aucun mal
matériel, aucun danger. Si un crime résolu est un
état de choses plus dangereux pour la société et pour
les individus, que la possibilité générale d'un crime,
à plus forte raison la *préparation* d'un crime, est un
fait qui porte une atteinte plus ou moins grave à la
sûreté publique et particulière.

Il n'y a donc pas défaut absolu de droit de punir dans la société. Elle le pourrait, si elle en avait les *moyens*, et si elle en reconnaissait l'*utilité* politique. Cette utilité et ces moyens n'existent dans aucun cas pour les actes internes. Mais il y aurait exagération à soutenir que les actes préparatoires ne présentent jamais un cas d'exception. Le danger de ces actes peut être quelquefois très-grand, et quoique leur caractère soit incertain, ils sont cependant des actes extérieurs qui offrent quelque prise à l'induction.

De là deux conséquences :

La première, que si la société a moyen d'employer, pour se garantir des dangers du délit préparé, des mesures qui ne présentent pas les inconvénients d'une sanction pénale, elle a le droit de les employer ;

Secondement, que s'il y a des cas où la punition des actes préparatoires est nécessaire à l'ordre social, le pouvoir a le droit de l'infliger, pourvu qu'il trouve les moyens d'introduire ces cas particuliers dans le système pénal, sans compromettre la rectitude de la justice.

Si la loi laissait aux tribunaux le droit de choisir les actes préparatoires dignes de punition, elle ouvrirait une immense carrière au pouvoir arbitraire, à un pouvoir d'autant plus dangereux, que s'il y a des actes préparatoires qu'on doit prévenir, ce sont précisément ceux qui, étant destinés à préparer un crime grave, exposent, par la poursuite criminelle, les citoyens à des dangers proportionnés à la gravité de l'imputation.

Il appartient donc au législateur d'examiner d'avance quels sont les crimes dont même les préparatifs doivent être, par exception, réprimés par la peine.

Distinguons trois classes de faits exceptionnels.

Les uns sont les faits que nous avons appelés des moyens *occasionnels* de crime. Ce ne sont pas proprement des actes *préparatoires*, mais des faits qui, dans certains pays, peuvent très-facilement le devenir. Sont de ce nombre le port de certaines armes, le vagabondage et la mendicité, les maisons de jeu, de prostitution, de prêts sur gage, etc.

Si le danger est réel, nous l'avons déjà dit, le législateur doit intervenir pour interdire ou soumettre à certaines conditions les faits dont nous parlons, selon la diversité des cas et la gravité des circonstances. Mais l'infraction de ces lois n'est en elle-même qu'une contravention aux lois de police. Réunie à d'autres circonstances et à d'autres faits, elle peut, dans un cas particulier, concourir à constater la culpabilité d'un prévenu. Seule, elle ne suppose d'autre intention que celle de violer un règlement.

Faut-il répéter ici que le législateur doit être extrêmement sobre de défenses et de règlements de ce genre ? Quelques-uns de ces faits peuvent, il est vrai, contenir un autre principe de criminalité que celui résultant du danger qu'ils causent à l'ordre social en tant que moyens occasionnels et faciles de crimes. Mais ne considérant ici que ce dernier point de vue, où trouver une limite, si l'on pose sans restriction cette maxime qu'on peut transformer en délits spéciaux tous les faits qui peuvent facilement devenir des moyens occasionnels de délits ? Il n'y a presque

pas d'acte de la vie humaine qui pût échapper à l'a-
nathème. C'est par l'abus de ces principes que péris-
sent les libertés publiques ; c'est au nom de l'ordre
qu'on enchaîne les bras et qu'on étouffe l'esprit de
l'homme.

Faut-il donc, pour sauver la liberté, proscrire toute
défense *préventive ?* Ce n'est pas ainsi, ce n'est pas
avec le facile expédient de quelques maximes absolues
qu'on règle les choses humaines, les affaires de la
société. Proscrivez les pharmacies clandestines; mais
protégez la liberté de la presse. Défendez, si vous le
voulez, les attroupements armés, surtout de nuit,
lors même qu'ils n'auraient pas encore le caractère de
sédition ou de révolte ; mais respectez les réunions
de citoyens, quelque nombreuses qu'elles soient, quelque haut qu'on y parle, même quelque follement qu'on
y déclame.

Le principe de l'utilité publique doit ici diriger le
législateur; mais à cette condition que, s'il dépasse
les véritables exigences de l'ordre social, ce n'est pas
une faute qu'il commet, mais une injustice.

La seconde classe comprend les faits qui, sans être
proprement des actes d'exécution, sont toutefois généralement regardés comme des moyens préparatoires pour certains crimes, des faits que le législateur
peut aisément saisir et décrire dans la loi, enfin des
faits dont le rapport avec la résolution criminelle,
sans être aussi direct et aussi immédiat que s'ils
étaient des actes d'exécution, est tel qu'on peut sans
danger soumettre leur auteur aux chances d'une
poursuite criminelle, à la charge pour l'accusation

de compléter par d'autres moyens la preuve de la culpabilité de l'agent.

Ainsi, rigoureusement parlant, contrefaire ou altérer des monnaies, c'est faire des actes préparatoires d'une escroquerie *qualifiée ;* mais la véritable exécution du délit ne commence qu'avec le débit de la fausse monnaie. C'est un crime dont la préparation est longue, l'exécution rapide. Il peut se passer dix ans entre la fabrication de la fausse monnaie et son émission. La fausse monnaie peut être fabriquée dans un lieu et mise en circulation dans un autre à deux ou trois cents lieues de distance, dans un pays autre que celui où elle a été fabriquée. Il est possible que l'on contrefasse ou altère des monnaies sans avoir l'intention de les émettre ; il est possible qu'on essaye la contrefaçon de quelques pièces de monnaie, avec un désir vague de gain illicite, mais sans avoir encore formé la résolution positive de faire ce gain. Enfin, que de temps laissé au repentir, ou du moins au désistement volontaire, entre l'acte préparatoire et l'émission de la fausse monnaie !

Mais d'un côté, une fois que la fausse monnaie a été fabriquée, rien de plus facile que l'escroquerie dont elle est l'instrument. De l'autre, ce délit peut être, dans certains cas, d'une gravité extraordinaire par l'alarme qu'il répand, et par le nombre des victimes qu'il peut atteindre et des personnes qui peuvent y prendre une part involontaire. Enfin la fabrication de la fausse monnaie est un acte tellement prémédité, rempli de tant de difficultés, et si rarement conciliable avec des intentions honnêtes, qu'il est difficile de ne pas attribuer à l'agent la résolution de tirer un profit illicite de l'instrument qu'il s'est procuré.

De même, un mendiant ou vagabond de profession, portant des armes et muni de limes, crochets ou autres instruments propres à lui procurer les moyens de commettre des vols, est surpris rôdant, de nuit, autour d'une maison habitée ; ces actes étaient probablement des actes préparatoires du crime de vol ; ils n'étaient point un commencement d'exécution. La loi peut cependant décrire ces actes et déclarer que leur auteur sera poursuivi comme voleur, à la charge toutefois que l'accusation de compléter par d'autres faits la preuve de la résolution criminelle, et libre à l'accusé de démontrer que ces faits n'étaient que le résultat innocent d'une combinaison singulière. Au reste, disons-le une fois pour toutes, nous choisissons nos exemples un peu au hasard, uniquement dans le but d'expliquer notre pensée et sans trop examiner si, appelés à faire une loi, nous déciderions tous les cas particuliers que nous avons imaginés par forme d'exemple, précisément de la même manière.

Ce qu'il importe de remarquer, c'est que deux voies s'offrent au législateur. En décrivant certains faits particuliers qu'il estime être des actes préparatoires d'un délit, il peut autoriser la poursuite de leur auteur comme prévenu du délit que les actes décrits sont censés préparer. La question judiciaire est alors de savoir si les actes dont il s'agit existant réellement, ils avaient été ou non faits dans le but supposé par le législateur.

Dans le cas de l'affirmative, la résolution criminelle de l'agent pour l'exécution du crime préparé étant reconnue, la loi doit lui infliger une peine de beaucoup inférieure à celle qu'il aurait subie si le crime avait-été exécuté. En effet, le dommage se borne encore au danger ; le désistement volontaire était encore possible : enfin l'intérêt même de la société et l'opinion publique exigent impérieusement qu'il y ait une grande différence entre la peine de l'acte préparatoire et celle du délit consommé. Cependant la peine peut être dans un certain rapport avec la nature du devoir violé par la résolution criminelle. Cette résolution étant reconnue, la différence entre l'acte consommé et l'acte préparé n'est que du plus au moins.

En cas de négative, au contraire, l'accusation disparaît tout entière ; point de but criminel ; point de faits illicites.

Un second moyen s'offre au législateur. En regardant le fait spécial qu'il a décrit, sous un point de vue plus général, comme un acte dangereux pour la sûreté publique et privée, il peut en faire un délit *sui generis*. Il rentre alors dans la classe des faits *occasionnels*. Les observations que nous avons faites à ce sujet lui sont applicables. Les abus que nous avons signalés sont également à craindre. Enfin la peine doit être en ce cas celle qui est réservée aux violations des lois de police. Les faits ne se rattachent plus à un but criminel dont ils auraient été les actes préparatoires.

Or, les deux moyens ne sont pas incompatibles. Le même fait peut être poursuivi d'abord comme acte

préparatoire, et dans le cas où la résolution criminelle ne serait pas reconnue, il peut être puni comme
délit *sui generis*, comme violation d'une loi de police.

Ainsi, par voie d'exception, la loi peut réprimer
les actes préparatoires sous deux formes :

En envisageant certains faits sous un point de vue
général, comme des moyens occasionnels, mais faciles et dangereux, de crime, et en les défendant comme
des actes attentatoires à la sûreté publique ; lois de
police ;

En [exceptant de la règle générale certains actes
qui par leur nature et par leurs formes extérieures
se rapprochent des actes d'exécution dans ce sens
qu'ils sont propres à marquer, jusqu'à un certain
point, le dessein criminel, et en autorisant la poursuite des auteurs de ces faits, *spécialement prévus et
décrits* par la loi, comme prévenus d'actes préparatoires au crime.

Ce n'est pas tout : si nous en croyons Salluste
(Bell. Catil., c. LII), Caton, en parlant de la conspiration de Catilina, disait au sénat de Rome : « Longè
mihi alia mens est, cùm res atque pericula nostra
considero, et cùm sententias nonnullorum mecum
ipse reputo. Illi mihi disseruisse videntur de pœnâ
eorum qui patriæ, parentibus, aris atque focis suis
bellum paravêre : res autem monet, cavere ab illis,
quàm quid in illis statuamus consultare. *Nam cætera
tùm persequare, ubi facta sunt; hoc nisi provideris,
ne accidat, ubi evenit, frustrà judicia implores.* »

Le sénateur romain tirait de son observation une

conséquence exorbitante sous le prétexte de l'utilité publique ; il concluait à ce que, sans autre forme de procès, les complices de Catilina fussent égorgés dans leur cachot. L'éloquence de Cicéron n'empêchera jamais de reconnaître qu'il se rendit coupable d'une violence, trop propre à confirmer le peuple romain dans l'opinion que la force et le succès peuvent tout justifier, et que les lois et les institutions les plus sacrées ne peuvent arrêter l'homme revêtu de la puissance. Aussi, quelques années après, César déplut à un petit nombre de Romains, mais il n'étonna personne.

Cependant la pensée de Caton était juste. On doit même la prendre dans un sens large : non-seulement la tentative, mais les actes préparatoires de certains crimes, en particulier des crimes de trahison, ont cela de particulier que, si l'on attend l'exécution, il est souvent trop tard pour sauver l'État, ou du moins pour mettre l'ordre public à l'abri des attaques les plus dangereuses. Trop souvent une fausse indulgence deviendrait la cause d'une guerre civile ; trop souvent les coupables échapperaient à la punition par le succès.

Il y a donc, convenons-en, une troisième espèce d'actes préparatoires, que le législateur chargé de conserver l'ordre social doit désirer de réprimer par la sanction pénale, quand même il n'est pas possible de donner d'avance une description précise de chacun de ces actes en particulier.

C'est là ce qui distingue essentiellement cette troisième classe de faits de la seconde.

Mais en osant s'emparer de ces faits, le législateur est contraint de se placer sur un terrain très-glissant. La justice alors s'entoure de tant de dangers et se livre à de tels hasards qu'on à peine à lui reconnaître ce calme, cette gravité, cette prudence qui la distingue de la passion et de la violence politique.

Il s'agit de s'écarter de plus en plus du fait matériel et direct pour remonter, à l'aide de moyens indirects et périlleux, jusqu'à la résolution criminelle. Les exemples les plus frappants de ce procédé législatif, les seuls, peut-être, où cet écart du principe fondamental puisse être justifié, sont le complot, et le projet de trahison de la part de hauts fonctionnaires de l'État, ce qu'on pourrait appeler la trahison ministérielle.

Ces exemples représentent du moins le point extrême que le législateur peut oser atteindre par ses exceptions à la règle fondamentale. Car nous ne mettons pas en ligne de compte la menace simple et la proposition non agréée.

La résolution que l'homme s'empresse de manifester en menaçant la personne qu'il se propose d'offenser, est en général si peu dangereuse et le plus souvent si peu sérieuse, que la menace, surtout si elle est verbale, ne mérite guère de fixer l'attention du législateur ; quelques précautions de police doivent suffire à la sûreté publique et privée. Même la menace écrite nous paraît ne devoir être réprimée que par une peine légère. D'ailleurs, nous l'avons déjà dit, ce n'est pas là un acte préparatoire. Celui qui menace, évente son projet. La punition de la

menace serait encore une exception à l'impunité de
la résolution criminelle, vu le mode particulier de sa
manifestation. Si la menace a été un moyen d'extor-
sion ou d'un autre crime quelconque, ce n'est plus
alors la menace en soi qui est l'objet de la punition,
mais un autre délit ou la tentative de ce délit.

Quant à la simple proposition, à la proposition non
agréée, est-il nécessaire de démontrer que cet acte
ne devrait jamais se trouver inscrit au catalogue des
crimes? De simples paroles, des paroles rapportées
par ceux-là mêmes auxquels elles auraient été con-
fiées, si réellement elles eussent été dites, des paroles qu'il est si facile de mésentendre, de mal interpréter, de dénaturer à dessein, enfin un acte qui de
sa nature n'admet guère de témoignage impartial et
digne de foi, comment oser le qualifier de crime?
Comment s'assurer que la proposition était sérieuse?
qu'elle exprimait une résolution criminelle plutôt
qu'un désir blâmable, qu'elle était l'expression d'un
projet arrêté plus encore que l'explosion d'un mouvement de colère, une boutade de l'animosité et de
la haine? Si les hommes étaient résolus de faire tout
ce qu'ils imaginent et ce qu'ils disent, ce monde ne
serait pas une place tenable pour le petit nombre
d'hommes dont les pensées et les paroles sont irréprochables. Heureusement il n'en est rien. On imagine et on dit d'excellentes choses qu'on ne fait
jamais. Mais il en est de même d'une foule de mauvaises imaginations et de mauvais propos. Pourquoi
le législateur s'empresserait-il de les imputer à crime?
Ce rôle est réservé aux Tibère.

Le complot est un fait plus positif, plus matériel, ayant des caractères moins indéterminés que la simple proposition. Il faut une proposition, plus, un concert entre plusieurs personnes, une résolution arrêtée entre elles. Cela suppose des réunions et des moyens de communication, des circonstances et des faits plus ou moins matériels, la réitération des mêmes actes, un lieu déterminé, un temps plus ou moins long.

Tout cela est vrai. Il est aussi vrai qu'on peut imaginer tel complot, tel ensemble de circonstances et de faits matériels qui laisserait peu de scrupules sur la justice et les avantages d'une loi pénale qui essayerait de remonter à la résolution criminelle, à l'aide de cet acte préparatoire. Mais, qu'on le remarque, si on imagine une loi qui décrit une espèce particulière de complot et en fait un *crime spécial*, on est hors de la question. L'acte prévu rentrerait alors dans la seconde des trois catégories que nous avons énumérées.

S'agit-il au contraire de désigner le complot seulement d'une manière générale, comme une résolution concertée entre deux personnes ou un plus grand nombre ? Mais, alors, quoique le complot soit un fait moins fugitif et moins incertain que la simple proposition non agréée, quel vague dans la loi ! De faits aussi insignifiants par eux-mêmes que le sont les actes de se voir, de se réunir, de parler, de discuter, comment arriver au dessein criminel ? Si le complot n'a encore été suivi d'aucun autre acte préparatoire, sur quel fondement s'appuyer pour saisir la résolution de l'agent ? On n'aura, à peu près comme pour la proposition non agréée, que des paroles rapportées, commentées par des complices ou par des traîtres. Les dangers seront analogues, les erreurs presque aussi faciles.

Il se peut, à la vérité, qu'il existe des écrits provenant des accusés.

D'autres faits matériels, d'autres circonstances peuvent aussi venir s'ajouter au fait du complot, et lui donner plus de consistance et une forme extérieure plus déterminée et plus sensible. Mais le législateur n'ayant pas décrit et exigé comme éléments du délit ces circonstances et ces faits, le complot ne cesse pas d'appartenir à la catégorie qui nous occupe dans ce moment ; la poursuite sera possible sans qu'aucune de ces circonstances ultérieures se vérifie ; les dangers de l'accusation et du jugement sont loin de disparaître.

Au surplus, nous ne faisons ici qu'indiquer la théorie du complot en matière de crimes politiques ; nous la développerons en traitant de ce sujet spécial, lorsque nous exposerons la théorie de chaque délit en particulier.

Toutefois, des considérations qui précèdent il résulte déjà :

1° Qu'il est par trop dangereux de placer au nombre des crimes le complot sans aucune désignation spéciale ;

2° Que si le législateur se détermine cependant à l'y placer, il doit au moins donner à la loi le correctif de quelques garanties particulières à ce genre de poursuites criminelles ;

3° Que ces garanties doivent mettre l'accusé à l'abri d'une condamnation qui ne se fonderait que sur de simples paroles à lui imputées ;

4° Que lors même que ces garanties seraient accordées, il ne serait pas légitime, vu les nombreuses chances d'erreur qu'offrent de semblables jugements et indépendamment de la gravité du délit en soi, de frapper les auteurs d'un complot d'une peine trop sévère et surtout irréparable.

La trahison de la part des hauts fonctionnaires de l'État, en particulier des ministres, est un crime qui se présente au législateur sous un aspect qui le distingue du même crime commis ou tenté par un individu quelconque. Sous le rapport de la gravité morale, cela est évident : le ministre trahit la confiance particulière que l'État lui accorde ; il trahit la patrie, et viole ses devoirs comme ministre. Mais le crime ministériel est en outre particulièrement dangereux, en ce que les ministres ont à leur disposition mille moyens de le commettre sans que leur projet paraisse d'abord. Veulent-ils livrer la patrie à l'ennemi; l'omission de certains ordres, le retard de certaines mesures, peuvent suffire pour consommer le crime. Veulent-ils miner sourdement le système politique établi ; que de moyens en apparence irréprochables, légitimes ! que d'occasions de lui faire des ennemis, de refroidir le zèle de ses défenseurs, de corrompre l'opinion publique, d'entraîner la couronne à des mesures pernicieuses, de gagner des partisans au système contraire !

Il faut le reconnaître, les ministres ont dans leurs

mains tant de moyens, tant d'occasions de nuire
s'offrent à eux naturellement, leur puissance est si
grande, leur influence si étendue, que si l'on ne
pouvait les accuser de trahison qu'après le véritable
commencement d'exécution, même si on ne pouvait
mettre à leur charge d'autres actes préparatoires
que ceux que la loi aurait formellement prévus et
exactement décrits, l'accusation ne pourrait jamais avoir lieu. Elle serait toujours ou prématurée
ou tardive : elle trouverait toujours ou un ministre
innocent, ou un ministre déjà trop fort et maître de
l'État.

Ce ne sont pas les faits particuliers, c'est l'ensemble
des actes ministériels qui peut seul révéler quel est
le but vers lequel marche un ministère. Ce n'est pas
l'examen matériel de tel ou tel acte, qui peut éclairer
la conscience des juges d'un ministre. Disons-le franchement : le jugement doit être à la fois un acte de
justice et une appréciation politique de l'ensemble
des faits ministériels. Tel acte qui, considéré isolément, paraît irréprochable, peut être élément de
conviction si on le considère dans ses rapports avec
une foule d'autres actes et d'autres circonstances; tel
acte qui paraît indifférent par ses effets immédiats,
peut être funeste au salut de l'État par ses conséquences éloignées; tel acte qui, au premier aspect,
n'est qu'une erreur excusable, renferme peut-être
le principe d'une manœuvre hostile contre les libertés publiques.

Ou il faut permettre à l'accusation d'embrasser un
grand ensemble de faits et de circonstances, d'en

présenter une appréciation politique et d'en déduire
à la charge des ministres la preuve d'un projet criminel ; ou il faut renoncer à défendre l'État contre les
crimes ministériels par l'action judiciaire. Ce serait
niaiserie que de s'évertuer à imaginer et décrire à
l'avance un certain nombre de faits spéciaux, d'en
faire les seuls chefs possibles d'accusation contre un
ministre, et d'attendre ensuite que ce fonctionnaire,
qui a sous sa main mille ressources, mille moyens,
mille détours, vînt bénévolement se jeter tête baissée
dans l'un de ces crimes définis. S'arrêter à un pareil
système, ce serait renoncer à défendre l'État contre
les ministres autrement que par leur force. Les jugements n'y pourraient rien, à moins qu'en violant
ouvertement la loi on ne les transformât dans l'occasion en de purs actes de puissance politique.

Cette doctrine, qui serait inique à l'égard des particuliers, ne l'est pas à l'égard des ministres ; non-
seulement parce que nul n'est tenu d'accepter ces
hautes fonctions et de se placer forcément sous la
loi exceptionnelle, mais parce qu'au fond il est plus
facile à un ministre honnête homme, doué de quelques lumières et d'une certaine fermeté de caractère,
de se mettre à l'abri d'une accusation hasardée de
trahison, qu'il ne l'est à un simple particulier d'é-
viter par sa conduite d'être enveloppé à tort dans
un procès de conspiration. Qu'un ministre veuille
seulement ne pas fermer l'oreille au cri de l'opinion
publique, et qu'aussitôt que la conservation de sa
place deviendrait incompatible avec l'accomplissement des devoirs qu'elle lui impose, il ne recule pas

devant l'obligation de la résigner, et au lieu d'accusations calomnieuses et d'injustes condamnations, il
trouvera de la renommée et de la gloire. Il faut que
les séductions du pouvoir matériel soient immenses,
puisqu'on voit souvent des hommes, honnêtes au
fond et doués de grands talents, se rapetisser et se
blottir dans un fauteuil ministériel pour y subir de
tristes et dangereuses nécessités, plutôt que de se
montrer aux yeux de la patrie dans toute la grandeur
d'un citoyen abdiquant un pouvoir qu'il ne pouvait
plus employer à la servir. Peut-on ainsi fermer l'o-
reille en même temps aux commandements de la
morale et aux conseils du véritable intérêt personnel!

En signalant les exigences politiques de l'État à
l'égard de ses ministres, n'oublions pas cependant
qu'un ministre est un homme, et que lui aussi a droit
à la justice et à la protection des lois. Quels que soient
les avantages que lui offrent les circonstances spéciales où il se trouve placé, toujours est-il cependant
que si on lui enlève le droit de n'être poursuivi que
pour des crimes spéciaux et définis, on doit lui accorder des garanties particulières propres à affaiblir
les dangers de ces poursuites.

Ces garanties se trouvent dans les formes de l'accusation, dans le choix du tribunal, dans les formes
du jugement, et dans l'influence indirecte que la
couronne peut exercer pour la protection de l'accusé.
Il ne nous appartient pas de développer ici l'action
de ces divers ressorts de l'organisation politique de
l'État; ces développements seraient trop étrangers à
notre sujet. Nous ferons seulement remarquer que

l'action de ces ressorts n'est pas tout entière au profit
légitime de l'accusé : elle peut aussi devenir pour lui
une cause de danger, un moyen de l'opprimer. La
passion peut aisément aveugler et entraîner des corps,
assemblées politiques par essence, accusateurs et
juges occasionnellement. C'est une garantie que de
ne pouvoir être accusé que par la Chambre des com-
munes ; mais si une majorité nombreuse, violente,
passionnée, soutenue par un public égaré, s'empare
d'une accusation téméraire et s'acharne à la poursuivre, est-il facile à l'accusé, disons-le, aux pairs et à
la couronne elle-même, de résister à l'action d'un
levier si puissant, et de ne pas immoler une victime
à la vengeance et à la haine !

Il faut des garanties spéciales, établies d'avance
dans des temps calmes, lorsque la pensée du législateur est loin de se fixer sur aucune application immédiate et spéciale.

Ces garanties additionnelles, on doit les chercher
dans les lenteurs de la procédure et dans le choix de
la peine.

Sans doute la force peut, dans certains moments,
renverser toutes les digues. Ce n'est pas un motif de
renoncer d'avance aux moyens de contenir le torrent.
Et il y a plus de résistance qu'on ne le pense, même
pour les hommes passionnés, dans les règles et les
formes établies depuis longtemps.

La peine ne doit pas être irréparable : même il
n'est point nécessaire qu'elle soit très-grave. Si
elle ne l'est pas en elle-même, elle l'est toujours
relativement à l'individu qu'elle frappe. Interdire

par l'exil toute carrière politique à un ministre qui a
eu le pouvoir entre les mains, le confiner à temps
dans une forteresse, et couper court par là à toute
intrigue et à tout calcul d'ambition, ce sont des
peines en rapport avec le délit et qui satisfont à toutes
les conditions que nous cherchons dans la législation
criminelle.

Nous échappons ainsi à tout ce qu'a d'irrationnel
et d'odieux l'application des peines infamantes, et si
nous avons proposé l'exil, nous nous gardons bien de
le confondre avec le *bannissement*, qui, aux termes
de la loi française, emporte avec lui tous les caractères de ces peines infamantes que nous repoussons.
A plus forte raison interdisons-nous la peine capitale.
Quelle que soit la légitimité absolue de ce mode de
punir, un écrivain célèbre a démontré par l'étude des
faits et avec une irrécusable force de logique, dans
un temps où son livre même était une noble et cou-
rageuse réclamation, que la peine de mort appliquée
aux délits politiques était incompatible avec l'état
des sociétés modernes [1]. Si le principe qu'il a posé
est applicable dans sa rigueur à tout individu coupable de ce genre de crime, il l'est surtout aux ministres dont l'accusation et le jugement sont toujours
plus ou moins livrés aux passions politiques et aux
haines privées.

[1] De la peine de mort en matière politique, par M. Guizot; 1821.

CHAPITRE XXVIII.

La théorie des actes préparatoires nous a fixé le point de départ pour le développement de la théorie des actes d'exécution. Il est important cependant d'éviter par une nouvelle analyse les nombreuses équivoques qu'on peut encore rencontrer, en traitant cette partie aussi essentielle que délicate du Droit pénal.

Tant qu'il ne s'agit que d'actes internes, ou même que d'actes extérieurs simplement préparatoires, le crime est déjà commencé *subjectivè*, mais non *objectivè*. Le droit général de sûreté et de sécurité peut avoir déjà reçu de graves atteintes, mais le droit spécial dont la violation constituait le but direct du crime, n'a pas encore été entamé ni même directement attaqué; il est encore dans toute son intégrité. L'existence de l'homme que veut mettre à mort le sicaire *ambulans cum telo*, n'a encore reçu aucune atteinte. C'est ce que n'ont pas observé tous ceux qui ont négligé de distinguer les actes préparatoires d'avec la tentative, distinction tout aussi importante cependant

que celle qu'on a remarqué exister entre la tentative
et le délit consommé.

La victime désignée venant à paraître, l'assassin
commence son attaque par un premier coup. Arrê-
tons dans ce moment le bras du criminel. L'assassinat
est commencé, même *objectivè*. Que tout à coup l'assassin change complétement de volonté ; que, pros-
terné aux pieds de sa victime, il implore son pardon
et lui prodigue les secours ; toujours est-il qu'il a
commencé l'assassinat.

Si le coup porté n'était point mortel, la vie de
l'homme attaqué pouvait encore être sauvée; elle
pouvait l'être, qu'on le remarque bien, soit par un
événement quelconque, soit par un changement de
volonté dans l'agent criminel. Le crime n'était donc
achevé ni *subjectivè*, ni *objectivè*.

Mais cette conclusion serait-elle juste, dans le cas
où le sicaire aurait eu l'intention de tuer du premier
coup, et s'il avait en effet employé pour cela des
moyens ordinairement suffisants, par exemple un coup
de fusil, chargé de manière à donner la mort ?

Dans ce cas, le crime qui n'est point consommé
objectivè peut être considéré comme consommé *sub-*
jectivè. Il ne restait plus rien à faire à l'auteur du
crime ; il ne peut pas dire l'avoir seulement commencé, il l'a *manqué*.

De même, concerter l'empoisonnement d'une personne, acheter du poison, se confier à l'individu
chargé de l'administrer, ce n'est encore que *préparer*
l'empoisonnement; il n'y a pas encore commencement
d'exécution, véritable *tentative*.

Le poison est versé, on va le présenter à la victime,
nous n'hésitons pas à affirmer qu'il y a tentative et
qu'elle dure, tant que le coupable est encore en état
d'empêcher la consommation du crime, ou qu'un
événement quelconque peut la suspendre.

Le poison est avalé, le crime est consommé *subjectivè*. L'empoisonneur a fait l'acte qu'il s'était proposé, et il ne lui reste plus rien à faire. Mais une circonstance quelconque, un médicament que l'homme
empoisonné devait prendre à la même heure, à l'insu
de l'empoisonneur, neutralise le poison. Le crime est
manqué.

Ainsi donc, le crime commencé seulement *subjectivè* n'est qu'une *résolution* criminelle, ou un *acte
préparatoire*. Nous en avons déjà parlé.

C'est le crime commencé même *objectivè* qui constitue la véritable *tentative*, et la tentative continue tant
que l'agent n'a pas achevé les actes qu'il avait dessein
d'accomplir, et dont l'ensemble constitue l'exécution
complète du crime.

Le crime consommé *subjectivè*, mais non *objectivè*,
est un crime *manqué*.

Si rien ne manque plus au crime, même *objectivè*,
c'est un crime *consommé*.

CHAPITRE XXIX.

DE LA TENTATIVE.

De l'analyse qui précède, il résulte que la véritable tentative se reconnaît à deux caractères essentiels :

1° Un commencement d'exécution de l'acte ou des actes constituant le fait matériel, que l'auteur avait en vue ;

2° Une exécution commencée qui cependant puisse encore être suspendue ou interrompue, *même* par la volonté de l'auteur de la tentative.

Un voleur tient déjà dans sa main le rouleau d'or qu'il a trouvé dans le coffre-fort qu'il vient d'ouvrir. Saisi de repentir ou de crainte, au lieu de l'emporter, il replace cet or dans le coffre, il sort, et renonce au délit. Voilà une tentative *bien prochaine* : cependant la *detrectatio rei alienæ* n'était pas entièrement consommée. L'or déplacé n'était pas encore emporté ; mais ouvrir le coffre-fort et déplacer l'or étaient des actes constituant, avec l'acte final de l'enlèvement, le délit projeté, le vol.

Entre ces deux actes, celui de déplacer l'or et celui de l'emporter, l'auteur du crime pouvait être surpris ; une défaillance pouvait lui survenir, comme cela ar-

riva à ce faux témoin qui n'eut pas le temps de terminer sa déposition ; mais il pouvait aussi changer
lui-même de volonté, et ne pas achever l'exécution
du vol.

Il est peut-être impossible, nous insistons sur cette
observation, de déterminer par une loi et d'une manière générale les caractères précis auxquels on puisse
reconnaître dans tous les cas le véritable commencement d'exécution du délit, et en distinguer les actes
de ceux qui ne sont que préparatoires.

Il est également difficile, en plusieurs cas, de déterminer l'instant précis où le délit a cessé d'être une
tentative, et a pris le caractère de délit consommé.
Dans le cas que nous avons proposé, si le voleur s'é-
cartait déjà du coffre-fort, s'il s'acheminait déjà avec
l'objet volé pour sortir de la chambre, le vol était-il
consommé? fallait-il qu'il fût sorti?

Il n'est pas moins difficile, dans certains cas, de
reconnaître si l'exécution d'un crime pouvait encore
être suspendue ou rétractée, même par la volonté de
l'agent.

Ce sont là des questions dont il convient de laisser
l'examen et la solution, dans chaque cas particulier,
à la justice pratique. Partout où le pouvoir judiciaire
sera bien organisé, il se formera des précédents, et,
au bout de quelque temps, des doctrines qui laisseront
bien peu à désirer.

La loi ne doit établir que les principes dirigeants.
La jurisprudence en donne ensuite le développement
et en tire les règles spéciales d'application pour chaque cas particulier.

Dans l'appréciation des actes constituant la tentative, on rencontre aussi une autre difficulté ; ces actes étant un commencement d'exécution, sont certainement un moyen moins dangereux de remonter au dessein de l'agent, que ne le sont les actes simplement préparatoires. Cependant il y a des faits qui ne suffisent pas pour ôter au juge toute incertitude relativement à la résolution interne de l'agent. Cela est surtout vrai des actes qui peuvent être à la fois l'exécution complète d'un délit *sui generis*, et le commencement d'un autre délit. Des coups ont-ils été donnés, une blessure a-t-elle été portée dans le dessein de tuer ? dans ce cas, et dans ce cas seulement, il y a tentative de meurtre. Il est évident que le doute ne peut être résolu que par l'ensemble des circonstances accessoires ; il faut au juge la preuve de quelque chose de plus que le fait de la blessure.

Mais toutes ces difficultés pratiques n'affaiblissent point, ce nous semble, la solidité des principes que nous venons d'établir. La distinction entre l'acte préparatoire, la véritable tentative et le crime manqué, n'en subsiste pas moins dans toute sa force. Elle est fondée sur la nature des choses.

Elle a été cependant négligée dans presque toutes les législations ; entre autres dans le Code pénal français.

Les caractères de la tentative paraissent au premier abord avoir été exprimés très-nettement : « Toute » tentative de crime qui aura été manifestée par des » actes *extérieurs*, et suivie d'un *commencement d'exé-* » *cution*, si elle n'a été suspendue, ou n'a manqué

» son effet que par des circonstances forfuites, ou in-
» dépendantes de la volonté de l'auteur, est considé-
» rée, etc. » (Art. 2, C. P.)

« Manifestée par des actes extérieurs et suivie d'un
» commencement d'exécution. » C'est dire que tout
acte extérieur fait en conséquence d'un projet criminel ne suffit pas pour constituer la tentative ; il faut
un acte d'exécution. C'est l'importante vérité que nous
avons cherché à établir par notre théorie des *actes
préparatoires*.

« Si elle n'a été suspendue *que* par des circonstances
» indépendantes de la volonté de l'auteur. » Cela paraît supposer qu'elle pourrait être suspendue même
par la volonté de l'auteur, ce qui est encore une des
circonstances qui caractérisent la véritable tentative
et la distinguent du délit manqué.

Mais la sanction pénale ajoutée à la disposition du
Code français, et les paroles de l'orateur du gouvernement dans l'exposé des motifs, jettent de grands
nuages sur le texte même de la loi. « Toute tenta-
» tive..... est considérée comme le crime même. »
Pourquoi ? « L'auteur de la tentative, à dit M. Treil-
» hard en copiant Filangieri, a commis le crime au-
» tant qu'il était en lui de le commettre. » C'est
confondre la tentative avec le *délit manqué*.

Car si l'on parle de la véritable tentative, comment
peut-on affirmer que l'auteur a commis le crime autant qu'il était en lui ? si l'exécution n'était que commencée, il était maître de l'interrompre. Si elle était
achevée, il n'y avait plus tentative, mais crime consommé, du moins *subjectivè :* c'est en ce cas seule-

ment qu'on peut dire que l'agent a fait tout ce qu'il s'était proposé de faire.

Le fait est que le législateur a réuni sous le même chef et sous le même nom deux actes essentiellement distincts, qu'il leur a appliqué la même peine, et, qui pis est, la peine qu'on devait tout au plus réserver pour le crime manqué, pour le fait le plus grave.

Après avoir démontré que, par voie d'exception, l'acte préparatoire lui-même peut être puni toutes les fois que l'intérêt public le requiert, et que la justice sociale a les moyens de procéder rationnellement et de garantir la légitimité de son action, il serait absurde de s'arrêter à prouver que la véritable tentative est en elle-même punissable. Les actes qui la constituent ont avec la résolution criminelle un rapport direct et immédiat. Le mal moral et le mal politique ont pris un degré de gravité supérieur à celui des actes purement préparatoires.

Il ne reste donc que ces questions à examiner : Dans quels cas l'intérêt social exige-t-il la punition de la tentative? Quelle en doit être la peine ?

La tentative peut être vaine et ne pas arriver à la consommation du délit :

Par l'impossibilité absolue du moyen et du but;

Par une impossibilité que nous appellerons *relative ;*

Enfin par le désistement de l'auteur.

La solution des questions posées ci-dessus ne saurait être la même dans ces diverses hypothèses.

CHAPITRE XXX.

DE LA TENTATIVE VAINE PAR L'IMPOSSIBILITÉ DU MOYEN, OU DU BUT.

La tentative vaine peut se présenter sous plusieurs formes.

L'auteur de la tentative administre du nitre, croyant administrer de l'arsenic.

Il administre du nitre, croyant que le nitre est un poison.

Il frappe un homme déjà mort, ne le croyant qu'endormi.

Il fait une tentative de parricide sur un étranger qu'il prend pour son père.

Il prononce certaines formules et emploie certains ingrédients, convaincu que par ce moyen il peut, à volonté, produire la peste et infecter une ville.

A vrai dire, c'est un abus de mots que d'appeler ces actes une tentative d'empoisonnement, de meurtre, de parricide, etc.

Puisque la tentative est un *commencement d'exécution*, il ne saurait y avoir tentative lorsqu'on se propose de faire l'impossible, ou lorsqu'on se propose de faire ce qui est possible par des moyens *absolument* hors de proportion avec le but. S'il n'y a pas folie, il peut y avoir perversité morale accompagnée d'ignorance ou d'erreur ; mais on ne peut commencer que ce qui est possible ; car l'idée de *commencement* suppose la *possibilité* d'atteindre le but par l'application plus ou moins prolongée du moyen. L'enfant qui puisait dans la mer avec un gobelet commençait-il à exécuter l'épuisement de l'Océan ? Était-ce là une tentative pour mettre à sec le globe terrestre ? Mais représentez-vous des hommes faisant quelque chose de pareil autour d'une citerne, et vous concevez immédiatement la tentative de desséchement. Placez cette citerne dans un désert, et vous pouvez y voir la tentative d'un grand crime.

C'est peut-être à cet abus de mots qu'on doit la diversité d'opinions qu'on rencontre à ce sujet chez les criminalistes. Les uns exemptent ces faits de toute peine, tandis que les autres proposent une punition plus ou moins grave. Quelques-uns d'entre eux se bornent à des mesures de police et de précaution à prendre envers les auteurs de ces faits.

Si la pensée criminelle, lorsqu'elle ne pourrait être révélée que par des moyens autres que les actes *tendant* à réaliser le crime projeté, ne doit point, d'ordinaire, être l'objet de la justice humaine, la tentative vaine par l'impossibilité du moyen ou du but doit, par la même raison, demeurer impunie : car, dans l'hypothèse, les actes commis n'ont point de tendance criminelle, du moins relativement au délit

principal imputé à leur auteur. Que celui-ci ait donné
la mort à l'homme sur lequel il a déchargé son arme
à feu, ou qu'il l'ait manqué, il est également vrai
que, si cet homme lui était étranger, il n'a commis
ni pu commettre sur cet individu le crime de parricide.

Si les actes commis ,n'ont en réalité aucune tendance vers le crime spécial qu'on suppose avoir été
projeté, comment les rattacher à ce crime ? Comment
affirmer qu'ils le préparaient, et qu'ils en étaient le
commencement d'exécution ? Ces actes d'eux-mêmes
ne révèlent rien, ils sont muets. Blesser un mort est
un fait qui ne dénonce pas un projet de meurtre ;
administrer du nitre est un acte qui, de lui-même,
n'indique point l'intention de donner la mort par
empoisonnement. Il faudrait donc chercher les
moyens de preuve hors de ces actes ; il faudrait agir
comme si ces actes n'eussent pas existé. Mais alors ce
ne serait plus conclure, ainsi que le veut le bon sens,
de l'existence des faits à celle du projet criminel,
mais bien de l'existence du projet criminel à la criminalité de ces faits. Ce serait dire qu'il faut oublier
un principe essentiel du système pénal, pour retomber dans tous les dangers qui accompagnent la punition de la pensée.

D'ailleurs, lors même que la résolution criminelle
serait certaine, où est le danger pour la société ? où est
le mal matériel ? Que lui importe qu'on essaie des
actes impossibles.

Ces actes prouvent, dira-t-on, une perversité qui
est à craindre. On veut donc franchir les bornes de

la justice pénale, poursuivre et punir la perversité
en général, sous le prétexte d'un acte qui n'a produit aucun mal matériel, pas même un danger, une
alarme raisonnable? Dès lors, il y aurait plus de raison
son encore à punir les hommes notoirement vicieux
et livrés à de funestes habitudes. Ils sont plus à craindre qu'une espèce de fou qui essaie une fois de faire
un acte impossible.

Ajoutez que la peine infligée à ces actes serait réprouvée par l'opinion publique, et rendrait la loi
odieuse aux citoyens.

Il est inutile, en finissant, de remarquer que si les
faits dénoncés comme tentative de chose impossible,
ont cependant produit un délit *sui generis*, ce délit
deviendra le sujet de la justice pénale.

Il est vrai que dans ce dernier cas les tribunaux
rencontreront des questions souvent délicates et em-
barrassantes, sur l'intention, sur la complicité, sur
les preuves, des questions de détail, insolubles par
tout autre moyen que l'examen le plus attentif du
fait particulier, et l'application des principes dirigeants de la théorie pénale. Le législateur n'y peut
rien. Des jurés patients et éclairés, et surtout un
magistrat qui, dans l'exposition du droit, sache concilier la profondeur de la doctrine avec un langage
simple et clair, sont les seuls moyens efficaces de
garantie que le pouvoir social puisse offrir aux citoyens.

CHAPITRE XXXI.

DE LA TENTATIVE MANQUÉE PAR UNE IMPOSSIBILITÉ RELATIVE.

Venons à la tentative qui a échoué par des circonstances fortuites, ou indépendantes de la volonté de l'auteur.

C'est, parmi les diverses espèces de tentatives, celle dont la punition est unanimement réclamée.

En effet, outre le délit moral, il y a un danger si grave et si imminent, une cause d'alarme tellement légitime, que la justice sociale ne saurait fermer les yeux sur de pareils attentats. Elle peut et doit en connaître.

Comme il s'agit de vraies tentatives, de projets criminels déjà révélés par des actes matériels et *d'exécution*, nous sommes dans le cercle de ce qui est possible et légitime à la justice humaine.

Il y aura des cas particuliers où il sera difficile, dangereux même, de prononcer qu'il y a ou qu'il n'y a pas eu tentative de tel ou tel crime déterminé. Mais ce sont là des cas d'exception, tels qu'il s'en trouve lors même qu'il s'agit de prononcer sur des délits consommés. Y a-t-il eu adultère, empoisonnement, faux, abus de confiance? qui ne sait pas que la justice humaine voudrait quelquefois pouvoir s'abstenir

de prononcer sur ces questions ; car si, comme pis
aller, elle prononce la formule *non coupable*, elle
n'ignore pas qu'au fond il n'y a rien de positif, rien
d'absolument vrai dans son *verdict*.

Mais quelques difficultés de détail ne sauraient paralyser le droit de la justice, ainsi que le ferait l'impossibilité de bien faire dérivant de la nature même
des choses, comme cela se vérifie pour la pensée criminelle, et même pour la plupart des actes simplement préparatoires.

Parmi les tentatives qui échouent par circonstance fortuite, il y en a sans doute qui se trouvent
arrêtées par une force physique irrésistible, de même
que les tentatives d'une chose impossible. Faudra-t-il
pour cela appliquer aux premières la règle que nous
avons appliquée aux secondes ? les exempter de toute
punition ? une seule remarque suffit pour rejeter la
comparaison. Les secondes sont impossibles d'après
le cours ordinaire des choses ; leur impossibilité est
connue d'avance, par l'expérience. Il en est de même
des actes qui sont impossibles dans ce sens que la loi
leur enlève toute efficacité. Qu'on répète le même
acte dix, vingt fois, le crime n'aura jamais lieu. Que,
sans contrefaire l'écriture du testateur, un homme
ajoute de sa main une disposition en sa faveur au testateur olographe d'autrui ; qu'il tire vingt coups de
fusil sur quelqu'un à huit cents pas de distance, il ne
fera jamais une disposition valable, ne tuera jamais
son ennemi.

En est-il de même du voleur dont le crochet se
casse au moment d'ouvrir l'armoire ? ou du brigand

que des chevaux furieux renversent et laissent en
un instant bien loin du voyageur qu'il voulait dépouiller ?

Le vol au moyen d'un crochet, le brigandage en
arrêtant les chevaux d'une voiture sont possibles. Le
voleur et le brigand avaient fait ce qu'il fallait pour
réussir ; qu'ils répètent le même acte et ils réussi-
ront. C'est là la loi ordinaire des choses. L'événement
contraire, aux yeux de l'homme, n'est qu'un hasard ;
le délinquant ne pouvait pas le prévoir; la société non
plus. Aussi le danger et l'alarme ne s'affaiblissent en
rien par la singularité de l'événement, et la résolution du coupable n'est pas équivoque.

Il ne reste donc, relativement aux tentatives dont
nous traitons dans ce moment, que deux questions :

Doit-on punir la tentative de tout crime ou délit,
sans nulle exception ?

Quelle peine doit-on infliger ?

L'examen de la seconde question rendra facile la
solution de la première.

On s'est livré à de nombreuses subtilités en discu-
tant la question de la pénalité, relativement à la tentative. Les partisans de la sévérité et leurs adversaires
ont fait assaut de métaphysique ; le plus souvent ils
ont longtemps combattu uniquement faute de s'entendre.

Au milieu de tous ces combats, nous pensons que
le sens commun et la conscience publique ont cons-
tamment tenu le même langage. « Le délit n'a pas
» été consommé, donc la punition doit être moindre. »
Cette idée de proportion matérielle, ce sentiment de

justice, grossière, j'en conviens, est naturel à l'homme;
car il est conforme à la portée de ses vues et à la condition de son être fini. Les hommes du pouvoir,
sans être ni meilleurs philosophes ni plus justes que
le public, ont sévi contre la tentative, uniquement
parce qu'en toute chose ils ont toujours cru qu'il était
commode de frapper fort. Mais quelque influence
que les législateurs puissent exercer sur l'opinion,
nous croyons que partout où le peuple n'est pas entièrement abruti, il y a dans la conscience publique
une résistance au principe qui frappe de la même
peine la tentative et le crime consommé. Nous
croyons que le public ne partage pas l'opinion qui
fait monter également sur l'échafaud l'assassin dont
la victime gît dans la tombe, et celui dont la victime
désignée, grâce à l'interruption de la tentative, se
trouve peut-être au nombre des spectateurs de son
supplice.

Si le fait est vrai, on peut déjà, sans trop sonder
la valeur intrinsèque de l'opinion populaire, douter du
principe qui place la tentative exactement au niveau
du crime ; car, y a-t-il quelque utilité dans une punition réprouvée par l'opinion publique ? Le pouvoir
social doit-il l'employer, lors même qu'il pourrait en
prouver la justice abstraite ?

Au surplus, nous aussi nous sommes peuple à cet
égard ; la maxime qui place la tentative sur la même
ligne que le délit consommé, ne nous paraît ni juste
ni convenable.

N'oublions pas que c'est uniquement de la justice
des hommes qu'il est ici question, et qu'il peut être

question. Pour la justice éternelle, la volonté de l'individu n'est point un mystère ; les degrés de sa perversité sont comptés ; que son méfait soit interrompu,
cela n'ôte en rien la connaissance de ses intentions ;
la justice éternelle peut toujours dire avec certitude :
Tu aurais persévéré dans ton projet, rien ne pouvait
plus t'arrêter ; ton âme était fermée au repentir.

Descendons devant la justice humaine. Plus d'intuition, plus de droit plein et absolu. Il lui faut des
moyens matériels pour connaître et apprécier ce qui
a été; mais ce qui sera, ce qui pourrait être ou avoir
été n'est point de son ressort. Son droit lui-même est
borné par l'imperfection des moyens qu'elle doit employer, et par la nature du but qu'elle est chargée
d'atteindre.

Maintenant examinons, relativement à la tentative,
chacun des éléments indispensables à la droite administration de la justice sociale.

D'abord, le délit moral. Mais le délit moral, dans
toute application particulière, implique la question de
l'intention, et l'homme ne connaît la volonté de son
semblable que par les faits qui la révèlent. Aussitôt
que les faits cessent, la lumière disparaît.

La tentative est suspendue par un événement fortuit ; mais sans cet événement le crime aurait-il été consommé? Cela est possible; si l'on veut, probable; mais
rien de plus : car, *si c'est une vraie tentative*, l'auteur
pouvait aussi se désister. Ce surplus de volonté, ce degré ultérieur de persévérance et d'iniquité, comment
l'imputer? Point de fait révélateur. Ce n'est donc
qu'une induction ; il a fait les deux tiers de la route

du crime, donc il aurait achevé sa course. Cependant plus il approchait du terme, plus il allait se trouver face à face avec le crime, et mieux il pouvait, dans quelques cas du moins, en sentir l'horreur, et abandonner son projet.

Ainsi toute la partie de l'imputation qui dépasse l'instant de la suspension de la tentative, est une imputation hasardée ; c'est imputer ce que l'on ignore ; c'est punir la pensée par conjecture.

Cependant, si la peine doit être la même que celle du crime consommé, il faut la même certitude non-seulement sur la volonté de l'agent, mais sur la persévérance de cette volonté. Sans cela, on peut croire faire une loi utile ; mais il ne faut point parler de justice.

Le fait matériel doit être considéré comme preuve de la résolution criminelle, et comme expression du plus ou moins de probabilité qui reste pour le repentir. Or, tant qu'il y a un acte à faire, le repentir est possible. La possibilité diminue, dit-on, à mesure que la tentative approche de l'exécution complète. Bien que cette assertion même soit quelquefois contestable, toujours est-il que la possibilité existe. Or la loi doit tenir, dans une certaine mesure, compte du repentir, non-seulement réel, mais possible antérieurement à la consommation du délit.

Il ne faut pas oublier non plus que la tentative ayant été suspendue, le coupable n'a pas encore obtenu du crime les jouissances et les profits illégitimes qu'il en attendait et qu'il aurait dû expier par la peine.

De l'autre côté, si l'on prend en considération le mal matériel produit par la tentative, comment en conclure qu'elle doit être punie comme le crime même? La violation du droit menacé n'est pas accomplie; peut-être même n'y a-t-il encore d'autre mal *objectif* que le danger et l'alarme.

Ainsi, soit qu'on considère la partie morale, soit qu'on s'arrête à la partie matérielle de l'acte, rien ne justifie aux yeux de la justice humaine la prétendue parité de la tentative et du crime. La loi qui la sanctionne n'est donc plus qu'une mesure d'utilité et de convenance.

Nous admettons que dès le moment qu'il existe un véritable délit, et il existe dans la tentative, le législateur a pour la quotité de la peine une certaine latitude. Est-ce à dire pour cela qu'on doive céder aveuglément à l'antipathie ou à la peur, et se permettre sans scrupule un luxe de pénalité? Des habitudes de sévérité bien funestes exercent encore un empire trop puissant sur les législateurs. D'ailleurs, ils ne sauraient même prouver qu'il y ait nécessité ou convenance à considérer la tentative comme le crime. La preuve de cette convenance, nous ne la retrouvons nulle part. Chez les uns, c'est une sévérité provenant de préjugé; chez les autres, un oubli complet de la véritable question. Nous croyons au contraire que le principe de l'utilité exige que la tentative soit frappée d'une peine moindre que celle du crime consommé, et cela pour se soustraire à l'emploi trop fréquent des peines les plus graves; pour prévenir l'impression fâcheuse que le système

contraire, dans le plus grand nombre de cas, peut
produire sur l'opinion publique; pour éviter que la
sévérité de la loi ne devienne une cause d'impunité
absolue, les jurés ne pouvant pas fermer l'oreille à la
voix de la justice et de l'humanité; enfin pour ne
pas donner à l'auteur de la tentative suspendue l'envie de revenir à la charge. La reprise du délit est
facile dans beaucoup de cas; pourquoi l'auteur s'en
abstiendrait-il, si désormais il n'a plus rien à craindre, si le surplus du délit ne peut pas amener pour lui
un surplus de punition? Le criminel est souvent do-
miné par un certain genre de superstitions et de craintes. Qu'un obstacle imprévu vienne l'arrêter, que
son action soit suspendue malgré lui, il sera frappé
de l'événement; la conscience, la réflexion, la peur,
le calcul, tout parlera en lui à la fois; ne lui fermez
pas toute issue pour le retour, qu'ayant cessé involontairement, il puisse ensuite renoncer volontairement
à son projet criminel.

Sans doute ce n'est pas là une raison suffisante pour
exempter de toute peine la tentative suspendue par
une circonstance fortuite. La crainte de pousser
l'agent à l'exécution complète du crime n'a pas ici la
même force qu'elle a relativement aux actes préparatoires. Le mal politique de cette espèce de tentative
est trop grave. Mais il n'y a pas non plus nécessité de
refuser toute influence au principe de prudence politique que nous venons de rappeler.

En résumé, il nous paraît :

1° Que la peine de la tentative, généralement parlant, doit être inférieure à celle du crime consommé ;

2° Qu'elle doit cependant s'en rapprocher, à mesure que la tentative se rapproche du crime.

En d'autres termes, la peine de la tentative doit être en raison directe du danger, et inverse de la probabilité d'un désistement volontaire.

La théorie que nous venons d'exposer n'est pas dans son exécution sans quelque difficulté. Par une disposition générale, le législateur peut établir le principe de la criminalité de la tentative suspendue par des causes indépendantes de la volonté de l'auteur, et décider que la peine de la tentative doit être inférieure à celle qui est réservée au crime consommé. Mais doit-il ensuite établir une gradation détaillée de pénalité selon les divers degrés de gravité de la tentative? Ou bien doit-il se borner au principe général, et s'en remettre, pour l'application, au pouvoir discrétionnaire du juge? Ce dernier parti donnerait déjà un résultat bien utile dans les pays où l'on ne croit pas pouvoir vivre sans tuer un assez bon nombre de citoyens au nom de la justice. Car comme on ne peut pas tuer à moitié, ou pour trois quarts, cette seule disposition diminuerait le nombre des supplices, en épargnant la peine capitale aux coupables de tentative.

D'un autre côté, une certaine gradation, grossière, à la vérité, et incomplète, n'est point chose difficile, lors même qu'il s'agirait de l'insérer dans une législation existante. Ainsi, pour le Code pénal français, peut-être suffirait-il de deux articles conçus à peu près en ces termes : « Les tentatives de crimes emportant peine de mort, ou celle des travaux forcés à perpétuité, lorsqu'elles auront été suspendues, etc., seront punies de la peine de la déportation, ou des travaux forcés à temps. »

« Les mêmes tentatives de crimes emportant une autre peine que la peine de mort, ou celle des travaux forcés à perpétuité, seront punies de la peine immédiatement au-dessous de celle prescrite pour le crime consommé. »

Nous n'hésiterions pas à ajouter : « Dans aucun cas la peine accessoire de la marque et la peine du carcan ne seront appliquées en matière de tentatives. »

Il est vrai que ces dispositions ne seraient pas sans inconvénients ; elles auraient, entre autres, celui de punir trop souvent la tentative par une peine non-seulement inférieure à celle du crime, mais différente, et de resserrer dans des limites trop étroites, peut-être, les moyens de proportionner la peine aux diverses tentatives. Cependant, en les comparant avec l'article 2 du Code pénal, nous ne pouvons pas nous empêcher de croire qu'elles sont plus rationnelles que la législation en vigueur.

Dans une bonne législation, il faut que le juge ne puisse jamais appliquer à la tentative le *maximum* de la peine du crime, ni au crime le *minimum* de la peine de la tentative ; mais il doit cependant pouvoir punir le crime commis par l'un moins que la tentative commise par un autre. C'est dire que s'il estime que deux accusés, l'un prévenu de crime, l'autre de tentative du même crime, sont chargés ou favorisés par les mêmes circonstances aggravantes ou

atténuantes, il ne doit pas pouvoir les condamner
à la même peine. Mais la latitude laissée au juge
dans la fixation des peines doit être telle que s'il se
trouve des circonstances atténuantes en faveur de
l'auteur du crime, et des circonstances aggravantes
à la charge de l'auteur de la tentative, il puisse les
condamner à la même peine ; ou même condamner
le second à une peine plus forte que celle qui est infligée à l'auteur du crime.

La justice et la politique, nous l'avons vu , réclam-
ment également une différence de peine entre la
tentative et le crime consommé. Il y a cependant
des cas pour lesquels la sûreté publique paraît exiger du législateur qu'il frappe la tentative de toute
la peine dont il lui est permis de disposer pour le
crime consommé.

Ces cas d'exception sont ceux dans lesquels, si le
délit était consommé, la justice serait impuissante.
Dans ces cas, réserver au crime consommé une peine
plus forte que celle de la tentative, c'est faire une
loi inutile et le plus souvent dangereuse.

• Mais on tombe souvent dans des erreurs de langage à ce sujet. On confond, ainsi que nous l'avons
fait remarquer, le crime avec le résultat du crime,
et on appelle par conséquent tentative ce qui est en
réalité un crime consommé. Un général, dans le
but de livrer le pays à l'ennemi, abandonne une
place forte, et laisse à découvert les frontières de
l'État. Est-ce là une tentative de haute trahison ? Il
est évident que c'est un crime consommé *subjectivè*.
Il se peut que l'ennemi, par un empêchement quel-

conque, ne profite pas de l'occasion ; mais le général a fait ce qui était en lui, tout ce qu'il voulait faire. C'est le meurtrier qui a tiré le coup de fusil. Il peut y avoir *délit manqué ;* il n'est plus question de tentative.

Ce même général cherchant à persuader à son conseil de guerre l'utilité de sa manœuvre, ou essayant de se faire des complices, se rend coupable d'*actes préparatoires*.

Lorsqu'il réunit ses troupes dans le but d'évacuer la place, qu'il donne les ordres de marche, que l'armée commence à défiler, il y a commencement d'exécution, *tentative*. Et il n'y a encore que tentative ; car le changement de volonté et la suspension par événement imprévu sont encore possibles avant la consommation de l'acte.

Mais une fois la place évacuée, l'armée éloignée, le crime est consommé.

C'est le cas de l'homme administrant du poison à un roi dans le but de changer la dynastie. Il se peut que la poison ne produise pas l'effet que le régicide en attendait. Le crime peut manquer ; mais le fait criminel est accompli.

Si la tentative ne commence qu'à la dernière limite des actes préparatoires, d'un autre côté elle cesse d'être elle-même, elle prend le caractère de crime consommé, du moins *subjectivè*, non lorsque le coupable a obtenu le résultat qu'il désirait, mais lorsqu'il a achevé le fait criminel qu'il se proposait, pourvu que le résultat fût possible et en rapport avec la nature du fait exécuté.

Ce n'est donc pas une atteinte au principe qui

distingue la tentative du crime consommé, que l'application au général qui a abandonné la place forte, de la peine réservée au crime de trahison ; son acte était déjà un crime de cette espèce. [C'est un des crimes spéciaux, employés comme moyen d'exécution de la trahison. Ce qui les distingue du crime de trahison directement accomplie, c'est qu'ils peuvent à la rigueur être faits dans un but autre que celui de trahir l'État. Cependant rien ne s'oppose à ce que le législateur déclare à l'avance que des faits semblables seront toujours regardés comme des actes de trahison ; car quel est l'homme hors d'état de comprendre les conséquences politiques de ces faits ?

L'exception n'aurait lieu que dans le cas où la peine entière lui serait appliquée, lors même qu'un événement imprévu arrêterait l'exécution de son projet ; lors même qu'un autre général, arrivant tout à coup pour prendre le commandement de l'armée, détruirait par un contre-ordre le projet criminel du premier commandant.

Après ces explications, la question de savoir si la tentative de certains crimes, des crimes de trahison en particulier, doit être punie, par exception, comme le crime consommé, perd une grande partie de son importance politique.

Toutefois nous n'oserions pas affirmer que l'exception doive être absolument rejetée. L'utilité politique la réclame et la loi morale ne nous semble pas la repousser.

De quoi s'agit-il en effet ? De crimes tels que leur

complète exécution désarme la société, rend la justice pénale impuissante et peut même en faire un instrument d'oppression et de violence dans l'intérêt du malfaiteur.

L'impuissance de la justice, après la consommation du crime, peut dériver ou du passage de la puissance publique en d'autres mains, comme dans le cas de trahison, ou de la facilité de soustraire le fait consommé aux investigations de la justice. Nous parlons de la facilité qui résulte de la nature même du fait, car celle qui est l'effet d'une mauvaise organisation sociale ou de la négligence des agents du pouvoir, ne doit pas entrer en ligne de compte.

Or, l'impuissance de la justice à punir le délit consommé est une aggravation politique et morale en même temps. C'est une circonstance connue au délinquant ; elle fait partie du but qu'il se propose d'atteindre au moyen du crime. Il sait que si dans le cours de sa tentative il échappe à la justice, il pourra ensuite la regarder en face et la braver impunément. N'est-ce pas là une aggravation politique et morale à la fois ? une aggravation qui imprime à ces tentatives un caractère qui les séparent de toutes les autres ?

Ce qui distingue essentiellement la tentative du crime consommé, c'est la possibilité du désistement volontaire : c'est là un des principaux motifs pour distinguer la peine de la tentative de celle du crime. Or cette possibilité est presque nulle dans les tentaves de cette espèce, surtout lorsqu'elles sont prochaines. Il faut bien se garder de confondre la tentative avec les actes préparatoires.

En effet, la possibilité du désistement, se proportionne, entre autres, à l'horreur que le crime peut
inspirer en le voyant de près, face à face. Mais cette
cause a peu d'influence sur les auteurs de crimes politiques, surtout si l'assassinat, l'incendie ne sont pas
une partie immédiate et directe de leurs projets. Les
uns sont des ambitieux, les autres des fanatiques.
L'envie d'arriver au but *crescit eundo*.

La probabilité du désistement se proportionne
aussi à la crainte de l'éclat qui accompagne la consommation du crime et aux moyens de découverte et
de poursuite qu'elle peut offrir. Or, cette crainte est
à peu près nulle dans les crimes de trahison et dans
ceux qu'on peut facilement soustraire aux regards de
la justice. Ce n'est pas le succès, l'exécution complète qu'on redoute : on n'a peur que des démarches
qui constituent, soit les actes préparatoires, soit les
tentatives. Toutes les fois que cet obstacle est franchi,
on se précipite au contraire vers le but : parce que
c'est là qu'on trouve profit et sécurité.

La probabilité du désistement volontaire étant donc
à peu près nulle, l'obstacle principal qui s'oppose à
ce que la tentative soit punie comme le crime lui-
même disparaît dans l'espèce.

Au surplus, la question est d'une faible importance
pour nous qui regardons la peine capitale comme
une mauvaise peine, surtout pour les crimes politiques qui ne sont pas complexes, qui ne sont pas accompagnés de régicide, d'assassinat, de pillage, d'incendie.

La seconde question : Doit-on punir la tentative

de tout crime et délit quelconque sans exception? est
d'une solution plus facile.

L'intérêt qu'a la société dans la punition des petits
délits est déjà si faible, qu'il devient presque nul, s'il
ne s'agit plus que de simples tentatives. Si d'un côté
on ne peut pas laisser impuni le mal positif produit
par le délit consommé, de l'autre il n'y a nulle convenance à multiplier ces petits procès, lorsque le mal
positif n'a pas eu lieu, et que tout se borne à un danger et à une alarme, si ce n'est imaginaires, du moins
fort légers. Je dis ces petits procès, car comme nous
espérons avoir démontré qu'en général, la tentative
ne doit pas être considérée comme le délit consommé,
il en résulte que la punition de la tentative d'un petit
délit se réduirait à une faible quotité de peine.

Mais quels sont les délits dont la tentative peut demeurer impunie ?

C'est ce qu'il est impossible de dire, sans avoir
égard à des circonstances dont l'appréciation ne saurait être exprimée par formules générales, assez précises pour devenir des principes dirigeants d'une application sûre et facile.

Il y a des actes qu'on ne peut guère considérer
comme des tentatives ; tels sont les actes commis
dans l'emportement de la colère. Ils peuvent être des
délits *sui generis ;* on ne saurait les regarder comme
le commencement d'exécution d'un délit plus grave.
En général, la tentative suppose la réflexion. Ce serait trop de sévérité que de regarder une blessure
portée dans une rixe comme une tentative de meurtre, si réellement la rixe, la colère, la provocation

sont prouvées. Il faut prendre le fait matériel pour ce qu'il est en soi.

Il y a des délits commis de sang-froid, dont cependant la véritable tentative est chose presque impossible; on peut les *préparer*, on peut les *exécuter;* on ne peut guère les *tenter*, du moins d'une manière appréciable, sans les consommer : par exemple, la bigamie, la calomnie, surtout verbale. Il y en a dont la simple tentative est un fait possible, et fréquent même, mais de ces tentatives les unes doivent échapper à la punition sociale par l'exiguité du fait; par exemple, une tentative de vol simple; point de mal matériel, point ou presque point d'alarme; le plus souvent, extrême difficulté de déterminer les caractères du fait criminel, et en conséquence danger grave de ravir l'honneur à un homme déclaré à tort coupable de tentative de vol. D'autres échappent à la justice sociale, parce que cette difficulté d'en faire ressortir le caractère criminel est constante; par exemple, les tentatives d'escroquerie. Il est déjà si difficile, dans un grand nombre de cas, de distinguer l'escroquerie de cette adresse, de cette ruse qui, fort blâmable en elle-même, ne donne pas lieu cependant à une poursuite criminelle ! Appeler des hommes à prononcer sur de simples tentatives d'escroquerie, ce serait faire de la justice humaine un jeu, une arène de métaphysique.

Enfin il y a des tentatives dont il serait aussi cruel qu'imprudent d'occuper la justice et le public : le rapt, l'adultère, certains attentats à la pudeur sont peut-être de ce nombre.

On peut ainsi, en parcourant la liste des délits, signaler individuellement ceux dont la simple tentative ne paraît pas devoir former le sujet de la justice pénale. Mais comment tirer de ces cas spéciaux et de ces motifs divers deux ou trois règles générales, pour les livrer ensuite à l'interprétation judiciaire ! Les dangers de ce travail dépasseraient de beaucoup l'utilité pour ainsi dire scientifique qui en résulterait pour la loi pénale. Ajoutons que ce travail technique serait, peut-être, une des parties les moins stables de la loi, les exigences de la société pouvant facilement apporter des changements à la liste des tentatives punissables.

Dans le Code pénal français, les tentatives de *crime* sont toutes punies ; les tentatives de *délit*, en règle générale, ne le sont pas. Mais d'où sort la distinction du crime et du délit : de là qualité de la *peine*. Rien, dans cette distinction, qui se rapporte directement à la nature des choses ; et, en conséquence, rien de *rationnel* non plus dans l'application de cette distinction à la théorie de la tentative. Aussi les tribunaux peuvent élever, la loi à la main, des questions de tentative, même là où il ne peut pas exister de tentative, ou du moins pas de tentative saisissable par la justice humaine. Il serait trop long de signaler toutes les bizarreries qui peuvent résulter de l'application de cette règle pratique à chacun des crimes ou délits prévus dans ce Code.

Nous pensons que le moyen le plus sûr, le seul qui soit à la fois rationnel et praticable, est d'ajouter à chacun des chefs de la loi pénale les dispositions relatives à la tentative, toutes les fois qu'il s'agit d'un crime dont la tentative doit être punie. On garderait le silence sur les autres chefs. Une disposition générale apprendrait que la tentative ne doit être recherchée et punie que sur le fondement d'une disposition expresse de la loi.

CHAPITRE XXXII.

La tentative suspendue par son auteur diffère de
la tentative manquée ou suspendue par circonstance
fortuite, en ce que dans l'une la volonté de l'agent
est inconnue et dans l'autre elle est révélée.

Dans la tentative abandonnée, c'est un fait connu
et positif que l'auteur a changé de volonté.

Dans l'autre, on ignore quel aurait été le mouvement de sa volonté dans l'instant qui a suivi l'événement fortuit, par lequel son action a été interrompue. Il est possible qu'il n'eût pas continué l'exécution de son crime ; mais tandis que nous ne saurions
connaître quelle aurait été la détermination subsé-
quente de sa volonté, nous savons positivement qu'il
avait résolu le crime et qu'il avait commencé à le
commettre. Aussi nous ne tenons compte de l'élément inconnu, ni pour aggraver ni pour atténuer son
délit. Nous le saisissons au moment où la circonstance
indépendante de sa volonté a suspendu l'exécution
ultérieure de son projet. Ce n'est pas de ce qu'il
avait désiré faire, c'est uniquement de ce qu'il a fait
jusqu'à ce moment que nous lui demandons compte.

Procéderons-nous de la même manière dans le cas de désistement volontaire ? Nous connaissons un fait de plus, tout en faveur de l'accusé, le changement de volonté, l'abandon spontané de son projet. Ce serait ne faire aucun cas de cette circonstance que de demander également compte à l'auteur de cette tentative, de tout ce qu'il a fait jusqu'au moment où il a spontanément abandonné son projet : la justice humaine repousserait-elle la prière du repentir, lors même qu'elle se fait entendre avant la consommation du crime ?

Cette rigueur n'est nullement nécessaire ; elle n'a pas le droit de l'employer. La tentative suivie de désistement volontaire, non-seulement n'a pas encore produit le mal que l'auteur avait en vue, mais elle n'inspire pas même beaucoup d'alarme. L'homme croit facilement au repentir ; c'est un retour sur nous-mêmes ; nous sentons tous combien il nous est nécessaire que le repentir ne soit pas inefficace.

Souvent même la tentative volontairement suspendue demeure inconnue aux individus qu'elle menaçait. Les officiers publics qui auraient à cœur de la révéler et de la poursuivre, se livreraient par cela seul à des recherches inquisitoriales ; ils porteraient, sans motif suffisant, pour un fait très-peu dangereux, le trouble au sein de la paix, l'alarme où règne la sécurité.

Et que présenteraient-ils à la justice pour ses décisions ? Des faits qui, étant demeurés incomplets, sont d'une appréciation difficile et offrent toujours quelques chances d'inexactitude et d'erreur. On ne doit pas, sans nécessité, augmenter les dangers de la justice humaine.

Si ces considérations étaient de nulle valeur, l'impunité de la tentative suivie de désistement volontaire ne serait pas moins réclamée par la raison législative. Car il importe aux individus et à la société qui a le devoir de les protéger, d'arrêter le crime dans son cours, de favoriser le désistement volontaire. Une sanction pénale quelconque contre la tentative abandonnée serait au contraire un aiguillon. L'interruption spontanée du crime est souvent le fait d'un homme encore sensible à l'honneur ou à la pitié. Mais qu'on place devant ses yeux le spectacle d'un procès criminel, qu'on frappe à l'avance ses oreilles de tout le bruit d'une procédure ; la pitié saura se taire et l'honneur sentira que déjà il est perdu.

Au reste l'impunité de ces tentatives est une maxime généralement admise. Quelque sévères que fussent les principes introduits chez les Romains par la loi Cornelia *de sicariis*, il paraît cependant par un passage de Paulus que la tentative de meurtre n'était punie que lorsqu'elle avait été suspendue *casu aliquo*. (Paul., *Sentent.*, 1. 5, tit. 23, § 3.)

A la vérité, le désistement peut dériver de motifs divers ; il peut être l'effet d'un retour à la justice, ou celui de la crainte, d'une crainte réveillée par la timidité naturelle de l'agent, ou par des circonstances extérieures ; il peut consister dans l'abandon absolu du projet criminel, ou dans son ajournement à un moment plus favorable. Dans tous ces cas, la tentative doit demeurer également impunie ; car la justice hu-

maine ne doit pas fouiller dans l'intérieur de la pensée, elle n'en a point les moyens ; elle ne le pourrait
sans s'exposer à trop d'erreurs. Elle ne doit pas non
plus exiger des prévenus qu'ils fassent des preuves
négatives, en leur demandant de prouver qu'il n'y a
pas de suspension fortuite, indépendante de leur volonté, ou bien que le désistement n'était pas purement temporaire. Si d'un côté il serait injuste et absurde d'exiger des preuves le plus souvent impossibles
à former, de l'autre on manquerait par cette mesure
les avantages résultant de l'impunité de la tentative
abandonnée. Faire courir aux prévenus trop de
chances, les assujettir à des épreuves dangereuses,
faire pencher la balance en faveur de l'accusation, ce
serait détourner les auteurs de tentatives de toute
idée de désistement ; or, c'est surtout en faveur des innocents, des individus contre qui était dirigée la tentative, qu'on doit favoriser le désistement volontaire.

On s'est donc écarté du but dans la législation bavaroise, en posant en principe que le désistement volontaire *ne se présume pas.* Il doit au contraire être
présumé toutes les fois que l'accusation ne parvient
pas à prouver que la tentative a été interrompue par
des circonstances fortuites et indépendantes de la volonté de l'auteur.

Au surplus, il est superflu de faire remarquer que
si, par la tentative, l'auteur a déjà produit un délit
sui generis, le désistement volontaire ne peut empêcher la punition de ce délit particulier et déjà consommé. *Nemo enim tali peccato pœnitentia sua nocens
esse desiit.* (L. 65, D. *de furtis.*)

CHAPITRE XXXIII.

DU DÉLIT MANQUÉ.

La seule question qu'on puisse élever au sujet du *délit manqué*, est celle de savoir s'il doit toujours être puni comme le crime consommé.

C'est de l'auteur d'un délit manqué qu'il est exact de dire qu'il a fait tout ce qui était en lui pour exécuter le crime ; l'acte, en ce qui dépend de l'agent, est terminé. La résolution criminelle a pris tout son développement. Plus de désistement, plus de possibilité de repentir avant l'acte.

Il est vrai que l'effet n'a pas répondu à l'intention de l'agent. Est-ce à dire pour cela que le délit manqué pourra être regardé comme la tentative interrompue par une cause fortuite ?

Qu'on se représente un délit dont l'exécution résulte de trois actes successifs : qu'on se représente en même temps un agent arrêté au premier, un autre, au second acte. Ils sont tous les deux coupables de tentative plus ou moins prochaine, et en considérant l'exécution dans son ensemble, dans sa perfection, on peut dire que le fait de chacun des deux agents en est

une partie plus ou moins considérable, mais seulement une partie.

Mais si un agent vient de faire le dernier acte, et
qu'avant d'en connaître le résultat, on demande :
A-t-il consommé le crime? personne ne répondra
que non. Son acte n'est pas une partie de l'exécution,
il en est le complément. Restait-il quelque chose à
faire? non.

L'auteur du second acte, au contraire, s'attend-il
à voir le crime consommé par ce fait? l'expérience
lui a appris que ce résultat est impossible; il a la
certitude physique qu'il faut quelque chose de plus.
Mais l'auteur du dernier acte a la certitude physique
du succès. Si le délit manque, c'est par une cause
placée hors de la prévoyance humaine; c'est un cas
fortuit. Or, a-t-il droit de profiter du cas fortuit?
non; pas plus qu'il n'a l'obligation de répondre du
mal produit par un accident, surtout lorsqu'il n'a
pas été cause de l'accident.

Il est vrai que le mal matériel n'a pas été produit;
mais le fait matériel qui devait le produire est accompli. Le projet criminel est allé jusqu'au bout; plus
de doute sur l'intention. Il y a délit moral ; il y a délit
social et très-grave, car ce n'est pas aux caprices du
hasard que la société peut se confier pour ne pas
craindre les résultats du crime.

Il existe cependant un fait constant, général, un
de ces faits de l'humanité dont le législateur doit
tenir compte, lors même qu'il ne saurait pas en
trouver une explication suffisante. Les hommes ne
confondent pas, n'ont jamais confondu l'auteur d'un

crime manqué avec l'auteur d'un crime consommé.
Il y a plus; cette distinction est sentie intérieure-
ment par les coupables eux-mêmes : tout homme a
pu l'éprouver pour les actes de négligence. Celui qui
par imprudence a failli être l'auteur d'un grand mal,
et celui qui par la même imprudence l'a effectivement
occasionné, n'éprouvent pas le même remords, ils ne
sont pas également troublés. Celui qui, dans l'emportement de la colère, a blessé une personne, et
celui dont le coup, dans les mêmes circonstances, a
manqué son effet, se sentent coupables l'un et l'autre ;
mais le remords du premier est plus cuisant, la conscience du second s'apaise plus facilement ; on dirait
qu'elle a transigé avec l'événement.

D'où vient cette différence de sentiments, tandis
que la diversité du résultat ne dépend nullement de
la volonté de l'agent ? tandis que l'un et l'autre vou-
laient arriver et avaient fait tout ce qui était nécessaire
pour arriver au même but ? D'où vient ce rapport,
cette liaison que la conscience humaine paraît reconnaître entre l'événement et l'immoralité de l'agent ?
plus encore, entre le succès éventuel du fait matériel
et la gravité morale du crime ?

* La tendance de notre esprit à juger de l'importance
des actions humaines par l'événement, se révèle d'une
manière patente toutes les fois qu'on est en présence
de deux faits, dont l'un a causé un mal réparable et
l'autre un mal irréparable. Nous sommes toujours
enclins à l'indulgence lorsqu'il s'agit d'un mal réparable ; le mal irréparable au contraire trouve en nous
des juges difficiles et sévères.

Est-ce cette même distinction, si naturelle à l'esprit humain, du mal réparable et du mal irréparable, qui se montre sous une autre forme, dans la diversité de nos sentiments à l'égard de l'auteur d'un crime manqué et celui d'un crime consommé ?

Quand cela serait vrai, le problème ne serait point résolu ; l'expression en serait modifiée ; la difficulté subsisterait tout entière.

La considération du plaisir illégitime dérivant du délit ne contribue-t-elle pas à la diversité de nos sentiments relativement au délit consommé et au délit manqué ? Si l'expiation doit aussi se proportionner aux jouissances indues que le coupable éprouve ou se procure par le crime, elle doit être moins sévère lorsque ces jouissances, quoique désirées, n'ont pas été obtenues. Dès lors on ne doit pas s'étonner que cette règle de justice morale soit appliquée par le sens commun même à la peine légale.

Une investigation plus approfondie de nos sentiments moraux sur cette matière, nous détournerait trop de notre sujet. Le fait que nous avons énoncé nous paraît irrécusable, et pour le but de notre travail il suffit de l'avoir signalé au législateur.

En effet, comment pourrait-il n'en tenir aucun compte, et mettre ainsi la loi en opposition avec le sentiment universel, et en conséquence, même avec celui des jurés ?

L'opposition est surtout forte lorsqu'il s'agit de peine capitale. La même distinction du mal réparable et du mal irréparable se reproduit ici en s'appliquant à la sanction pénale.

Aussi croyons-nous que, pour certains crimes du moins, et en particulier pour ceux qui sont punis de mort, il est sage d'accorder une diminution de peine à celui dont l'attentat n'a point eu l'effet qu'il en attendait. Qu'il profite aussi, dans une certaine mesure, de la bonne fortune qui a protégé la victime.

CHAPITRE XXXIV.

DE LA PARTICIPATION DE PLUSIEURS PERSONNES AU MÊME
DÉLIT.

On peut participer à un délit de plusieurs manières.
A ne considérer que l'élément du temps, on conçoit
que la participation peut avoir lieu par des actes qui
précèdent, ou par des actes qui accompagnent l'action principale ou qui en font partie, même par des
actes *matériellement subséquents,* mais qui auraient
été promis ou concertés antérieurement au crime.

Il s'est présenté un grand nombre de questions délicates sur cette matière, le plus souvent désignée sous
le nom de théorie de la complicité. Les décisions les
plus diverses se retrouvent dans les livres des criminalistes et dans les lois.

La loi anglaise n'admet point de distinction entre
les coupables ou participants de certains crimes, tels,
par exemple, que celui de haute trahison; et cela,
propter odium delicti.

Mais ce n'est là qu'une exception; car, en général,
cette loi distingue les coupables en *principaux* et
accessoires.

Les premiers sont ceux qui ont pris part à l'*exécution* du crime. Ils sont coupables *principaux* au premier degré, s'ils y ont pris une part matérielle, s'ils

ont été *acteurs* immédiats ; ils sont coupables *principaux* au second degré, s'ils n'ont fait qu'aider ou assister les acteurs immédiats, soit par leur présence, soit autrement, mais toujours dans l'exécution du crime et par un fait matériel.

Sont coupables *accessoirement* tous ceux qui, *avant* ou *après* le fait criminel, y ont participé de quelque manière, en travaillant à le faire commettre ou en donnant des secours au coupable.

Quant à la peine, conformément au principe emprunté aux lois des Goths, elle devrait toujours être la même pour les coupables accessoires que pour les agents principaux. Mais cette règle a été modifiée par des statuts qui ont introduit, dans plusieurs cas, le bénéfice de clergie en faveur des coupables *accessoires*.

Le législateur français n'a point craint de confondre, sous le nom de *complicité*, les espèces les plus diverses de participation à un crime ou à un délit ; et, à quelques exceptions près, il a frappé tous les complices de la même peine que l'auteur principal. On ne peut pas d'ailleurs dissimuler que la jurisprudence des tribunaux a renchéri par ses interprétations et ses doctrines sur la sévérité de la loi.

Cette règle absolue n'a pas été suivie dans le Code bavarois. Le législateur s'est borné à placer sur la même ligne : 1° les *auteurs physiques et immédiats*, les exécuteurs matériels du crime ; 2° ceux qui en ont aidé ou favorisé l'exécution, de manière que sans leur secours le crime n'aurait pas été commis ; 3° ceux qui, dans des vues criminelles, ont poussé les auteurs

du crime à le commettre. Des peines moindres sont
réservées pour ceux dont la participation n'a été ni
aussi active ni aussi directe.

Tâchons de remonter aux principes de la matière,
et de reconnaître ce qu'il y a à prendre ou à écarter
dans les dispositions de ces diverses législations.

Tout crime est le résultat d'une résolution, et d'un
acte physique subséquent. La résolution sans l'acte
matériel, l'acte matériel sans moralité, ne sont pas
sujets à punition.

Cependant, supposons deux hommes dont l'un dé-
libère une action criminelle, sans la commettre, dont
l'autre l'exécute machinalement, ou du moins sans
un concours imputable de son intelligence et de sa
volonté; l'un et l'autre seront-ils dans tous les cas
soustraits à l'action de la justice pénale ? oui, s'il
n'existe pas de lien entre la résolution du premier et
l'action du second, si ces deux actes sont isolés et in-
dépendants l'un de l'autre.

Mais si ce lien existe, si la résolution de l'un a été
la cause plus ou moins immédiate de l'action physique de l'autre ; si un enfant, un fou, poussé par un
homme doué de raison, court mettre le feu aux écu-
ries d'un voisin, l'agent matériel demeurera impuni ;
mais l'auteur de la délibération, sans avoir mis la
main au fait imputé, en est cependant responsable.

Si au contraire le premier auteur d'un projet criminel, étant encore dans un état d'hésitation et de
combat intérieur, laisse connaître ses désirs, son projet, et en même temps ses scrupules et ses hésitations,
à une personne qui prenant immédiatement fait et

cause pour lui, et sans lui demander ni consentement ni conseil, s'en va mettre à exécution le délit projeté, celui qui a conçu le premier la pensée criminelle sera exempt de punition, tandis que l'agent pourra y être soumis. Dans ces deux cas, la responsabilité ne pèse que sur un seul individu.

Mais si l'un conseille le crime, si l'autre, déterminé par ses conseils, l'exécute ; si l'un, au moment de commettre le crime, s'arrête devant un obstacle, si un autre individu lui apprend à l'écarter, et lui donne des secours matériels dans ce but ; il n'est pas nécessaire de prouver que dans ces cas, la responsabilité pénale ne doit plus se borner à un seul individu : il y a évidemment deux coupables. L'un et l'autre ont été cause du crime ; ils sont responsables des effets qu'ils ont produits.

Dans le premier cas, l'un d'eux n'a point contribué au crime par un fait matériel ; dans le second cas, outre le conseil ou l'instruction, il y a eu coopération matérielle. En d'autres termes, il peut y avoir *une participation au crime purement morale* et une *participation physique*. Ces deux sources de culpabilité peuvent se trouver séparées, en ce sens que la première peut exister sans la seconde ; elles peuvent aussi se trouver réunies dans le même individu à des degrés différents.

Mais cette courte analyse prouve en même temps que les degrés de participation, soit physique, soit morale, peuvent varier presque à l'infini. Soit que l'on considère la résolution criminelle, soit qu'on porte son attention sur le fait matériel, comment dé-

terminer le juste degré de culpabilité pour chaque
espèce de participation à la création de l'un ou de
l'autre élément du délit? Comment le déterminer,
a priori, dans le texte même de la loi? Il est presque
impossible de reconnaître à l'avance, soit toutes les
formes que la participation au délit peut revêtir, soit
les circonstances diverses avec lesquelles elle peut se
combiner, circonstances qui peuvent modifier essentiellement la valeur morale de l'acte imputé.

La difficulté de distinguer avec quelque précision
les espèces variées et les divers degrés de participation
au crime, est peut-être une des causes qui ont déterminé plus d'un législateur à n'essayer d'aucune distinction, et à punir les complices de la même peine
que les auteurs mêmes du délit. C'est éviter la difficulté, à l'aide de l'injustice. C'est manquer en même
temps aux règles de la prudence et aux exigences de
l'intérêt social.

Prononcer contre un complice quelconque la
même peine que contre l'auteur du crime, c'est souvent le moyen de contraindre les tribunaux à ne pas
déclarer constant le fait de complicité. C'est encore
un des cas où l'on arrive à l'impunité par la voie de
la terreur.

Il y a plus : les complices forment avec les auteurs du délit une sorte d'association. Convient-il de
rendre égales pour tous les chances de l'entreprise
criminelle? On dirait une loi suggérée par des malfaiteurs. En effet, plus le danger auquel s'exposent
des hommes associés pour un crime est grand, plus
ils tâchent que ce danger soit le même pour tous.

Est-il dans l'intérêt du législateur de seconder ces vues ? Faites au contraire qu'il y ait, aux yeux de la justice, des rôles principaux et des rôles secondaires dans la tragédie du crime. La distribution de ces rôles sera moins facile, souvent la pièce ne sera pas jouée, grâce aux dissensions des acteurs. On accorde quelquefois l'impunité, ou une commutation de peine à un des complices, et cela après la consommation du crime, dans le but d'obtenir des révélations ; mesure que la nécessité peut excuser, mais qui répugne toujours aux âmes honnêtes : elle donne à la justice le secours de la trahison. Cette désunion qu'on sait introduire parmi les auteurs ou complices d'un crime *consommé*, il serait à la fois plus moral et plus utile de la semer parmi les hommes délibérant sur un crime *projeté*.

Il faut donc distinguer entre les divers degrés de participation au crime ; quelle que soit la difficulté du travail, il faut oser l'affronter. Qui voudrait sanctionner par paresse une loi draconienne ?

La participation au crime, avons-nous dit, peut être ou *morale* ou *physique*. Suivrons-nous l'opinion de ceux qui regardent la participation *morale*, même la plus *directe*, comme une participation purement *accessoire* ?

Comme mesure politique, une loi de ce genre ne paraît pas sans quelque utilité. Les inventeurs d'un projet criminel, qui ne peuvent ou ne veulent pas l'exécuter de leurs propres mains, trouveraient plus difficilement des hommes propres à servir leurs passions, si ces hommes savaient qu'ils vont courir un

danger, toujours plus grand que celui auquel s'expose
leur mandat ou leur conseiller. Dans cet arrangement,
l'instigateur se donne pour un lâche ; l'exécuteur est,
ou paraît dupe. Ce sont des rôles que même les hommes corrompus n'aiment pas à jouer.

Mais l'injustice d'une pareille disposition serait révoltante. Comment établir une règle absolue, d'après
laquelle l'homme qui, par son crédit, par son influence, par ses promesses ou par son or, est parvenu
à faire d'un autre homme l'instrument de ses passions, l'homme aussi lâche que scélérat, qui, pour
perdre son ennemi, immole à ses désirs criminels un
autre individu, une autre famille, sera passible d'une
peine moindre que celle de l'exécuteur du crime ?
Ce serait accorder une prime à la plus noire scéléra-
tesse. Si la culpabilité se proportionne à l'importance
du rôle que l'agent a joué, il est évident qu'en plusieurs cas l'auteur du projet criminel est tout aussi
coupable, ou plus coupable encore que l'exécuteur
de l'acte matériel. D'ailleurs, cette loi engagerait le
malfaiteur riche et puissant à chercher des complices,
à communiquer le poison de son iniquité à l'homme
nécessiteux, doué trop souvent d'un courage brutal,
d'un esprit faible et d'un bras vigoureux. Voilà un
mal moral et politique, plus certain que l'espoir de
rendre par cette loi plus difficiles les moyens de trouver des complices.

La découverte du crime devient, il est vrai, plus
facile, lorsque ce n'est pas une seule et même personne qui l'a projeté et exécuté. Est-ce à dire qu'il
faille pour cela favoriser la multiplication des dé-

linquants ? A ne faire même qu'un calcul d'utilité, où serait l'avantage ? Favorisez ce genre de complicité, vous arriverez plus aisément à la découverte de quelques crimes et de leurs auteurs ; mais combien de crimes resteront sans exécution, si ceux qui les ont projetés ne trouvent pas aisément des exécuteurs, ou si l'auteur du projet sait qu'il ne gagnera rien à se donner un complice, que c'est sans aucun avantage qu'il va courir la chance d'être trahi ?

« Le crime n'aurait pas eu lieu sans l'exécution matérielle : » sans doute ; comme l'incendie n'a pas lieu sans feu, ni l'empoisonnement sans poison. Cependant ce ne sont pas le feu et le poison qui sont les principaux coupables. Il n'y a rien que de sérieux dans cette observation ; car l'objection ne tend évidemment qu'à considérer le fait de l'exécution plutôt dans la *matérialité* de ses effets que dans sa *moralité*. L'objection serait d'une grande force, si nous soutenions que l'exécuteur doit demeurer impuni : mais comme, au lieu d'une pareille absurdité, il ne s'agit que de savoir où se trouve le plus de culpabilité, c'est ne rien dire que de rappeler la nécessité du fait matériel pour la consommation du crime. Si le fait *matériel* est toujours nécessaire, la participation *morale* de tel ou tel individu a aussi été plus d'une fois la condition *sine qua non* du crime commis. Et quelque nécessaire que soit l'exécution matérielle, il serait absurde de l'établir comme mesure constante et positive de la culpabilité de son auteur, comparativement à celle du commettant.

Il faut donc remonter à un autre principe, plus

juste et plus vrai que celui tiré de la discussion
entre la participation physique et la participation
morale.

Un père violent et redouté pousse, à l'aide de la
menace, son fils au crime ; le concours du père n'est
que *moral,* mais il n'a pas moins joué un rôle *principal.* Que le mandat criminel soit donné par un individu à un autre individu, sur lequel il n'avait d'ailleurs aucune autorité légale et directe, aucun moyen
d'action inévitable et propre à l'effrayer, le mandat
donné et accepté ne sera qu'un pacte inique librement stipulé entre égaux ; on dira avec raison que le
mandant et le mandataire ne sont qu'une seule et
même personne, dont le mandant représente la tête
et le mandataire le bras. La participation morale et
la participation physique se trouve sur la même
ligne, il n'y a point de rôle *secondaire* dans l'action.
Enfin représentons-nous une femme qui, dans un
accès de fureur causé par les outrages et les sévices
de son mari, apprend un projet de meurtre dressé
contre lui : si dans son égarement elle promet sa
main, sa fortune à celui qui la délivrera du pouvoir de ce monstre, et qu'on s'empresse de la rendre
veuve : certes, il y a deux rôles bien divers. Participation *secondaire* de la part de la femme ; participation *principale* de la part de l'assassin. Non parce
qu'il a *matériellement* commis le crime, mais parce
qu'il en est *moralement* le *principal* auteur, l'agent le
plus redoutable, celui dont l'action inspire le plus
d'alarme.

Tout prouve que la participation au crime peut

être *principale* ou *secondaire*. La raison nous le dit ; les exemples le confirment : la difficulté n'est pas là ; mais dans la désignation des caractères distinctifs de l'une et de l'autre participation.

Commençons par donner des noms différents aux deux espèces de participation. Appelons *codélinquants* les coupables par participation principale ; *complices*, les coupables par participation secondaire.

Est coupable par participation, soit principale, soit secondaire, celui qui, sciemment et volontairement, a contribué d'une manière quelconque à un crime ou délit. Qu'il y ait contribué par des promesses ou par des faits, par des secours indirects, ou par son action immédiate, qu'il ait proposé, facilité le crime, ou qu'il l'ait matériellement exécuté, sa culpabilité peut ne pas être la même dans tous ces cas, mais sa participation au crime, dans un degré quelconque, ne saurait être révoquée en doute.

Maintenant si, en partant de cette notion générale, on parvient à distinguer avec assez de précision les *espèces* qui doivent constituer la participation *principale*, et placer les agents criminels au nombre des *codélinquants*, tout deviendra clair et suffisamment positif. Toutes les espèces de participation non comprises dans cette catégorie, seront secondaires, et ne pourront donner lieu qu'à une accusation de *complicité*.

CHAPITRE XXXV.

La résolution et le fait matériel sont les deux éléments constitutifs du délit. Ainsi tout individu qui
donne *naissance* à l'un ou à l'autre de ces éléments,
contribue d'une manière principale et directe à l'existence du délit. Il en est *cause*. Il peut y avoir en même
temps des facilités secondaires, des inpulsions ultérieures ; mais les éléments constitutifs du délit existent indépendamment de ces impulsions, de ces facilités. Les auteurs de ces faits secondaires auront
approuvé le projet, secondé l'exécution du crime ;
mais ils n'ont rien *créé*. Le crime, peut-être avec moins
de facilité et plus de risque, aurait été également
commis par les *codélinquants ;* il a été, en outre, favorisé par des *complices*. Les *codélinquants* décident
que le crime existera, et ils l'exécutent ou le font
exécuter. Les *complices* accèdent à cette décision, en
facilitent l'exécution ; mais cependant ils ne sont pas
les vrais auteurs du crime. La *résolution* n'est pas
leur œuvre ; l'*exécution* non plus.

Les *codélinquants* sont donc tous ceux qui ont été

les *auteurs* de la *résolution* criminelle ou de son *exécution*.

De là trois espèces de *codélinquants* :

La première embrasse les provocateurs directs, les
auteurs de la résolution criminelle qui, sans concourir à son exécution, ont été cause que d'autres l'exécutent ;

La seconde, les exécuteurs volontaires pour le
compte d'autrui, ceux qui, n'ayant pas été les auteurs
de la résolution, ont *consenti* à exécuter un crime résolu par d'autres.

La troisième comprend ceux qui ont été eux-mêmes
les auteurs et de la *résolution* et de l'*exécution* du
crime. Désignés ordinairement sous le nom *d'auteurs
principaux*, ils sont *codélinquants*, les uns vis-à-vis
des autres.

CHAPITRE XXXVI.

DES PROVOCATEURS.

Nous appelons *provocation* les efforts que fait un individu pour que d'autres exécutent le crime qu'il désire. Ces efforts consistent dans les *motifs* qu'il leur présente pour les déterminer à exécuter le crime projeté. Ces motifs peuvent varier de mille manières : des menaces, des promesses, des instructions, un don, un salaire, l'excitation d'un sentiment, le réveil d'une espérance, etc.

La provocation en elle-même est un acte *préparatoire*.

Qu'on s'arrête à ce point ; que rien de plus n'arrive ; il n'existe pas encore le moindre *commencement d'exécution* du délit provoqué. Comment la criminalité de cette espèce de participation peut-elle se concilier avec la théorie des actes préparatoires ?

Il est évident que si l'on considère la provocation en soi, indépendamment du fait d'exécution, on doit la regarder comme un délit *sui generis*. On pourrait tout au plus lui appliquer, dans quelques cas, la peine du complot. En effet, tant que le fait matériel n'a pas été exécuté, il n'y a qu'un complot ou bien une proposition non agréée.

Si la proposition a été non-seulement agréée, mais mise à exécution, la conscience nous dit que celui qui a été la cause directe du fait doit en être responsable, que l'acte matériel doit lui être imputé. D'un autre côté, n'ayant pas été acteur, il est impossible que le fait soit mis à sa charge en tant qu'acte matériellement exécuté par lui ; il est impossible de partir de cette *imputation* pour remonter à l'intention criminelle de l'accusé. Il faut donc se contenter d'autres moyens de conviction ; il faut chercher ailleurs la preuve qu'il a effectivement voulu ce qu'il n'a pas matériellement fait.

Cela rentre, on ne saurait le dissimuler, dans les exceptions au procédé régulier de la justice humaine en matière d'imputation.

Cette exception est toutefois moins dangereuse que celle du complot. Dans le complot, le crime préparé n'existe point ; dans le cas d'une provocation qui a été suivie de son effet, l'acte matériel existe, quoique exécuté par d'autres que par le provocateur lui-même. Il existe une base, un acte matériel, déterminé, circonscrit, auquel la provocation doit être rattachée. Il y a sans doute quelque danger dans les moyens de l'y rattacher ; mais du moins ce n'est pas à un fait idéal, à un simple projet, déterminé par conjectures, qu'il s'agit, pour ainsi dire, de l'incorporer. S'il y a erreur ou calomnie dans l'accusation à la charge du provocateur, elles sont plus faciles à découvrir ; car on ne peut pas, comme dans l'imputation d'un simple projet, modifier à volonté le crime projeté pour le faire mieux cadrer avec les circonstances de la provocation.

Ces réflexions s'appliquent à toutes les espèces de provocation par actes purement préparatoires.

Il importe que le juge ne les perde pas de vue. Car si le danger est moins grand que dans le cas où les faits matériels n'existent pas encore, il n'est pas moins réel. La justice peut aisément être induite en erreur. Il ne manque pas de scélérats qui, dans l'espoir d'améliorer leur position ou d'alléger leur culpabilité, n'hésitent point à chercher des compagnons d'infortune à l'aide de la calomnie.

Ene fois le fait matériel *exécuté*, la *résolution* prend dans la personne du *provocateur* la valeur *morale* et *légale* du *crime consommé*. La provocation est le *lien* par lequel le *fait d'autrui* se joint et se rattache à la *résolution* du *provocateur*.

De ces observations découlent quelques conséquences importantes.

Et premièrement, il ne serait pas exact de dire que dès le moment où le *provocateur*, un mandant, par exemple, s'est assuré d'un *exécuteur*, le crime projeté doit être censé exécuté, quant à la responsabilité du premier, attendu qu'il a désormais accompli toute son œuvre, et qu'il ne lui reste plus rien à faire. Comment le tenir pour responsable d'un crime dont l'un des éléments constitutifs, le *fait*, n'a point encore reçu le moindre *commencement d'exécution?* Il a fait personnellement tout ce qu'il voulait faire : d'accord, en ce sens qu'on peut le regarder déjà comme coupable de provocation, de complot, dans les cas où il importe de punir ce délit spécial. Mais aucun raisonnement ne peut faire que ce qui n'est pas même commencé, existe ; et il serait aussi inique que ridicule de déclarer un homme coupable d'un crime qui n'a pas eu d'existence. L'imputer au provocateur avant l'exécution, parce qu'il est parvenu à trouver un agent, c'est condamner comme meurtrier l'homme qui vient d'acheter l'arme avec laquelle il se propose d'ôter la vie à son ennemi. L'âge matériel est en effet un instrument du provocateur. Il importe de ne pas confondre deux idées bien distinctes. La peine de la provocation, en tant qu'acte préparatoire et délit *sui generis*, peut, dans certains cas, être une peine grave. Mais doit-on imputer au *provocateur* le crime provoqué, avant que ce crime ait été exécuté ? doit-on imputer l'effet avant que la cause l'ait produit ? Nous ne le pensons pas.

En second lieu, il est évident que la provocation doit être *spéciale*, c'est-à-dire consister dans les efforts directs d'un individu pour que d'autres individus exécutent un crime *déterminé et prévu par la loi pénale*. Il ne saurait y avoir participation principale au crime, sans ce caractère de spécialité ; car le provocateur n'ayant pris, dans l'hypothèse, aucune part au *fait matériel*, sa culpabilité ne peut résulter que de l'autre élément du crime, la *résolution*. Or, où est cette résolution ? à quoi s'applique-t-elle, s'il n'a provoqué aucun crime *déterminé*? Une instigation générale, une provocation à mal faire, une excitation de sentiments haineux, de passions malfaisantes, sont des actes immoraux qui peuvent, dans certains cas, être utilement punis ; mais le caractère de la participation à un crime déterminé manque absolument.

Les espèces les plus frappantes de provocation sont les suivantes :

I. L'ordre, le commandement.

L'ordre donné à quelqu'un de commettre tel ou tel crime, est sans doute la provocation la plus directe qu'on puisse imaginer. Il est difficile de penser qu'un homme, agissant sérieusement, choisisse cette forme de provocation, s'il n'a pas des motifs de croire à la docilité de celui qui reçoit l'ordre, soit que cette docilité dérive de la faiblesse de son entendement, soit qu'elle dérive de la crainte ou de la confiance aveugle que lui inspire la personne dont l'ordre émane. Dans l'un et dans l'autre cas, nul doute sur la culpabilité principale de l'*ordonnateur*.

L'exécuteur, d'après les principes que nous avons posés, est aussi *codélinquant*, à moins qu'il ne se trouve dans un cas particulier de justification ou d'excuse.

Nous ne dirons pas cependant que le degré de culpabilité spéciale de ces deux individus soit exactement le même dans tous les cas. Le principe dirigeant pour l'évaluation de leur culpabilité relative est évidemment celui-ci : La culpabilité de l'homme qui ordonne le crime est en raison directe de son autorité sur celui qui reçoit l'ordre, et du mal qui menace ce dernier, en cas de désobéissance ; pour l'exécuteur elle est en raison inverse de cette autorité et du mal qu'il pourrait raisonnablement craindre en cas de désobéissance.

Ainsi la peine peut varier, être souvent plus sévère pour l'agent moral que pour l'agent physique ; mais comme cependant, malgré ces menaces, ils sont de vrais codélinquants, que s'il y a différence dans le *degré*, il n'y en a point dans la *nature* de leur culpabilité, ces menaces doivent se retrouver dans la *quantité*, plus encore que dans la *qualité* de la peine. C'est le juge qui doit pouvoir choisir entre un *minimum* et un *maximum* fixés par le législateur. Seulement comme les degrés de la culpabilité spéciale peuvent être assez divers, il convient que, pour cette espèce de *codélinquants*, la loi ne resserre pas dans des limites trop étroites le pouvoir discrétionnaire du juge.

La question spéciale de l'obéissance passive, nous l'avons traitée ailleurs. (Liv. II, ch. XIII.)

II. Le mandat.

Il diffère de l'ordre donné. Le commettant n'*impose* pas sa volonté, il en *requiert* l'exécution. Il ne commande pas, il traite.

La notion du mandat est complexe, comme celle du commandement ; elle comprend la proposition du commettant et l'acceptation du mandataire. Tant que la seconde n'existe pas, il n'y a point de *mandat ;* il n'y a qu'une *proposition*.

La proposition du commettant, si elle n'est pas agréée, n'est qu'un acte *préparatoire*, qui n'a pas de suite. Nous avons démontré que cet acte n'est pas de nature à être l'objet d'une sanction pénale.

Quoi qu'il en soit, il est évident qu'il ne peut être question de *codélinquants ;* il n'y a pas même *tentative du crime provoqué*.

En conséquence, si l'individu auquel avait été

adressée la proposition, après son refus, change d'avis, et, sans consulter de nouveau l'auteur de la proposition, exécute le crime, c'est uniquement pour son compte qu'il agit. Ce rapport de cause à effet, qui fait retomber, rétroactivement, à la charge du provocateur les actes matériels de l'exécution et lui en communique la responsabilité, n'existe pas.

Si, au contraire, la proposition faite a été agréée, il y a *mandat*. Le *mandat* n'est encore qu'un *acte préparatoire*, plus dangereux, à la vérité, et plus alarmant que la simple *proposition*.

Si la loi punit le *mandat*, lors même qu'il n'y a pas encore *tentative*, sans doute le mandant et le mandataire sont *codélinquants*, mais du crime spécial, résultant de la proposition agréée, de cet acte préparatoire du crime provoqué, mais non de ce crime lui-même.

En effet, le *mandataire* qui aurait été exempt de punition, même après avoir commencé l'exécution, s'il l'avait ensuite interrompue volontairement, est, à plus forte raison, à l'abri de toute poursuite *pour un crime* dont l'exécution n'a pas été commencée.

Reste le *mandant*. Mais le mandant, nous l'avons déjà fait remarquer, jusqu'au moment où le fait matériel a pris un commencement d'existence, ne peut être coupable que de *résolution*, tout au plus de provocation, en tant qu'acte préparatoire, délit *sui generis*.

Ainsi, l'inaction du mandataire, qu'elle dérive du repentir, ou qu'elle soit l'effet de toute autre cause, doit profiter au mandant, tout comme l'action du mandataire lui aurait été préjudiciable.

Un changement de volonté s'opère-t-il au contraire, non dans la personne du mandataire, mais dans celle du commettant? Dans ce cas, s'il révèle ce changement au mandataire par la *révocation* du mandat, le lien de la solidarité n'existe plus, et si le mandataire, ayant connu à temps la révocation, exécute cependant le crime projeté, il en est l'auteur unique.

Si au contraire le mandataire n'a point connu en temps utile la révocation du mandat, le mandant est responsable du crime exécuté, il en est le *codélinquant;* car il en a été la *cause* sciemment et volontairement. *Imputet sibi,* si son changement de volonté n'a pas été connu à temps. C'est le cas de l'homme qui, après avoir mis le poison à la portée de celui qu'il veut empoisonner, et s'être éloigné, saisi de repentir, revient précipitamment sur ses pas pour empêcher la consommation du crime, et trouve que la potion fatale a déjà porté la mort dans les entrailles de la victime. Le mourant peut lui pardonner ; la justice humaine le condamne.

Enfin, si la proposition a été non-seulement agréée, mais mise à exécution en tout ou en partie, le mandataire sera codélinquant de *tentative* ou de *crime consommé.*

Nous ferons seulement remarquer que l'observation sur les divers degrés de culpabilité et sur la *quantité* de la peine à appliquer, observation que nous avons déjà faite en traitant de la provocation par ordre donné, s'applique également à celle par mandat. ue le mandant soit agité par une passion violente, et que

le mandataire, le voyant dans cet état, accepte de
sang-froid sa commission, par l'attrait des récompenses que le mandant lui promet, sans doute le juge
appliquera le *maximum* au mandataire, et peut-être
témoignera-t-il quelque indulgence pour l'aveuglement du provocateur.

Mais, généralement parlant, le cas du mandat est
un de ceux où il y a le moins à distinguer, aux yeux
de la justice humaine, entre les codélinquants. Le
mandat ne suppose pas, comme l'ordre donné, supériorité d'une part, infériorité de l'autre : ce sont deux
agents parfaitement libres, deux contractants qui sti-
pulent spontanément une convention inique.

Il n'est pas toujours facile de distinguer un *ordre*
d'un *mandat*. Quelquefois la forme de la proposition
est celle d'un ordre donné ; mais les récompenses
promises ou le salaire assigné paraissent la ramener à
la notion d'un mandat non gratuit.

Les questions de détail sur la nature de la provocation, ainsi que l'appréciation des circonstances diverses qui peuvent influer sur le *degré* de culpabilité
de chacun des codélinquants, appartiennent à la pratique plus encore qu'à un traité général sur la doctrine.

Toutefois nous ajouterons, en finissant, quelques
considérations sur une question qui s'est souvent présentée en matière de mandat criminel.

L'exécuteur peut s'écarter du mandat,

Dans le choix des moyens ;

Dans le but définitif ;

Dans l'un et l'autre à la fois.

Plusieurs criminalistes soutiennent à ce sujet une
· doctrine dont la sévérité nous paraît devoir être franchement qualifiée d'injustice. A leurs yeux, le mandant est toujours et complétement responsable du
fait du mandataire. Mais d'après quels principes?

Est-ce eu égard à sa culpabilité? Non; car comment lui imputer un fait qu'il n'a point voulu, et que
probablement il n'a pas même imaginé?

Est-ce en ayant égard au mal produit? Mais il n'est
imputable qu'à ceux qui en sont les auteurs ; le mandant ne l'est pas; pour cela il fallait le vouloir, et
donner commission de l'exécuter.

Enfin, est-ce par les exigences de l'intérêt général? la punition serait impopulaire, révoltante ; et
l'accusé y échapperait le plus souvent par de faux
verdicts. Et comme les jurés peuvent se trouver em-
barrassés à nier le mandat, s'ils déclarent en même
temps la culpabilité du mandataire, il est à craindre
que, pour sauver le mandant, ils n'acquittent le véritable auteur de l'excès du mandat : tandis que l'un et
l'autre subiront la punition qui leur est due, si chacun
d'eux n'est accusé que pour le fait dont il doit être
responsable.

La justice pénale doit donc chercher des règles
moins absolues et plus propres à lui faire rendre des
décisions analogues à la justice morale.

Et 1° quant aux choix des moyens,

Si le mandataire, en s'écartant des instructions du
commettant, n'a cependant commis que le crime
dont l'exécution lui avait été confiée, sans y ajouter
aucune circonstance aggravante, rien n'est changé

dans la position du mandant; il est toujours codélinquant, que le meurtre ait été le résultat d'un coup
d'épée ou d'un coup de poignard.

Si au contraire, par l'emploi de moyens autres que
ceux qu'on lui avait prescrits, le mandataire a changé
la nature du délit voulu par le commettant ; si, au
lieu de commettre un vol simple, il a trouvé des
complices, pris des armes, choisi le moyen de l'effraction et de l'escalade, etc., le mandant ne saurait
être responsable de ces circonstances aggravantes,
mais uniquement de vol simple.

2° Quant au but, c'est-à-dire au délit prescrit au
mandataire.

Si ce qui est arrivé au delà de la commission
donnée était un événement facile à prévoir, et qui
pouvait arriver par la nature même du but prescrit,
le mandant est codélinquant pour le tout : il ne voulait que le délit de blessure grave; la mort en est ré-
sultée ; le mandant subira le sort du meurtrier.

Mais si, ayant reçu la commission de séquestrer
une personne dans un lieu déterminé, l'exécuteur
soumet la personne détenue à des tortures, lui ex-
torque des billets ou des sommes, et finit par lui ôter
la vie, pourra-t-on soutenir que le commettant est
coupable d'assassinat?

Sans doute, le juge appliquera presque toujours au
mandant, en cas d'excès, le *maximum* de la peine
qu'il a encourue par son mandat, parce que lors
même que l'excès n'était pas facile à prévoir, il y a
toujours, outre la culpabilité directe, un certain degré d'imprudence dans cet appel de la force indivi-

duelle au service du crime. Mais de cette imputation
à celle de culpabilité directe, il y a tout l'intervalle qui
sépare le négatif du positif.

3° Enfin, si le mandataire s'est écarté de la commission reçue, également et dans le choix des moyens
et pour le fait définitif, l'imputation à la charge du
commettant sera facilement déterminée, en appliquant à ce cas composé les principes que nous venons d'appliquer à chacun des cas simples dont il se
compose.

III. Conseils, exhortations, instigations.

L'auteur de ces provocations a participé au crime
qui a été l'effet. Mais cette participation est-elle de nature à faire du provocateur un véritable *codélinquant ?*

Nous ne ferons que reproduire ici les principes que
nous avons appliqués aux autres espèces. Le conseil,
l'instigation sont une participation principale au crime,
lorsque de l'ensemble des circonstances il apparaît
qu'ils ont été *la cause* ou *l'une des causes* de l'action
criminelle.

Sera codélinquant le conseiller perfide qui,
voyant les auteurs de la résolution criminelle hésiter,
et reconnaître que de grands obstacles s'opposent à
leur entreprise, s'empresse de les éclairer par des
instructions positives, leur montre les moyens d'exécuter leur projet, et les exhorte à n'y pas mettre de
retard. C'est alors ce que les docteurs ont appelé
consilium vestitum, par opposition à *consilium nu-
dum.*

IV. Promesses de secours.

Celui qui, dans le but de déterminer à l'exécution

d'un crime, promet du secours à l'individu qui se propose de le commettre, devient par sa promesse *codé-*
linquant du crime, si c'est sur le fondement de cette
promesse que l'exécution a été tentée.

Peu importe la nature de la promesse ; peu importe
que la promesse ait été suivie ou non de son exécution, pourvu qu'elle ait été *cause* du crime.

CHAPITRE XXXVII.

DES PARTICIPANTS A UN CRIME RÉSOLU PAR D'AUTRES.

Les exécuteurs d'un crime résolu par d'autres frappent le coup dirigé contre les droits d'autrui. Nul doute que la part qu'ils ont prise au crime ne soit *directe* et *principale*. Ils sont *codélinquants*.

Mais la participation principale par acte *physique* peut aussi avoir lieu par des faits autres que l'exécution proprement dite.

Quels sont les actes *physiques* dont les auteurs doivent être regardés comme codélinquants?

Tous les actes qui ont été *cause* directe du délit, tous ceux sans lesquels l'exécution n'aurait pas eu lieu, ou du moins n'aurait pas eu lieu de la manière spéciale dont elle est arrivée.

Ainsi sont *codélinquants* par participation physique :

1° Ceux qui coopèrent à l'exécution du crime par un fait immédiat et direct, tous ceux qui *font* l'action criminelle ;

Celui qui retient ; celui qui égorge ; celui qui soutient l'échelle ; celui qui saisit les objets du vol ; celui qui force la serrure ; celui qui pénètre dans la maison et dérobe; celui qui, posté en sentinelle, surveille les approches ; celui qui arrête les chevaux ; celui qui se présente armé à la portière de la voiture, et demande la bourse, et ceux qui, sans rien faire ni rien dire, prêtent leur présence pour faire nombre et effrayer les voyageurs, sont tous *codélinquants*, les uns de meurtre, les autres de vol avec escalade ou effraction, les derniers de brigandage;

2° Ceux qui, par un fait matériel, de quelque nature qu'il soit, prêtent une aide pour l'exécution du crime, telle que, sans leur fait, le crime, dans sa spécialité, n'aurait probablement pas été commis.

Des rebelles s'emparent par un coup de main d'une place forte, en se dirigeant d'après les signaux que leur a faits un employé du génie militaire ; cet employé est *codélinquant*.

Le domestique qui remet à des voleurs les clefs de la maison de son maître; celui qui, pendant que son maître enlève une personne, lui garde, près de là, une voiture, les chevaux, les déguisements nécessaires à la consommation du crime ; celui qui recèle les coupables ou les instruments ou les produits du crime, mais en conséquence d'une promesse antérieure, et d'une promesse faite aux auteurs du projet criminel en les voyant arrêtés dans l'exécution par la crainte de la découverte, sont tous des *codélinquants*, par participation *physique*, quoiqu'ils ne soient pas intervenus, quoiqu'ils n'aient pris aucune part aux actes constituant le délit.

Lorsque le ravisseur rejoint le relais gardé par son domestique, la fille mineure a déjà été déplacée du

lieu où elle avait été mise par ceux à l'autorité desquels elle était confiée. Si le ravisseur était arrêté à
cinq pas du relais, il n'en serait pas moins condamné
pour enlèvement de mineure; aussi le gardien du
relais n'est-il pas, à proprement parler, un *exécuteur*
du crime; mais il est cependant *codélinquant* par
acte physique du second chef, pour secours tels que
le rapt très-probablement n'aurait pas eu lieu, du
moins ce jour, et de la manière dont il a été exécuté,
sans la certitude qu'avait le ravisseur de trouver un
relais à peu de distance du lieu de l'enlèvement.

Tous ces agents, quand même ils auraient agi pour
le compte d'autrui, et n'auraient pris à la résolution
du crime d'autre part que celle d'en avoir été informés,
et d'y donner cette approbation qu'un mandataire
donne à un mandat qu'il accepte, un domestique à
l'ordre qu'il exécute, un ami à la commission dont il
se charge, n'en sont pas moins *codélinquants*.

CHAPITRE XXXVIII.

Nous ne ferons aucune observation spéciale sur cette espèce de *codélinquants*. Il est trop évident que tous ceux qui participent d'une manière directe et à la résolution et à l'exécution du crime, ne sauraient être placés en des classes différentes. Lors même qu'un ou plusieurs d'entre eux auraient, pour ainsi dire, trouvé la résolution déjà toute formée par les autres, s'ils l'ont librement adoptée pour leur compte, et s'ils ont pris le parti de coopérer à l'exécution, ils sont devenus des associés et de vrais codélinquants. La moralité de l'action individuelle peut ne pas être la même pour tous : le premier auteur de la résolution, celui qui a proposé aux autres son projet et ses plans, sera probablement celui sur qui pèsera la plus haute responsabilité morale. Mais il n'est pas donné à la justice humaine d'approfondir les mystères de la conscience, au point d'établir pour ces nuances des *classes* différentes de culpabilité. S'il est aussi injuste que dangereux de frapper de la même peine toute espèce de participation au crime, il ne serait

ni moins dangereux ni moins injuste en pratique,
d'établir un trop grand nombre de subdivisions,
tirées de nuances morales impossibles à bien caractériser. En supposant à l'œil humain plus de perspi-
cacité et de justesse qu'il n'en possède, on ne le rend
pas plus clairvoyant : la multiplicité des détails le
fatigue, et bientôt il ne voit plus qu'à travers un
voile qui lui fait porter des jugements hasardés et
contradictoires. D'ailleurs le législateur n'a ni le
besoin ni le droit de scruter à fond la perversité morale
de l'agent et d'atteindre par la sanction pénale la dernière limite de la justice absolue. La même *espèce*
de peine peut donc être appliquée à tous les auteurs
principaux.

CHAPITRE XXXIX.

DES COMPLICES.

Ainsi que nous l'avons déjà expliqué, sont *complices* tous ceux qui ont participé au crime, sans cependant y prendre cette part directe qui caractérise les *codélinquants*.

Le complice *provoque*, mais par une impulsion *accessoire*, et qui, seule, n'aurait pas produit d'effet : il *aide*, mais non par des actes constituant l'action criminelle, ou indispensables à l'exécution de cette action.

La complicité peut aussi avoir lieu par participation *physique*, et par participation *morale*.

Ceux qui se bornent à approuver, à encourager les auteurs d'un projet criminel, ceux qui ne donnent aux auteurs de ce projet que des conseils, ou qui ne leur adressent que des exhortations tendant à les confirmer dans leur dessein, sont *complices* par participation *morale;*

Ceux qui vendent *sciemment* des objets pour servir à l'exécution du crime projeté, sans cependant avoir pris part à la résolution criminelle, et des objets dont le délinquant aurait pu à la rigueur se passer ou se pourvoir ailleurs ;

Ceux qui, sans y prendre aucune part, louent sciemment un local à une association criminelle ;

Ceux qui recèlent les objets ou les instruments du crime, ou qui donnent asile aux malfaiteurs, en vertu d'une promesse antérieure, sans toutefois que cette promesse ait été la cause déterminante de l'exécution du délit.

Sont *complices* par participation *physique*.

Le *complice*, par la nature même des choses, ne doit subir qu'une peine de beaucoup inférieure à celle qui est réservée aux auteurs principaux et aux codélinquants. La loi doit en outre laisser au juge un pouvoir discrétionnaire assez étendu pour qu'il puisse proportionner la peine à la culpabilité relative de chaque prévenu. Cette culpabilité est quelquefois minime au point que la justice sociale peut, sans inconvénient, négliger de punir le complice.

CHAPITRE XL.

OBSERVATIONS GÉNÉRALES.

1° De la théorie que nous venons d'exposer, il résulte qu'*en pratique* la distinction entre les *codélinquants* et les *complices* dépend toujours d'une question de *fait*.

Le législateur ne peut établir que des principes dirigeants. La loi serait tyrannique ou incomplète, si elle descendait aux détails.

2° S'il aspire à une plus grande précision, et s'il désire partager le pouvoir discrétionnaire entre les juges du fait et ceux du droit, le législateur peut établir, et nous croyons avec quelque avantage, qu'il y aura un premier et un second degré, soit de *codélinquence*, soit de complicité, et que, soit dans l'accusation, soit dans la déclaration définitive, on devra exprimer l'un ou l'autre de ces degrés.

3° Il est inutile de faire remarquer de nouveau, que la théorie des *codélinquants* et celle des *complices* est intimement liée à celle de l'imputabilité et de l'imputation. Il ne suffit pas d'un fait matériel ; il faut aussi le concours de l'intelligence et de la volonté de chaque agent, pour que la *criminalité de l'acte se communique* à tous les participants au crime.

D'où résulte la règle qui exige dans le participant, non-seulement la connaissance *préalable* du crime projeté, mais aussi,

4° Celle des circonstances *aggravantes*, ou des délits *spéciaux* qui ont accompagné le délit principal.

Nous sommes entrés dans les détails au sujet du mandat.

5° Il en résulte aussi que les *aggravations* et les *atténuations* qui dérivent des qualités ou rapports personnels sont *incommunicables*, et demeurent à la charge ou à la décharge de celui seulement d'entre les participants qui en est l'objet.

Le mandataire d'un *parricide* ne peut être coupable que de meurtre ou d'assassinat, lors même qu'il savait que la victime était le père du mandant. Par l'acceptation d'une pareille commission, il a sans doute témoigné une plus grande perversité, mais on ne peut cependant pas lui imputer un *parricide;* en levant son bras, il n'a pas eu l'obstacle moral de la paternité à vaincre.

Le meurtre commis par le mari sur la personne du complice de sa femme surpris en flagrant délit, est *excusable*. Mais point d'excuse pour celui qui se serait rendu *codélinquant* du mari; il est étranger aux sentiments qui ont pu, dans cet instant, agiter le mari offensé.

6° Dans les délits instantanés, provenant d'un mouvement imprévu, sans délibération précédente, on ne doit, rigoureusement parlant, reconnaître ni *codélinquants* ni *complices*. La culpabilité d'un agent n'a pas pu se communiquer à l'autre; point d'association, point d'intelligence, ni de pacte qui rende commune à tous la même action criminelle. Si plusieurs personnes ont agi, il y a autant de délits distincts, plus ou moins graves, qu'il y a eu de faits individuels. *Si rixâ percussus homo perierit, ictus uniuscujusque in hoc collectorum contemplari oportet*, L. 17, D. ad L. Corn. de sicar.

7° Une autre conséquence non moins évidente, mais d'une plus grande importance, est celle-ci : Un fait quelconque, postérieur au délit, ne peut être ni un fait de *codélinquence*, ni un fait de complicité. Il y aurait contradiction manifeste dans les termes. Il est impossible de coopérer ou de prendre une part quelconque à un acte déjà consommé. S'il y a délit dans le fait postérieur, ce ne peut être qu'un délit *spécial*.

L'opinion contraire étant une erreur grave par ses conséquences, et qui a trouvé de nombreux défenseurs, il ne sera pas hors de propos de l'examiner de plus près.

Les faits *postérieurs* qu'on a voulu classer parmi les faits de complicité sont, les uns, des actes *moraux*, les autres, des actes *physiques*.

On cite dans la première classe l'approbation, et plus spécialement encore la ratification (*ratihabitio*) de l'action criminelle. Par la ratification, son auteur prend, pour ainsi dire, le délit pour son compte, et laisse entendre que si on l'eût consulté avant de le commettre, il en aurait ordonné l'exécution. La ratification prendrait un plus haut degré de gravité, si celui qui ratifie donnait en même temps un prix, une récompense, des secours, un asile à l'auteur du crime. Il y aurait alors *acte moral* et *acte physique* à la fois.

Mais quelque soin qu'on prenne de noircir le fait de la ratification, peut-on jamais affirmer que ce fait ait contribué en rien à la résolution ou à l'exécution d'un crime, consommé lorsque l'auteur de la ratification était dans l'ignorance de la chose, et que les auteurs du crime ne connaissaient nullement ses intentions ?

L'auteur de la ratification est sans doute un homme immoral, mais le Tout-Puissant lui-même ne saurait le faire coopérer aujourd'hui à ce qui a été fait et consommé hier.

D'ailleurs, en admettant que la ratification prouve, jusqu'à un certain point, que son auteur désirait, déjà antérieurement, le crime qui a été commis à son insu, qui peut assurer que, s'il se fût trouvé en présence du fait criminel, il aurait persisté dans ce désir ? On peut approuver un fait consommé êt désormais irrévocable, on peut en profiter, et cependant on aurait peut-être reculé devant ce même délit au moment où il allait être exécuté.

Ce sont les commentateurs du Droit romain qui ont mis en avant l'erreur que nous combattons. *In maleficio ratihabitio mandato comparatur.* Tel est le texte de la L. 152, § 2, D. de regul. Juris. — L. 1, § 14, D. de vi et de vi arm.

En faisant une application générale des paroles de la loi romaine, ils ont établi comme principe que la ratification était un acte de *complicité* comme l'*ordre* et le *mandat*.

Seulement ils ont bien voulu excepter de la règle générale les délits qu'on ne peut pas faire commettre par un autre, tels que l'adultère; nouvelle preuve de la servilité avec laquelle ils expliquent les paroles *mandato comparatur*. Ils supposent donc qu'effectivement la *ratihabitio* revêt, même en Droit pénal, la nature du *mandat;* car s'ils la punissaient comme acte *sui generis*, et qu'ils ne la comparassent au mandat que sous le rapport de la pénalité, il n'y aurait pas plus de raison d'en excepter le délit d'adultère que tout autre délit. Il n'est pas moins immoral d'approuver formellement et d'encourager ainsi ceux qui portent le déshonneur dans une famille, que ceux qui la troublent dans la possession de ses propriétés. C'est en prenant la *ratihabitio* pour un *mandat au pied de la lettre* qu'il devient en effet ridicule de supposer que l'homme déterminé à commettre un adultère charge quelqu'un de le remplacer. On a senti cette absurdité ; mais on n'a pas senti qu'il n'était pas moins absurde de regarder un individu comme complice d'un fait déjà consommé à son insu.

Quelles que soient les expressions employées par Ulpien, auteur du fragment cité, en écrivant son commentaire sur l'édit du préteur, le bon sens commande de ne les appliquer qu'aux intérêts pécuniaires, qu'à l'action en dédommagement au profit de la partie lésée.

Alors tout s'explique, et le sens du fragment est raisonnable. Un tiers, sans me consulter, a violemment troublé mon voisin dans la possession paisible de son bien ; il l'en a expulsé en mon nom et dans mon intérêt. Au lieu de le désavouer, je m'empresse de profiter de son acte ; j'occupe le fonds vacant ; je ratifie l'expulsion : quoi de plus naturel que de me soumettre aux chances fâcheuses *(damnum)* d'un fait dont je me suis approprié les chances utiles *(lucrum)*? Le fait a été exécuté pour moi, je l'approuve, j'en profite ; en revanche, je dois payer la dette qui en résulte. C'est le cas de celui qui approuve un achat fait à son insu, pour lui, et qui se met en possession de la chose achetée. Il est évident qu'il doit en payer le prix.

Mais on ne peut pas accepter de la même manière les conséquences pénales d'un fait d'autrui, exécuté à notre insu, et se constituer à son gré coupable d'un crime auquel on n'a aucunement coopéré. La société ne punit pas parce qu'on a *trouvé bon* le délit, mais parce qu'on l'a commis.

Elle ne doit demander compte de la *simple* approbation postérieure, pas même comme fait *sui generis*. Car, d'un côté, c'est un acte immoral qu'elle n'a pas un grand intérêt à rechercher et à punir, et de l'autre, la recherche de ces faits pourrait ouvrir la porte à un grand nombre de vexations et d'abus, surtout en matière de délits politiques.

Nous terminerons cette observation en faisant remarquer que la doctrine que nous soutenons paraît pouvoir s'appuyer de l'autorité de la loi 13 *in princ.* D. *de his qui notant. infam.* On voit par ce texte, que, pour l'application d'une sanction pénale, les Romains aussi considéraient le temps où le délit avait reçu son exécution. « Quid ergo si non ducere sit passus, sed posteaquam duxit, ratum habuerit : utputa initio ignoravit talem esse, postea scit ? *Non notabitur*. Prætor enim *ad initium nuptiarum* se retulit. » L. 13 *in princ*. D. de his qui not. inf.

Parmi les actes *physiques* postérieurs au crime, les plus remarquables sont :

Les secours donnés au coupable, pour le soustraire aux recherches ou à l'action de la justice ;

Le recèlement des instruments du crime, ou autres objets pouvant en amener la découverte ;

Le recèlement des objets enlevés ou obtenus à l'aide du crime.

Nous ne répéterons pas combien il serait absurde et contradictoire de ranger ces faits parmi les actes de complicité.

Ces actes peuvent sans doute être punis. Dans quels cas, à quel degré ? nous l'examinerons en traitant de chaque espèce de *délits en particulier*.

Mais il est facile de comprendre que leur criminalité peut différer du tout au tout de celle du délit commis antérieurement à ces actes. Si, pour soustraire à l'action de la justice un individu coupable d'injure et passible de quelques jours de prison, des hommes s'ameutent, s'arment, se donnent un chef, résistent à la force publique, l'outragent, la désarment, ils encourent sans doute une peine *autre* que celle de l'auteur de l'injure, en supposant que celui-ci n'ait nullement participé à la rébellion. Qu'un misérable qui s'enfuit, couvert du sang versé par sa main par-

ricide, excite par son même égarement la pitié ou la
crainte chez un paysan qui consent à lui donner
d'autres habits et à le cacher dans sa grange ; sans
doute ce paysan a recélé un grand criminel ; le fera-
t-on pour cela périr comme un assassin ? dira-t-on
pour cela qu'il a été complice du parricide ? et, à ne
considérer que la seule pénalité, peut-il y avoir
quelque rapport entre celle du parricide et celle du
recéleur ?

La seule considération des énormes disparates
qu'il peut y avoir entre le fait imputé à celui qui a
reçu le secours, et le fait imputable à celui qui l'a
donné, aurait dû suffire pour faire comprendre qu'il
n'existe point entre ces faits ce lien intime qui attache l'un à l'autre tous les actes de complicité. La
raison en est simple : tous les faits de complicité ne
sont qu'autant de moyens tendant, plus ou moins directement, à un seul et même but. C'est dans cette
convergence qu'est leur lien ; mais le fait du parricide
et celui du paysan qui le recèle n'avaient pas la
même tendance, le même but ; l'un a tué son père,
l'autre veut sauver, à tort si l'on veut, la vie de son
semblable. L'un a porté atteinte à la vie d'un individu, que l'autre probablement, s'il eût été présent,
aurait sauvé au risque de perdre la sienne.

La convergence vers le même but paraît, il est
vrai, exister dans une classe de faits postérieurs ; je
veux parler du recel des objets volés. On peut dire
dans ce cas : Quel était le but du voleur ? de s'appro-
prier le bien d'autrui ; et celui du recéleur ? de s'ap-
proprier une partie du même bien. On pourrait ajou-

ter que le recéleur, en cachant l'objet volé, aide à
la véritable consommation du crime.

Le législateur français s'est empressé de saisir cette
idée ; du moins nous aimons à supposer qu'il a été
mu par cet argument, qui est le plus plausible qu'on
puisse alléguer en faveur de son système.

Ainsi, tandis qu'il n'a pas eu le courage d'étendre
le principe de la complicité au recel des cadavres
(art. 359), ni à celui des personnes (art. 248), à
moins qu'il n'y eût *habitude*, ce qui équivaut, jusqu'à un certain point, à une *promesse antérieure*
(art. 61) ; tandis que, pour ces deux espèces de recel, il a suivi la saine doctrine, qu'il en a fait deux délits distincts, et qu'il les a placés sous les chefs auxquels ils se rapportent dans la classification adoptée
dans le Code, il n'a pas hésité à placer le recèlement
des objets obtenus à l'aide du crime sous le chef de
la complicité (art. 62).

Mais à quelles conséquences n'a-t-il pas été entraîné, en suivant la lueur trompeuse d'une analogie
purement apparente ? celui qui a fait recéler, *par un
motif quelconque*, même pour gagner une somme
d'argent, le plus abominable scélérat, un parricide,
un assassin, un incendiaire, un empoisonneur, celui
qui cache le cadavre de la victime du délit, ne pourra
être condamné qu'à deux ans de prison ; il pourra
ne l'être qu'à quelques mois (art. 248 et 359). Le
recéleur du moindre objet volé pourra être condamné à la déportation, aux travaux forcés, même
à perpétuité, à la mort (art. 62 et 63) ! pourvu qu'il
soit convaincu d'avoir connu, au moment du recel,

que le vol a été commis à l'aide d'un crime emportant la peine capitale. Dans ce cas (la conclusion serait risible, si elle n'était pas affreuse) le recéleur devient donc en quelque sorte complice de meurtre ?
en apprenant qu'un homme a été tué, *il a donc contribué à le tuer ?* C'est la conclusion qui résulte naturellement des articles cités, articles que les tribunaux ont dû trop souvent appliquer. Un homme puni
comme complice de meurtre, parce qu'il en est in-
formé ! complice de meurtre, parce que, dans sa cupidité, il profite d'un crime qu'il n'est plus en son pouvoir d'empêcher ni de défaire ! La fiction est forte,
surtout lorsqu'on veut s'en servir pour envoyer un
homme à l'échafaud !

Au surplus, le législateur n'a fait que se traîner
sur une vieille erreur de la législation française.
Montesquieu l'avait signalée. Malheureusement les
compilateurs du Code pénal ont paru plus d'une fois
vouloir se faire un mérite de ne point écouter les
avertissements de ce grand homme. Voici ses paroles : « Parmi nous, la peine du vol étant capitale, on
n'a pas pu, sans outrer les choses, punir le recéleur
comme le voleur... L'un empêche la conviction d'un
crime déjà commis, l'autre commet ce crime : tout
est passif dans l'un ; il y a une action dans l'autre : il
faut que le voleur surmonte plus d'obstacles, et que
son âme se raidisse plus longtemps contre les lois. »
(*Esprit des lois*, liv. XXIX, chap. XII.)

C'est là ramener en peu de mots la question à ses
vrais principes. Le recéleur, quoi qu'on dise, n'est
pas complice du vol ; le vol est consommé sans lui

et à son insu. Il est encore moins un meurtrier.

Le plus souvent le recéleur profite, il est vrai, de la chose volée : dans ce cas, le délit spécial de recel augmente en gravité ; mais sa *qualité* ne change point. « Il empêche le propriétaire de retrouver son bien. » On n'est pas voleur pour cela. Condamnez-vous comme complice de vol celui qui, connaissant l'endroit où la chose volée a été cachée, ne le révèle pas? Et celui qui recèle la personne du voleur, le plus souvent empêche par là le propriétaire de récupérer la chose volée; cependant il n'a pas été regardé comme complice (art. 248, C. P. français).

Que penser d'ailleurs d'une loi qui ne distingue point, qui englobe tous les cas sous une disposition absolue : *recéleur de chose volée, donc complice?* Et si le recel eût été accordé sans profiter en rien de la chose volée; s'il eût été accordé par pitié, par faiblesse, par la crainte de découvrir le coupable en ne cachant point le résultat du crime; s'il l'eût été accordé par un ami, par un parent [1]; s'il l'eût été dans le but de rendre à leur propriétaire, après un certain laps de temps, et avec les précautions requises pour la sûreté du criminel, les choses volées, pourrait-on toujours présumer cette identité d'intention entre le voleur et le recéleur, qui les a fait placer sur la même ligne ?

On a cité le droit romain, et en particulier la

---

[1] Nous ne voyons pas qu'on ait introduit pour le fait du recèlement des objets volés une exception en faveur des parents, analogue à celle qu'on a introduite pour le délit de non-révélation, et pour celui de récel des coupables.   (*Note de l'auteur.*)

L. 4. D. *de receptatoribus,* et la L. unic. C. *de rapt.*
virg. En supposant même que la première de ces
lois s'étende à toute espèce de recel, et non uniquement à celui de la personne du délinquant, et que
la seconde ne soit pas une loi exceptionnelle, enfantée
par la colère impériale, on peut en citer d'autres où
la peine est différente. On a essayé divers systèmes
pour concilier ces lois ; on a dit, entre autres, que
la peine n'était la même que lorsque entre le coupable et le recéleur il y avait eu *societas scelerum.*
D'autres ont fait remarquer que le vol *nec manifes-
tum* n'était, chez les Romains, qu'un *délit privé,* et
que toute la peine consistait en une condamnation
in duplum. Dès le moment que la peine du vol n'est
au fond qu'un *dédommagement,* on conçoit que le
recéleur soit responsable tout comme le voleur,
vis-à-vis de celui dont il retient et cache le bien.
Tant qu'il ne s'agit que d'argent, l'assimilation n'a
rien qui choque, mais la conscience ne consent pas à
l'étendre à toute sorte de peine.

8° Il résulte de la même théorie, que si le fait
postérieur n'a été que l'accomplissement d'une promesse, d'un accord, d'une espérance donnée antérieurement au crime, il peut y avoir, selon les circonstances, codélinquence ou complicité. La raison
en est palpable, et ce n'est point une exception aux
principes que nous avons posés. Dans ce cas, le véritable fait de complicité n'est point l'acte matériel et
postérieur, mais la promesse antérieure au crime. Le
fait postérieur doit plutôt être regardé comme un des
faits matériels qui révèlent la complicité.

9° Enfin, il en résulte que ce qu'on a appelé, par la réunion de deux mots étonnés de se trouver ensemble, le *concours négatif*, ne peut être un élément de participation au délit.

Le concours négatif peut se vérifier,

Par le non-empêchement, ou par la non-révélation du crime projeté.

Dans l'un et l'autre cas, la société a-t-elle droit et intérêt à punir? Dans quelles circonstances, dans quelle mesure? C'est ce que nous examinerons en traitant des délits en particulier.

Mais lors même que ces deux *omissions* seraient placées au nombre des délits, il est évident qu'elles ne peuvent jamais être considérées comme des actes de complicité. La conscience et la logique sont d'accord. On ne peut pas dire que l'inaction et le silence aident ou provoquent la perprétration du crime. On peut encore moins supposer que celui qui ne l'empêche pas ou qui s'abstient de le révéler, soit animé du désir de le voir mettre à exécution et qu'il s'associe en quelque sorte au projet criminel. L'inaction et le silence peuvent dériver d'une tout autre cause. S'il y a délit, c'est un délit *sui generis*.

LIVRE TROISIÈME

DE LA PEINE.

CHAPITRE I.

NATURE DE LA PEINE.

La peine en soi est un mal qui retombe sur l'auteur d'un délit et en raison du délit.

La peine, proprement dite, est la souffrance que le pouvoir social inflige à l'auteur d'un délit légal.

La peine en soi est le genre; la peine sociale est une espèce.

La première frappe l'auteur de toute infraction de la loi morale; la seconde, ceux-là seulement qui violent la loi positive.

La première est nécessairement juste en soi, la seconde peut être injuste. Le pouvoir social peut se tromper.

Elle serait intrinsèquement injuste, si elle dépassait la mesure de la peine due par la justice morale; mais elle peut, elle doit souvent lui être inférieure.

Elle serait injuste, si elle ne frappait pas l'auteur
d'un délit.

Elle serait injuste, si, dans le but de contenir les
malfaiteurs, on l'étendait directement aux innocents.

La peine doit être une souffrance, grave ou légère,
peu importe.

En conséquence, elle doit enlever ou diminuer,
temporairement ou à jamais, un bien auquel l'opinion
commune attache quelque importance.

Les moyens de punition sont donc les biens dont
l'homme jouit ou qu'il espère.

Tel est le principe général.

Mais tout moyen doit être légitime en soi, et utile
pour le but qu'on se propose d'atteindre.

Devrait-on condamner une femme à se prostituer,
quelque utile, quelque préventive que cette peine pût
être en tel ou tel pays?

En supposant que l'interdiction de certains droits
civils soit une peine légitime en soi, est-il prouvé
qu'elle est nécessaire, utile du moins?

Il restera donc à examiner quelles sont les peines
légitimes en soi et utiles en même temps.

CHAPITRE II.

La sanction pénale est le complément de la loi.

L'application effective de la peine aux coupables, est l'accomplissement de la justice sociale.

Pourquoi la loi pénale? pourquoi vouloir que justice se fasse? Pour conserver et protéger l'ordre social. Nous l'avons démontré dans le livre I. C'est là le but final et le principe de la légitimité de la justice humaine.

Qu'on nous permette de rappeler ici en peu de mots quelques-unes des notions fondamentales que nous avons exposées ailleurs.

Nous nous flattons d'avoir démontré qu'assigner à la peine considérée isolément, comme un fait matériel, un but propre et final, c'est faire abstraction de la justice; car la crainte, l'exemple, la contrainte, lorsqu'on se les propose pour but unique et final, ne repoussent point, de leur propre nature, l'emploi de moyens injustes ou excessifs.

« Ne punissez pas le vol, vous multipliez les voleurs. » Qui l'a jamais nié? La peine est préventive.

— C'est dire que le fait de la sanction pénale et celui de la punition produisent des *effets*, et qu'un de ces effets, l'effet le plus important, est de prévenir un nombre plus ou moins grand de délits semblables.

« Vous ne punissez pas un délit, si vous n'avez pas l'espoir de prévenir par ce moyen le renouvellement trop fréquent du même fait. » Nous en convenons. C'est dire que la justice humaine est sans droit, lorsqu'elle ne trouve pas dans les effets de la peine les moyens d'atteindre son but, la protection de l'ordre social.

« Ce n'est donc qu'une question de mots. » Nous le voudrions, dût le blâme d'avoir élevé une question de mots retomber entièrement sur nous !

Ceux qui soutiennent que le but *unique, final, absolu* de la peine, celui qui *seul* légitime la justice sociale et fixe l'étendue de ses pouvoirs, est de prévenir les délits par la crainte, par l'exemple, ajoutent-ils en même temps ces paroles : « Bien entendu cependant que, en aucun cas, sous aucun prétexte, quel que soit le besoin qu'on allègue, on ne dépassera les bornes de la justice morale : » dans ce cas, il n'y a plus en effet entre eux et nous qu'une diversité d'expressions.

Mais il y aurait dans le langage opposé au nôtre, une sorte de contradiction dans les termes. Qu'est-ce qu'un but unique, final, absolu, et en même temps subordonné à un principe supérieur et inviolable ?

Quoi qu'il en soit, si au lieu de dire, comme nous avons dit, que c'est la justice sociale qui a un *but* propre et final, et que le fait de la peine produit des *effets*, au moyen desquels la justice atteint le but que le devoir lui impose, on préfère dire : le *but final* de la justice humaine est le maintien de l'ordre, la protection du droit; le but de la peine, en tant que moyen de justice, est la contrainte morale, l'exemple, etc. ; on peut souscrire à cette forme d'expression. Elle est, ce nous semble, à l'abri de tout reproche.

Mais encore une fois, la justice est une. On peut la concevoir se développant dans toute son étendue, ou n'agissant que partiellement; on ne peut pas la concevoir abandonnant ses principes immuables pour se soumettre complétement à l'empire des faits.

Qu'on assigne à la sanction pénale, au jugement, à la punition, à chacun de ces faits considérés séparément, tel but qu'on voudra, une discussion sera d'une importance secondaire, pourvu qu'on ne cesse pas un instant de les envisager comme trois éléments de la justice, ne pouvant, quel que soit le but qu'on leur assigne, se mouvoir que dans son orbite, sous le frein de ses lois, lois contenues dans ce principe éternel et immuable : le mal rétribué pour le mal, à l'auteur et en proportion de ce mal.

CHAPITRE III.

EFFETS DE LA PEINE.

Les effets de la peine sont divers.

I. *En tant que menace*, ses effets principaux sont, l'instruction et la crainte.

1° La sanction pénale est instructive comme manifestation immédiate et impérative des lois de l'ordre moral, dans leurs rapports avec l'ordre politique.

C'est l'enseignement que le législateur adresse au peuple.

L'instruction donnée par le législateur opère de deux manières : comme enseignement moral et comme avertissement.

L'enseignement moral est souvent inutile. La loi qui défend le meurtre dit ce que tout le monde sait.

Il n'en est pas de même de celle qui punit les infractions aux lois sanitaires, l'exercice illégal de la médecine. La loi pénale révèle à beaucoup de personnes qui ne s'en doutaient guère, l'immoralité et le danger de ces actes.

L'avertissement consiste à prévenir tout homme qu'en effet tel ou tel acte immoral est, en outre, défendu par la loi positive ; qu'il faut s'en abstenir, ne fût-ce que pour se conformer à la loi écrite.

L'enseignement s'adresse à tout le monde, même à ceux qui n'ont aucune intention de commettre des actes immoraux.

L'avertissement s'adresse plus particulièrement à ceux qui, sans être précisément des hommes moraux, veulent cependant se conformer toujours à la loi, non-seulement par crainte du châtiment, mais par moralité politique.

2° La crainte agit sur ceux qui, dépourvus même de moralité politique, conservent cependant assez de calme et de raison pour mettre en balance les plaisirs du délit et le mal de la peine.

La sanction pénale intimide par le mal direct et par le mal indirect, dont sont menacés les infracteurs de la loi.

Le mal direct est celui qui frappe l'auteur du délit.

Le mal indirect retombe sur les personnes qui lui sont chères. Le législateur ne doit jamais se le proposer comme moyen d'action. Il doit éviter toute peine dont le mal principal et saillant serait le mal indirect. Mais il ne peut pas d'ailleurs empêcher que les faits ne produisent leurs conséquences naturelles.

L'instruction et la crainte sont, l'une et l'autre, des effets préventifs.

L'effet préventif de la crainte mérite d'être analysé plus exactement encore.

Il résulte d'abord du mal direct.

Mais le mal direct ne consiste pas seulement dans

le degré de souffrance matérielle dont la loi menace
le coupable. Il se compose de tous les effets que le
jugement criminel peut avoir pour lui. Ainsi, outre la
peine proprement dite, il peut avoir à souffrir un ou
plusieurs des maux suivants :

Désapprobation publique ;

Infamie ;

Interruption ou dérangement de ses affaires, de sa
carrière, de ses projets ;

Interruption de ses habitudes ;

Violence à ses goûts, à ses affections ;

Affaiblissement de sa santé, etc.

Les effets accessoires ne se vérifient pas tous dans
tous les cas, ni avec la même intensité pour tous les
hommes.

Les peines, proprement dites, elles-mêmes ne sont
pas également préventives pour tous. Un filou anglais
brave les coups de fouet. Un homme riche peut acheter le plaisir de faire une injure, si elle ne lui coûte
que le payement d'une amende.

L'effet préventif du mal indirect n'est pas moins
variable, selon les circonstances où se trouve placé
celui qui médite un crime. Plus d'un conspirateur a
reculé devant la perspective d'une famille plongée
dans la misère ; plus d'un projet criminel a été dis-
sipé par les mains d'un enfant caressant le front
d'un père qu'une passion malfaisante avait presque
subjugué.

II. *En tant que mal effectivement infligé,*

La peine peut également produire :

L'instruction ;

La crainte, plus

L'amendement du coupable.

1° L'exemple rend l'instruction plus frappante, plus sensible. La publication d'une loi est un fait qui ne forme guère le sujet des entretiens domestiques de la plupart des familles. Il n'en est pas de même d'une condamnation. La loi est générale ; le jugement et l'exécution sont des faits individuels. La loi est une abstraction ; l'exécution est un fait. La loi est un principe ; le jugement, une application. En d'autres termes, la loi manque des conditions essentielles pour attirer l'attention de la multitude : ces conditions sont réunies dans le jugement et dans l'exécution.

2° Ces considérations s'appliquent également à l'effet préventif de la crainte. L'exemple en augmente l'intensité.

En considérant le public en masse, on peut affirmer que l'instruction et la crainte sont des effets, en quelque sorte, nécessaires. S'ils ne sont pas produits, ou si le résultat est inférieur à celui qu'on devrait naturellement obtenir, le législateur doit se l'imputer. Il a sans doute, soit par le choix ou par la mesure des peines, soit par les formes de la justice, travaillé contre son propre ouvrage. Il a excité quelque sentiment contraire à ceux que devait naturellement réveiller la punition. Le mépris, l'irritation ou l'horreur sont les trois sentiments qui paralysent souvent l'effet préventif de la peine.

3° L'amendement du coupable n'est pas un effet qu'on puisse appeler nécessaire, lors même qu'en fai-

sant abstraction des individualités, on ne considère
que les masses.

L'enseignement moral, l'avertissement, même
l'impression de la crainte, s'adressent à des hommes
qui sont censés dans les dispositions propres à leur
faire subir l'influence salutaire de la loi.

Par l'enseignement, on dit aux hommes probes :
« Tel acte est immoral; » ils s'en abstiendront,
lors même qu'il n'y aurait point de sanction pénale.

Par l'avertissement, on dit à ceux qui ne connaissent que la moralité politique : « Le législateur a
cru convenable de défendre tel acte; » ils s'en abstiendront, parce que la loi commande de s'en abstenir.

En les intimidant, on dit aux hommes qui mépri-
sent la morale et ne tiennent aucun compte de l'ordre public, mais qui craignent la souffrance, la perte
de leurs droits : « Si vous commettez cette action,
vous serez renfermés pendant dix ans dans une maison de pénitence et de travail; » ils ne se lanceront
pas dans le crime, car la menace leur servira d'entraves.

Ces effets, envisagés d'une manière générale, sont
en quelque sorte nécessaires, parce que effectivement
il y a dans ce monde des hommes moraux, des hommes sages, des hommes prudents.

Ces effets manquent quelquefois, parce qu'il y a
quelques hommes dont la moralité est mal affermie,
dont la sagesse politique ne résiste pas aux tentations,
dont la prudence est maîtrisée par la fougue des passions et la perversité de leurs désirs.

Toutefois, en prenant dans chacune des trois catégories cent individus, on peut raisonnablement espérer que, si les lois sont bonnes et la justice bien administrée, plus de quatre-vingt-dix subiront l'influence salutaire de l'instruction, de l'avertissement
ou de la crainte.

Cependant des crimes sont commis ; les auteurs
sont condamnés : ils subissent la peine due à leurs
délits.

La justice est satisfaite ; l'ordre social est protégé :
les effets de la punition sur les masses, nous venons
de les examiner.

Quels seront les effets de la peine sur les coupables
eux-mêmes ?

Prenons comme exemple la punition la plus usitée
chez les peuples modernes, la privation de la liberté ;
l'effet le plus immédiat et le plus sûr est l'impuissance presque absolue où sont placés les coupables
de se livrer à de nouveaux crimes, pendant la durée
de la peine.

Un second effet probable est la crainte. Si la détention, sans être cruelle, a cependant conservé le
véritable caractère pénal, on peut espérer que le condamné quittera le lieu de la peine en disant du moins
ce que disait un condamné qui sortait de la prison
pénitentiaire de Genève : « On ne me reverra plus ici ;
on s'y ennuie trop. »

Cependant ce n'est pas là un signe de régénération
morale. La crainte agit en quelque sorte comme
contre-poids mécanique aux impulsions criminelles.
Mais son effet peut s'affaiblir de jour en jour ; la sé-

duction du crime croît en proportion ; le gourmand,
qui a une fois souffert de ses excès, oublie ses souffrances dès que sa santé est rétablie, et ne résiste
point aux plaisirs d'une table richement servie.

Il faudrait que la peine produisît l'amendement
moral du coupable; il faudrait que dorénavant il vît
dans la loi pénale, non-seulement un sujet de crainte,
non-seulement un avertissement, mais un précepte
obligatoire indépendamment de toute peine immédiate.

Cet effet est-il dans la nature des choses?

Qu'on ne s'empresse pas de nous supposer des
opinions que nous sommes loin de professer.

L'amendement du coupable est possible. Il est désirable. Ne pas l'essayer, c'est une négligence répréhensible. Autoriser des peines qui, au lieu de corriger
le condamné, deviennent pour lui une source de
corruption et une école d'iniquité, c'est plus qu'une
négligence.

Mais est-ce là la question? Il importe de la poser
nettement.

Le législateur publie une loi pénale. Il sait d'a-
vance que sa loi est parfaitement inutile pour un
certain nombre de citoyens dont l'instruction et la
moralité ne laissent aucune crainte raisonnable pour
le maintien de l'ordre social. Quant aux autres, le
législateur a la certitude que la loi, si elle n'est pas
trop absurde, agira ou comme enseignement moral,
ou comme avertissement, ou comme menace, et re-
tiendra quatre-vingt-dix personnes sur cent dans la
ligne du devoir.

Les dix autres violeront la loi ; trois échapperont à l'action de la justice sociale; sept seront condamnées.

Or le législateur peut-il raisonnablement espérer que la peine agira sur quatre au moins de ces condamnés, de manière à les régénérer moralement ?

Malheureusement cette question ne peut être résolue jusqu'ici qu'à *priori*. Les faits manquent. Les galères, les bagnes, les pontons, et tant d'autres lieux où les gouvernements paraissent jouer au plus méchant et au plus fort avec les condamnés, où chaque nouveau venu est une proie livrée à des harpies impatientes de lui arracher tout ce qui lui reste de vie morale, tous ces repaires de malfaiteurs se débattant entre le crime et la force, n'offrent aucune donnée propre à résoudre le problème.

Les essais du système pénal régénérateur faits en Amérique, en Angleterre, à Lausanne, à Genève, sont trop peu nombreux et trop récents, d'un succès trop varié et trop incertain, pour que la froide raison puisse en tirer des conclusions positives et rassurantes.

Ils prouvent seulement ce dont personne ne saurait douter, que la régénération morale de quelques individus est possible ; ils ne prouvent point qu'elle est facile ; ils prouvent encore moins que les moyens à la portée du législateur puissent lui donner la garantie d'une régénération morale opérant régulièrement sur des masses, sur les trois quarts, les deux tiers, sur la moitié au moins des condamnés.

Nous ne dissimulons point que nous ne mettons pas en ligne de compte les essais faits par des moyens extraordinaires. Que madame Fry, en répétant so-

lennellement la parole de vérité sous les sombres
voûtes de Newgate, touche par l'éloquence de son
accent, émeuve, si l'on peut parler de la sorte, par la
poésie religieuse de son apparition au sein du désordre, les cœurs les plus endurcis, nous le compre-
nons sans peine, et nous sommes pénétrés pour ses
œuvres d'un sentiment que le mot d'admiration
n'exprimerait que d'une manière trop imparfaite.

Malheureusement ce ne sont pas là les effets ordinaires de la peine de la réclusion. Certes, nous n'imaginons pas qu'elle doive consister uniquement à renfermer les condamnés dans un lieu sûr; nous
supposons que la détention sera accompagnée des
secours moraux et religieux qu'exige la situation des
détenus. Mais lorsqu'on songe, non à une prison,
mais à mille, non à un jour, mais à une longue suite
d'années, c'est aux moyens ordinaires et certains
qu'il faut borner ses espérances. Quelque décriée que
soit cette expression, il faut pourtant l'employer;
c'est sur le résultat de la routine qu'on doit pouvoir
compter. Il faut faire en sorte qu'elle soit la meilleure
possible; mais les prodiges d'un dévouement illimité,
les efforts d'un zèle ardent, les effets d'un ascendant
irrésistible ne sont pas des données sur lesquelles on
puisse compter habituellement.

Le législateur ne peut agir qu'en grand, sur des
masses, par des moyens faciles à employer et jusqu'à
un certain point uniformes. Or la régénération morale n'est qu'une éducation, une éducation qui a
produit son effet; et l'éducation est chose essentiellement individuelle. L'instruction proprement dite,

qu'on confond trop souvent avec l'éducation, peut
être donnée, sans trop d'inconvénients, par des
moyens uniformes, opérant à la fois sur des masses.
L'éducation a besoin, pour devenir efficace, de se
plier davantage aux exigences de chaque individualité.

Si cela est vrai des enfants, comment ne serait-il
pas plus vrai encore pour des hommes? pour des
hommes courbés déjà sous le joug des habitudes immorales, d'habitudes diverses, dérivées de causes
différentes, pour des hommes dont ni l'âge, ni les
inclinations, ni les croyances, ni les rapports sociaux,
ni la perspective de l'avenir, ni la conduite précédente ne sont les mêmes ?

Les tentatives de réforme échouent trop souvent
contre les antécédents du prisonnier. Car si l'éducation négative est assez facile, l'éducation positive est
presque au-dessus des forces humaines. Il n'est pas
fort difficile d'empêcher que le principe du mal se
développe; mais une fois qu'il s'est emparé des replis
du cœur humain, il peut s'y cacher sous mille formes
diverses; il abandonne difficilement sa proie.

La condamnation plonge les uns dans l'abatte-
ment, dans une apathie morale, invincible; les
autres, elle les aigrit; elle les irrite.

Refuse-t-on aux condamnés tout espoir de diminution ou d'adoucissement de la peine, ils repoussent avec dédain toute tentative de réforme,
surtout s'ils sont condamnés pour un grand nombre
d'années.

Leur offre-t-on la perspective de voir leur peine

abrégée, on en fait des hypocrites ; on leur donne
un vice de plus.

Il nous répugne d'écrire ces lignes : nous les tra-
çons avec le désir bien sincère de nous tromper. Nous
serions trop heureux, si l'on nous prouvait par des
faits bien avérés que nous avons, involontairement
sans doute, calomnié la nature humaine.

Mais en attendant, faut-il s'abandonner tête baissée aux rêves bienveillants d'une philanthropie im-
patiente de voir s'accomplir ses honorables désirs ?
Faut-il beaucoup compter sur un effet de la peine
dont rien ne constate ni la généralité ni la certitude ?

Encore une fois, le ciel nous préserve d'en conclure qu'il faut en conséquence renoncer à toute
tentative de réforme ! Plus l'œuvre est difficile, plus
il importe de multiplier et de perfectionner les
moyens de la faire, puisque cette œuvre est un bien
moral et politique à la fois. C'est un spectacle affligeant que de voir des gouvernements dépenser des
millions en sinécures, en embellissements, en frais
de police, et laisser, en attendant, leur système pénal
dans un état déplorable. Ce n'est pas seulement une
mauvaise action, c'est un faux calcul. Lors même
qu'on n'obtiendrait que l'*amendement* moral de dix
condamnés sur cent, le résultat social serait grand.
Car il faut aussi tenir compte des impressions salu-
taires qu'un système réformateur produit sur le public. Il présente la loi et la justice sous un point de
vue moral ; il leur captive l'affection et le respect ; il
ne décourage ni n'effraye les poursuivants et les par-

ties lésées ; enfin nous sommes convaincu qu'il augmente pour les hommes d'habitudes vagabondes et
vicieuses l'effet préventif de la peine, la crainte de la
subir.

Mais n'anticipons point. Pour le moment nous
voulions seulement établir que, de tous les effets de
la peine, l'amendement du coupable est peut-être
l'effet le moins certain et le moins général.

La conséquence n'est point que le législateur doive
le négliger, mais qu'il doit lui laisser le rang qu'il
occupe par la nature des choses.

En d'autres termes, sacrifier dans le système de la
justice sociale le principe de la pénalité, l'action de
la crainte, à des espérances exagérées de réforme des
condamnés, ce serait oublier les devoirs les plus essentiels du législateur. Que des personnes zélées pé-
nètrent dans les prisons, que sans affaiblir nullement
l'action pénale elles essayent de ramener au bien le
condamné, que le législateur prête à leur influence
salutaire tous les secours compatibles avec l'exécution
de la loi, que, toutes choses égales d'ailleurs, le législateur préfère le genre de peine qui se concilie le
mieux avec les essais de réforme, qui est lui-même
un moyen probable d'amendement moral, rien de
mieux. Mais ce serait une erreur funeste que de
croire, du moins dans l'état actuel de nos connaissances et de nos moyens, que l'effet réformateur de
la peine soit comparable par sa certitude et sa généralité aux autres effets que nous avons décrits.

A ces effets il en faut ajouter deux autres : la satisfaction morale de la conscience publique, et le

sentiment de sécurité qui dérive de la sanction pénale et de son application.

Ce second effet, personne ne l'ignore, nul ne le méconnaît.

Le premier, quoique moins apparent, et moins facile à observer, est un fait également certain.

La satisfaction de la conscience publique est autre que le sentiment de sécurité. Elle n'est pas un sentiment personnel, un retour sur soi-même. C'est un sentiment désintéressé ; c'est l'amour du bien, l'idée de l'ordre qui se révèle par l'approbation qu'on donne à la peine retombant avec mesure sur le coupable. C'est le sentiment qu'éprouvent même ceux qui n'ont rien à craindre de l'espèce de crime dont il s'agit.

Ce sentiment moral a aussi sa valeur politique. Il est conservateur de l'ordre social. Il augmente la force morale de la loi ; il la sanctionne et la *nationalise.*

Le législateur qui ne tiendrait aucun compte de cet effet de la peine, qui négligerait de choisir, le pouvant, les peines les plus propres à l'inspirer, n'aurait pas reconnu et apprécié tous les éléments conservateurs de la société.

CHAPITRE IV.

La peine est la souffrance infligée au coupable, en raison de son délit.

Il y a donc un rapport intime de quantité entre le mal du délit et le mal de la peine.

En d'autres termes, la mesure de la peine ne doit pas excéder la mesure du délit :

> Adsit
> Regula, peccatis quæ pœnas irroget æquas ;
> Ne scuticâ dignum, horribili sectere flagello.

Personne ne conteste le principe : mais chacun se réserve le droit de l'appliquer à sa manière.

Les uns concentrent leur attention sur le mal moral du délit, et la perversité de l'agent. Aussi demandent-ils des peines sociales très-sévères pour l'adultère, pour l'inceste.

Les autres ne considèrent que le mal matériel, le dommage fait par le délit. Aussi n'hésitent-ils pas à réclamer la peine de mort contre le crime de fausse monnaie.

Il faut que le mal de la peine surpasse le profit que le coupable retire du délit. Tel est le *seul* principe dirigeant d'une autre école, et en général de

tous ceux qui assignent à la peine, considérée isolément, en soi, un but unique et final, de tous ceux
qui ne la considèrent que comme moyen. On va
même plus loin ; et, il faut l'avouer, le principe exclusif étant admis, la conséquence est logique. Pour
évaluer le profit du délit et le taux de la peine nécessaire, on se livre aux conjectures. Quand l'acte
imputé paraît de nature à fournir la preuve d'une
habitude, on tient compte, à la charge de l'accusé,
non-seulement du profit tiré du délit individuel,
mais du profit présumé de tous les délits semblables
qu'on peut *supposer* avoir été commis impunément
par le même délinquant. On applique ce calcul à la
fausse monnaie, sans arriver à un résultat trop cho-
quant, la fausse monnaie étant en effet un crime
grave. Mais peut-être reculerait-on devant les conséquences du principe, si on essayait de l'appliquer
aux filous, aux adultères, aux infracteurs des lois sur
la chasse, etc. Il ne faut pas confondre ce principe
avec la doctrine de la *récidive*. En cas de récidive, le
délit semblable n'est pas *supposé ;* il est constaté par
un jugement.

On va plus loin encore. On affirme que lorsqu'un
délit est fort nuisible, on peut hasarder une grande
peine pour la chance de le prévenir. C'est là le système du balancier pénal, présenté dans toute sa nu-
dité.

Nous ne nous arrêterons pas à réfuter ces diverses
opinions ; ce serait revenir sur nos pas et fatiguer
inutilement le lecteur.

La peine *en soi* est le mal mérité par l'auteur d'un

délit. La mesure de la peine se trouve donc et ne peut se trouver que dans la *nature* et la *gravité* de l'acte imputable. Ce sont les deux termes d'une équation ; il n'y a vérité que lorsque l'un est l'équivalent exact de l'autre. *Œil pour œil, dent pour dent,* ne sont que des expressions matérielles et grossières de cette vérité. Mais comme tant d'autres adages anciens et populaires, ils révèlent un fait de conscience, une vérité sentie et reconnue en tout temps et en tout lieu.

L'homme peut se tromper dans l'appréciation des faits, dans l'application du principe, mais le principe lui-même, il ne le perd jamais de vue. Il n'en connaît pas d'autres.

Le mal matériel aggrave le délit moral, en tant qu'il en est une conséquence que le délinquant avait prévue ou qu'il devait prévoir.

La satisfaction illégitime du coupable, le plaisir qu'il en ressent, le profit qu'il en tire, aggravent aussi le délit ; ils révèlent la perversité de l'agent. Il est juste que ce plaisir illégitime soit contre-balancé par les souffrances de la punition. Le mal ne doit pas tourner au profit de son auteur.

Mais toujours est-il que la peine, vis-à-vis de la justice morale, se proportionne à la justice morale, se proportionne à la nature du devoir violé et à la moralité de l'agent.

Celui qui pourrait apprécier avec exactitude ces deux éléments dans chaque cas particulier, et qui aurait en même temps saisi un principe propre à déterminer le genre et le degré de souffrance, correspondant, comme moyen expiatoire, à chaque délit, celui-là pourrait résoudre, d'une manière positive, le problème de la mesure de la peine *morale*.

Aussi reconnaissons-nous que jusqu'ici nous n'avons fait que le poser. Il est loin d'être résolu.

Car, ce n'est pas le résoudre que de dire que la peine doit s'élever ou s'abaisser selon la gravité du délit; que deux crimes divers ne méritent pas la même peine; que la tentative suspendue par circonstance fortuite et celle qu'on a interrompue volontairement, que la *codélinquence* et la *complicité*, ne sont pas des actes également immoraux et auxquels on puisse appliquer, en bonne justice, la même punition, etc.

Il n'est question dans cela que de *plus* et de *moins*, d'une idée de relation. Le meurtre doit être puni plus que le vol. Mais quelle est la peine due au vol? quelle est la souffrance qui fera expier complétement au voleur son délit? Si je la connaissais, alors peut-être pourrais-je, non exactement, mais par une sorte d'approximation, déterminer la peine du meurtre.

Ainsi, faute de quantités certaines, de données fixes, le problème n'est pas résolu.

Il doit l'être cependant, à moins que la justice humaine ne prétende agir arbitrairement, sans autre guide que le besoin, que l'intérêt.

Supposons que par un moyen quelconque on eût la certitude que le faux témoignage en matière civile mérite, aux yeux de la justice morale, une punition représentée par une amende d'une valeur quatre fois plus grande que celle de l'objet contesté ; que pourrait le législateur ?

Ajouter quelque chose à cette peine ? Ne fût-ce qu'une obole, cette portion du châtiment ne serait qu'un fait sans moralité ; le condamné ne serait plus qu'un moyen entre les mains de la force, un pur instrument.

Appliquer au faux témoin la peine de l'amende dans toute son étendue ? Oui ; mais seulement si le besoin l'exige.

C'est ici que se représente la considération du mal social du délit, de la force de l'impulsion criminelle qu'on doit réprimer, en un mot, de toutes les circonstances politiques du pays auquel est destinée la loi pénale. C'est là la latitude laissée au législateur. L'amende d'une valeur quadruple et l'impunité sont les deux termes extrêmes. Le choix entre ces deux termes n'est pas arbitraire, dans ce sens que le devoir commande au législateur de faire une appréciation vraie et équitable des exigences sociales et des imperfections de la justice humaine. Mais jusqu'au *maximum* la peine est légitime en soi ; le coupable ne saurait dire : Je ne l'ai point méritée.

Il faut donc résoudre avant tout le problème de la mesure de la peine *morale*.

Mais peut-être que l'homme ignore les lois de la pénalité absolue ; qu'il n'a aucun moyen positif de les reconnaître ; qu'il ne pourrait essayer dè les découvrir qu'en s'exposant au danger de prendre pour règle les préjugés, les antipathies, les égarements de

la superstition, les opinions populaires les plus ridicules ou les plus cruelles.

L'objection est grave, spécieuse surtout ; et nous
ne voulons certainement pas, dans le but de la réfuter, adresser des flatteries au genre humain, et le
supposer plus éclairé qu'il ne l'est réellement.

Toutefois est-il certain que, en sondant attentivement notre conscience, et en étudiant avec soin les
faits de l'humanité, nous ne puissions pas acquérir
une connaissance suffisante du rapport qui doit exister entre le mal moral d'un délit donné et telle ou
telle souffrance déterminée, pour que la loi de l'expiation soit accomplie?

C'est un fait que l'homme saisit un rapport entre
le mal moral et la souffrance même physique qui est
infligée en raison de ce mal. Certes il n'est pas facile
à la logique d'expliquer ce rapport entre deux éléments aussi étrangers l'un à l'autre que le sont, en
apparence du moins, le mal moral et la douleur matérielle. Mais leur liaison n'est pas moins un fait irrécusable ; la conscience, au lieu d'en être choquée,
l'approuve et s'en déclare satisfaite.

Toutefois son approbation se renferme dans certaines limites. Qu'on place la conscience humaine en
présence d'un délit déterminé et d'une certaine souffrance infligée à l'auteur de ce délit, le moment arrive où elle s'écrie : C'est assez. Si la souffrance continue, la conscience résiste ; elle désapprouve. Car
elle a senti que la faute est expiée.

C'est là un fait de tous les jours, un fait que chacun peut vérifier en lui-même, sans pénétrer dans

l'enceinte où la justice sociale dicte ses arrêts.

Et qu'on le remarque, ce sentiment d'une justice accomplie et satisfaite au moyen d'une certaine souffrance, est indépendant de toute pensée relative au besoin de prévenir les délits par la crainte ou par la réforme du coupable. C'est le sentiment de l'expiation morale, de la justice absolue, pur, simple, désintéressé.

Si, après avoir pris la conscience humaine sur le fait dans un cas particulier, on voulait sommer l'intelligence de rendre un compte logique de ce fait moral, d'y appliquer le raisonnement, on lui imposerait une tâche au-dessus de ses forces. Elle pourrait disserter sur la nature et l'importance du devoir violé par le délit, sur la nature et la gravité de la souffrance infligée à son auteur, mais elle ne saurait découvrir et mettre en évidence un rapport *logique* entre ces prémisses. Quand elle aurait prouvé que celui qui a volé certains mets dans le but de se procurer une nourriture plus agréable a porté atteinte au droit de propriété; que ce droit, comparativement aux autres droits, a telle ou telle importance morale; que le voleur est d'autant moins excusable qu'il ne manquait point des aliments nécessaires; qu'il a commis le vol de sang-froid, avec ruse, etc.; — quand d'un autre côté elle aurait prouvé que ce voleur ayant subi un emprisonnement solitaire de huit jours, au pain et à l'eau, a éprouvé telles ou telles privations, pourrait-elle nous dire : *Donc* la nature et le degré de la souffrance répondait à la nature et au degré du délit? Non; le lien logique manque.

Mais ce lien est-il nécessaire? peut-on l'exiger?

Le rapport de la peine avec le crime est une vérité d'intuition; elle ne se démontre pas.

C'est la notion du bien et du mal, du juste et de l'injuste, qui s'applique au fait de l'expiation.

Qu'est-ce qu'une peine excessive? un mal, un acte injuste, un mal en soi, comme l'outrage, la blessure, la calomnie.

Ce n'est pas la logique, c'est la conscience qui nous avertit, lorsqu'un homme, en plaidant sa cause, sort tout à fait des limites de la justice et commet une injure.

Ainsi, d'un côté, le rapport que nous apercevons entre le mal moral et la souffrance de son auteur; de l'autre, la juste mesure de la souffrance dans chaque cas particulier, sont, ce nous semble, des faits de conscience, des vérités senties et irrécusables.

La réflexion peut et doit s'appliquer aux révélations de la conscience, même en cette matière; elle doit les comparer entre elles et les dégager de tout ce que la passion peut y avoir ajouté : ou pour mieux dire, il importe de s'appliquer à saisir le fait de conscience dans toute sa pureté.

Mais c'est dans la conscience seule que nous pouvons trouver la juste appréciation de l'expiation; c'est elle qui doit nous indiquer la limite de la peine morale, de cette peine que la justice sociale ne doit jamais dépasser.

Or, pour arriver à reconnaître cette limite pour chaque espèce de délit, deux méthodes s'offrent à nous.

La première consiste à étudier le fait de conscience, seulement dans un cas particulier, pour un crime donné. Une fois ce résultat obtenu, on a, pour ainsi dire, une équation morale qui peut servir de point de départ. On peut alors, en remontant ou en descendant dans l'échelle des crimes et dans celle des peines à la fois, essayer de découvrir *logiquement* le rapport de quantité entre le délit et la peine pour tous les autres cas.

Supposons qu'on veuille partir du point le plus élevé. De tous les actes immoraux dont la justice sociale s'empare, quel est celui qui occupe le premier rang dans l'échelle des crimes? Le meurtre, surtout lorsqu'il est accompagné de circonstances aggravantes. Choisissez, si vous voulez, le plus horrible des meurtres, le parricide. Voilà le plus grand des crimes possibles dans l'ordre des faits immoraux dont la loi pénale s'occupe. A la vérité, le parricide est un crime complexe plus encore qu'un crime simple. Mais cette observation a peu d'importance dans ce cas.

Maintenant, en faisant abstraction de toute loi positive, qu'on demande au premier venu quelle est, parmi les peines qu'on peut infliger dans ce monde, la peine méritée par le parricide? Il répondra : La plus grave des peines possibles.

Si on demande ensuite la description de cette peine, on obtiendra trop souvent d'horribles réponses. On voudra que la mort soit précédée de mutilations, de tortures, d'épouvantables supplices. L'horreur, la colère, la vengeance, dicteront ces réponses.

Le cri de la passion se mêlera à la voix de la conscience. De l'action combinée de ces éléments, on obtiendra un résultat mélangé, impur. C'est la raison qui, par son travail calme et réfléchi, doit séparer les parties hétérogènes, dégager la partie morale de la partie immorale, ce qui appartient à la conscience de tout ce que la vengeance et la haine y ont ajouté. Elle en ôtera les mutilations, les tourments, comme étant des faits illégitimes en soi, une cause de satisfaction haineuse et passionnée pour le public plus encore qu'une cause de souffrance pour le coupable, des faits qui, au lieu d'accroître la force morale de la justice, lui enlèvent son calme, sa dignité, et la ravalent en quelque sorte au rang d'un malfaiteur. Ce triage étant fait, restera la peine de mort.

Si la peine capitale est légitime en soi, le point de départ, dans l'ordre moral, est trouvé. La peine de mort est la peine que méritent les délinquants de la première classe, les auteurs de l'un des faits qui occupent le premier rang dans la série des crimes.

Cela étant, si l'on place d'un côté le catalogue des délits, rangés selon l'importance des devoirs qu'ils blessent, de l'autre, le catalogue des peines, rangées selon l'importance du bien qu'elles enlèvent, quoique le premier soit plus riche et plus varié que le second, on pourra se hasarder à reconnaître, en descendant, le rapport de chaque peine ou des divers degrés d'une peine avec un délit. On commettra sans doute des erreurs; mais on ne se jettera pas dans de trop grands écarts. On pourra appliquer la même peine temporaire à deux espèces différentes de vol ;

on ne songera pas à punir de mort l'auteur d'une escroquerie qualifiée.

Seulement, après avoir trouvé la peine correspondante à la violation d'un devoir considérée dans son *maximum*, c'est-à-dire commise sans ombre d'excuse, et de manière à ce que le coupable ait retiré de son acte toutes les jouissances illégitimes qu'il en attendait, il faut, dans la même espèce, ne pas oublier que la peine doit diminuer à mesure que les éléments de l'immoralité de l'agent vont en s'affaiblissant. Il faut une proportion pénale, non-seulement entre crime et crime, mais entre les divers degrés du même crime. C'est ici, on ne saurait en disconvenir, que le travail de l'homme sera le plus imparfait. Aussi le devoir lui commande-t-il de ne pas être trop avare dans ses concessions, lorsqu'il baisse le taux de la peine au fur et à mesure qu'il découvre une diminution frappante dans la culpabilité de l'agent.

Telle est la première méthode. Mais elle est dangereuse; elle n'offre pas assez de jalons pour être sûr de ne pas s'égarer dans la route.

Il vaut mieux suivre une méthode plus circonspecte et plus lente; multiplier les observations; étudier le fait de conscience, si ce n'est pour chaque délit et pour chaque gradation du même délit, du moins pour chaque *espèce* principale.

C'est ainsi que par l'observation attentive des faits moraux, on pourra découvrir les limites que la conscience assigne à l'expiation, à la peine *en soi*, du moins dans la sphère des choses humaines.

Cette étude est difficile, nous en convenons. Il ne

doit pas nous suffire d'observer le fait de conscience
en nous-mêmes. C'est l'espèce humaine qu'il faut interroger. Sa réponse se trouve, pour ceux qui savent
la démêler, dans son langage, dans ses opinions, dans
ses coutumes religieuses, dans ses lois, en un mot
dans l'ensemble de son histoire.

Cette réponse, il ne faut pas seulement la demander aux innocents ; il faut interroger les coupables.
Eux aussi ont une conscience qui, malgré l'empire et
les déceptions du crime, sait quelquefois se faire entendre et proclamer la vérité. C'est elle qui inspire à
plus d'un criminel une résignation vraie, sentie, et
ceux qui en ont été témoins doivent ajouter, touchante, en tant qu'elle révèle le triomphe, quoique
tardif, du sentiment moral. Mais c'est aussi la conscience qui se défend, qui résiste contre une punition
exorbitante et qui, alors, fait entendre par la bouche
du coupable, sans que cela paraisse étrange, le mot
d'injustice.

Au reste, quel est l'homme qui n'ait pas entendu
la conscience humaine prononcer ses arrêts sur cette
matière, même par la bouche de l'enfant qui, certes,
n'a pas emprunté ses sentiments de justice à la loi
positive ? Les enfants eux-mêmes démêlent avec un
tact exquis la juste mesure des punitions dues à leurs
fautes ; et ils s'indignent, et ils résistent avec toute
l'énergie et la vivacité de leur âge, lorsqu'un instituteur imprudent dépasse, en les corrigeant, la mesure
de la justice.

Dans notre travail sur chaque espèce de délit particulier, nous avons essayé plus d'une fois de saisir

les réponses de la conscience morale, à l'aide de l'observation et de l'histoire.

Il importe de prévoir les objections de ceux qui n'ont pas foi dans les enseignements de la conscience humaine.

On a brûlé, il est vrai, des sorciers, parce qu'on regardait un pacte avec le diable comme la plus horrible des abominations.

Mais, si au lieu du sentiment moral nos ancêtres eussent interpellé le raisonnement, les sorciers auraient été également dévorés par les flammes. On aurait dit que la sorcellerie était le délit le plus nuisible, celui qui faisait le plus de plaisir au coupable, celui qui fournissait la preuve d'une habitude qui laissait supposer un grand nombre de délits semblables, qu'il fallait le prévenir à tout prix, hasarder une peine énorme ; on aurait brûlé les sorciers.

Nulle méthode n'échappe en pratique aux imperfections de l'homme ; mais aussi les méthodes purement logiques ne sont pas les seules qui profitent des progrès de l'espèce humaine. Qui est celui qui imagine de décrier la logique de l'école écossaise et les travaux historiques des modernes, parce que, il y a quelques siècles, la logique et l'histoire étaient imparfaites ? Cependant le raisonnement et la preuve testimoniale n'ont pas moins été des moyens de connaissance nécessaires en tout temps et en tout lieu. Il en est de même de l'observation des faits de conscience. Au lieu de les repousser, félicitons-nous de vivre dans un temps où il est difficile de les bien observer et de les dégager de tout ce qui peut en avoir altéré l'expression. Renier les faits de conscience, parce qu'il n'est pas facile de les bien observer et d'en séparer tout ce que la passion, le préjugé et l'intérêt peuvent y avoir mêlé, c'est renoncer à toute croyance dans l'ordre des vérités morales.

Ce premier travail sur le délit moral étant fait, les limites extrêmes de la puissance pénale sont tracées. Pour chaque espèce de délit, on connaît quel est le *maximum* du degré de souffrance que la justice humaine peut infliger sans commettre un acte injuste *en soi*.

Mais cet acte peut être injuste dans ses rapports avec l'état social. Il est injuste, s'il est inutile en tout ou en partie pour le but que la justice relative doit atteindre.

Il y a donc un autre principe dirigeant à rechercher, un principe d'utilité politique.

Si le but de la justice humaine est la protection de l'ordre social, en d'autres termes, de la liberté de l'être collectif et de chacun des individus qui le composent, c'est à la répression du mal *objectif* qu'elle doit viser. Nous avons exposé ailleurs nos vues sur l'appréciation de ce mal soit absolu, soit relatif (livre II, chapitres VIII et IX). C'est donc à ce mal que la peine légale doit se proportionner, dans les bornes de la justice morale.

La justice pénale proprement dite, ne répare point le mal matériel produit par le délit. Elle offre une garantie pour l'avenir et non un remède pour le passé. Nous reconnaissons que c'est là son effet et son but, quoique nous n'admettions pas que l'homme ait le droit d'employer la peine arbitrairement, sans avoir égard à autre chose qu'au besoin qu'il peut avoir de l'appliquer à son profit.

Offrir une garantie pour l'avenir, c'est mettre à l'abri d'un danger, c'est apaiser une crainte. Mais que cette crainte et ce danger dérivent d'un mal matériel, actuellement consommé, ou qu'ils n'aient pour cause qu'un fait qu'on redoute, où est la mesure de l'alarme pour un être raisonnable?

Elle se trouve d'abord dans la grandeur du mal *objectif*. Plus un bien est précieux, plus on craint de le perdre.

Elle se trouve en second lieu dans la probabilité de ce mal. Plus le bien dont on redoute la perte serait profitable à celui qui nous l'enlèverait, plus il lui offrirait d'attraits et de plaisir, et plus il est probable que l'envie de le posséder excite au crime.

La probabilité est donc souvent proportionnée à la grandeur du mal, mais pas toujours. Une filouterie est plus probable qu'un meurtre. Mais il est vrai aussi que si l'on expose également des hardes et des pièces d'or, c'est de celles-ci que les voleurs s'empareront. Ainsi la probabilité dépend, en outre, de la facilité qu'il y a à commettre le crime et des chances auxquelles il expose le coupable.

Le danger et l'alarme sont souvent relatifs aux personnes. Ils ne sont pas les mêmes pour toutes les classes de la société, ou du moins le danger n'atteint souvent certaines classes que d'une manière indirecte, en tant que le crime révèle l'existence de quelques hommes bravant la loi morale et la justice humaine.

Un assassinat effraye tout le monde ; les délits contre la propriété sont assez indifférents à ceux qui n'ont rien à perdre ; ils sont effrayants pour ceux qui possèdent beaucoup de richesses mobilières. Cette remarque s'applique à plus forte raison au crime de viol, d'infanticide, d'avortement procuré, etc.

Si l'on pénètre bien avant dans cette analyse, on ne tarde pas à découvrir un rapport admirable entre la moralité de l'acte et le mal politique, entre le mal moral et le mal *objectif.*

Il faut donc tenir un compte séparé de la grandeur et de la probabilité du mal *objectif.*

C'est ainsi qu'on obtient une première mesure de la garantie qu'on doit accorder, par la loi pénale, au droit qui est menacé, un principe régulateur de la peine.

C'est là ce qui justifie la grave punition légale du vol qu'on a accompagné du meurtre afin de faire disparaître les témoins du crime : le mal est à la fois grand et probable ; dans la filouterie, au contraire, la probabilité est grande, mais le mal ne s'y proportionne pas ; ainsi de suite.

Mais pour que ces appréciations aient toute l'exactitude dont l'homme est capable, il ne faut pas perdre de vue les diverses observations qui expliquent les anomalies apparentes qu'on peut rencontrer. Nous avons indiqué ailleurs plusieurs de ces observations.

Il y a plus ; la mesure du trouble que le délit apporte à l'ordre social n'est pas tout entière dans la grandeur du mal objectif et de la probabilité qui résulte des causes que nous avons énumérées. Il faut

aussi prendre en considération la probabilité résultant de l'état moral du délinquant.

L'homicide qu'on appelle *bestial* est une cause de
terreur publique. Tous redoutent un scélérat qui,
sans aucun motif plausible, ou qui explique du moins
son crime, égorge ses semblables. C'est un tigre dé-
chaîné dans les rues de nos paisibles cités.

De même, la préméditation est un fait qui révèle
un grand danger et cause une juste alarme. Où s'ar-
rêtera celui qui, après avoir froidement examiné les
obstacles qui devaient l'éloigner du crime, les a tous
bravés et franchis une première fois ?

Les délits commis par provocation sont moins
dangereux et moins effrayants que ceux qui ont été
commis de sang-froid.

Faut-il faire entrer en ligne de compte la récidive ?
Le législateur en a le droit. D'un côté, la récidive
accuse le délinquant d'une grande perversité morale ;
de l'autre, elle révèle à la société un agent très-
dangereux. Il y a dans l'auteur de la récidive une
culpabilité spéciale, morale et politique à la fois.

Aussi ne sommes-nous point frappés de ce raisonnement ; le délinquant, en subissant la peine du
premier délit, a complétement payé sa dette, il a éteint
cette partie à sa charge ; on n'a plus le droit de lui
en demander compte. Qui songe en effet à le lui
demander ? C'est du second crime qu'on lui demande
compte, mais avec les circonstances qui aggravent la
culpabilité politique de l'agent, pourvu toujours qu'on
ne dépasse pas les limites de la justice morale.

D'un autre côté, comme la récidive n'est qu'une

aggravation de culpabilité dans la même espèce de crime, nous reconnaissons qu'on ne devrait jamais changer le genre de la peine, mais seulement en augmenter le taux. Il est vrai que cela est difficile pour ces législateurs qui s'empressent de frapper le premier crime de coups énormes.

Il est facile d'étendre ces observations aux autres modifications de l'imputabilité morale.

Ainsi le danger social se proportionne à la grandeur et à la probabilité du mal objectif.

En appréciant la grandeur du mal objectif et la probabilité qui résulte de la qualité du fait, le législateur apprécie le danger dans ses rapports généraux ; il apprécie la force de la tentation que le délit offre à tout homme mal intentionné.

En appréciant la probabilité résultant des dispositions morales de l'agent, il apprécie, non-seulement le danger général, mais la crainte qu'inspirent individuellement celui qui vient de commettre un crime et les hommes qui lui ressemblent.

C'est ainsi que le législateur proportionne la peine *légale* aux exigences de l'ordre matériel, du droit qu'il protége, en prenant de la peine morale la *portion* qui est due à l'imputabilité *politique* d'un agent qui a troublé l'ordre, violé le droit.

Mais la mesure de la peine *légale* n'est pas sans difficultés dans la pratique.

Le législateur veut avant tout prévenir, autant que cela est possible en respectant la justice, la perpétration des crimes. A cet effet, il proportionne, dans les bornes du juste, la peine légale à la grandeur et à la probabilité du délit, en suivant ces deux éléments dans leurs diverses combinaisons.

Il choisit, en outre, comme moyens de punition ceux qui sont plus propres à produire l'effet préventif, ou par la terreur, ou par la suppression de la faculté de nuire, ou par l'amendement du coupable.

Il combine, ainsi la *mesure* et le *choix* des peines, pour atteindre le but de son action politique.

N'anticipons pas ici sur ce que nous avons à dire relativement au choix des peines.

Mais quant à la mesure, il importe de faire remarquer :

1° Qu'elle est variable, selon les temps et les circonstances. Le mal *objectif* et l'impulsion criminelle ne sont pas toujours les mêmes pour tous les délits;

2° Que si, par un progrès de la civilisation, l'impulsion criminelle s'affaiblit d'une manière générale, soit par une plus grande moralité publique, soit par une augmentation de sensibilité aux douleurs de la peine, le législateur doit baisser le taux de la pénalité en général;

3° Que si l'impulsion criminelle augmente ou diminue seulement pour certains délits, le législateur peut, à la vérité, dans les bornes de la justice, augmenter ou diminuer en proportion la quantité de la peine légale; mais que ces altérations spéciales ne sont pas sans danger;

4° Qu'en effet, si la loi présente de trop fortes inégalités dans la peine légale de divers délits, lors même que cette peine serait juste en soi, ces disparates peuvent influer d'une manière fâcheuse sur l'opinion publique, surtout si elle n'était pas bien instruite des circonstances qui ont commandé l'augmentation de la peine légale pour un délit en particulier ;

5° Que ces inégalités peuvent aussi produire un mauvais effet politique, en poussant les malfaiteurs à d'autres crimes, même à des crimes plus graves que ceux qu'on a voulu réprimer d'une manière spéciale ;

6° Que quelque confiance que le législateur place dans l'effet préventif des peines, il doit cependant, dans l'intérêt de la société et des individus, compter sur un certain nombre de malfaiteurs, d'hommes voués en quelque sorte au crime, comme sur un mal inévitable, et qu'il doit en conséquence leur laisser un intérêt à commettre les délits les moins graves, et les éloigner ainsi surtout des crimes irréparables ;

7° Que pour établir la mesure de la peine légale, il importe avant tout d'approfondir l'étude des faits sociaux, à l'aide de l'observation, de l'histoire nationale et de la statistique judiciaire, les considérations purement spéculatives sur la gravité et le danger du délit et sur l'impulsion criminelle qui peut le faire commettre, étant un guide souvent trompeur, lorsqu'on n'est pas éclairé en même temps par l'étude des faits.

CHAPITRE V.

DU CHOIX DES PEINES.

Arrivés à ce point de notre travail, il nous sera facile d'assigner les caractères que doit avoir la peine légale pour servir au but que la justice humaine doit atteindre.

En d'autres termes, nous pouvons maintenant tracer les règles qui doivent guider le législateur dans le choix des peines, afin qu'il puisse à la fois respecter les bornes de la justice morale et remplir utilement sa mission politique.

Nous nous plaisons à reconnaître que cette partie de notre travail n'exige pas de longs développements. Les ouvrages de ceux qui nous ont précédé dans cette carrière ont aplani la route et laissé peu de chose à faire à ceux qui marchent sur leurs traces. Les théoriciens, du moins, sont à peu près d'accord aujourd'hui sur les qualités principales que la peine doit réunir, et ce n'est pas à l'absence d'utiles observations et de saines doctrines sur ce sujet qu'on doit imputer le maintien des peines les plus irrationnelles, même

au sein d'une civilisation fortement progressive et
dans des pays libres [1].

La justice sociale doit remplir trois conditions pour
être légitime :

1° Respecter les principes de la justice morale ;

2° Tenir compte de l'imperfection de nos moyens
de connaissance et d'action ;

3° Satisfaire aux exigences de l'ordre matériel dans
la société civile.

Ces conditions doivent s'appliquer à toutes les parties dont la justice se compose, entre autres au choix
des peines.

Qu'on veuille remarquer que nous parlons ici des
qualités de la peine, et non de son application. Pour
que l'application soit légitime et rationnelle, la peine
doit être *proportionnée* au crime et *suffisante* pour la
protection du droit.

Mais ce n'est pas là le sujet que nous traitons ici.
Nous recherchons seulement les qualités que la peine
doit avoir, afin que le législateur trouve sous sa main
des moyens utiles et légitimes de prêter force à la loi
pénale, et de maintenir l'ordre public.

Pour se conformer au principe de la justice, le législateur doit choisir des peines :

---

[1] Voyez entre autres l'écrit déjà cité (t. I, p. 193), de M. de Broglie, les
écrits de M. Charles Lucas, qui a recueilli et employé avec tant de sagacité
une si grande richesse de faits et d'observations, et l'ouvrage de Bentham,
publié déjà en 1811, par M. Dumont, et intitulé *Théorie des peines*. C'est par
ce beau travail, ainsi que par les deux ouvrages postérieurs, l'un *sur les*
preuves judiciaires, l'autre *sur l'organisation judiciaire*, que le publiciste
anglais et son spirituel, officieux et élégant interprète, ont rendu, à notre
avis, d'éminents services à la science de la législation et à l'humanité. Les
partisans de tous les systèmes doivent en convenir.

I. personnelles,
    morales,
    divisibles.

Pour être en rapport avec nos moyens imparfaits de connaissance et d'action, les peines doivent être,

II. appréciables,
     réparables ou *rémissibles*.

Pour satisfaire aux exigences de l'ordre matériel, la peine doit être apte à produire les *effets* que le législateur en attend. Nous avons déjà analysé ces effets (livre III, ch. III). Aussi les peines doivent-elles être,

III. instructives et satisfaisantes,
      exemplaires,
      réformatrices,
      rassurantes.

I. *Personnelles.* — La peine ne doit frapper que l'auteur du crime. « On ne fera point mourir les pères pour les enfants ; on ne fera point non plus mourir les enfants pour les pères ; mais on fera mourir chacun pour son péché » (Deutéron., ch. XXIV, 16). Ce principe d'éternelle justice était si souvent méconnu chez les peuples anciens, que c'est une des gloires de la législation mosaïque de l'avoir hautement proclamé.

Les nations modernes ne l'ont pas toujours respecté. Nous avons déjà eu l'occasion d'en citer des preuves (Introd., chap. II. § 2). En 1809, on proposa au parlement anglais un bill destiné à réprimer les intrigues et la corruption qu'employaient trop souvent les pères de famille, dans le but d'obtenir pour leurs enfants des places lucratives dans les Indes. Entre autres dispositions, il y en avait une qui prononçait le rappel, c'est-à-dire la destitution de tous ceux qui avaient obtenu un emploi par les menées coupables de leurs parents.

Mais ces faits sont relatifs à l'application plus encore qu'au choix de la peine.

Il n'en est pas de même d'autres faits, par exemple de l'application de la mort civile, en tant qu'elle dissout le mariage du condamné, que cela convienne ou non à son conjoint.

Toute peine produit, il est vrai, des effets indirects qui retombent sur les innocents ; effets que le législateur ne saurait empêcher. L'amende la plus légère diminue le revenu de la famille ; l'emprisonnement prolongé de son chef peut la ruiner. Ces résultats sont des conséquences indirectes de la loi pénale, et des effets directs du délit. La cause véritable n'est pas dans le choix de la peine ; toute punition produit des effets analogues, à un degré plus ou moins élevé. La cause est dans le fait même du coupable. Les crimes et les vices des individus réagissent, par leurs funestes résultats, sur tous ceux qui se trouvent dans la sphère de leur action. C'est là une dispensation de la Providence.

Le devoir du législateur consiste à ne pas étendre ces résultats au delà de leur portée naturelle, à ne pas devenir lui-même, par le choix de certaines peines, la cause unique et directe d'un mal retombant sur des personnes qui ne l'ont pas mérité.

Quant au mal indirect, les soins du législateur doivent se borner à ne pas l'aggraver gratuitement, à le contenir dans des limites aussi resserrées qu'il est possible, par un choix éclairé des peines.

Morales.—Des observations analogues s'appliquent à cette seconde qualité requise dans la peine. L'imagination de certains hommes est tellement perverse, et leurs passions sont si actives à exploiter le mal, qu'ils parviennent à le faire sortir indirectement des faits les plus moraux et les plus irréprochables en eux-mêmes. Condamnez un homme à une peine pécuniaire; qui vous dit qu'au lieu de redoubler d'activité et de travail, cette condamnation ne lui servira pas de prétexte pour négliger l'éducation de ses enfants, pour laisser sa famille dans le besoin, pour refuser, s'il le peut, le payement de ses dettes. Choisissez-vous des peines que puisse réduire la bonne conduite du condamné? l'hypocrisie, une hypocrisie de tous les jours, de tous les instants, se logera dans la prison d'un pénitentiaire, et fera d'un coupable effronté un scélérat encore plus redoutable. Enfin, n'at-on pas vu des femmes pousser leurs maris et, ce qui est plus horrible encore, des pères et des mères pousser leurs enfants au crime, pour s'en débarrasser, et pour les mettre à la charge de l'État? Cependant, l'amende, l'emprisonnement et le travail ne sont pas des peines immorales.

Aussi ne faut-il proscrire d'une manière absolue que les peines dont la tendance immorale est directe et d'un effet à peu près certain et général.

Et d'abord, toutes celles par lesquelles le législa-

teur commanderait positivement de faire le mal.
Telles étaient certaines peines corporelles qu'on infligeait aux femmes au détriment de la pudeur.

En second lieu, celles qui ne peuvent pas manquer
d'exciter dans un grand nombre de personnes des
sentiments immoraux, la cruauté, la vengeance, la
cupidité, l'esprit de calomnie. Telles sont la flagellation, les tortures, le travail au profit de certaines
castes et de certains individus, les amendes au profit
des dénonciateurs, la confiscation, etc.

Enfin, celles qui, loin d'être *réformatrices*, seraient
une cause presque certaine de corruption ou d'une
perversité plus profonde pour le condamné. Telle est
encore la flagellation. Il y en a d'autres.

L'étude de la moralité des peines est un sujet de
méditation aussi grave que délicat. Il demande une
analyse très-déliée des effets de la peine, une connaissance approfondie de l'état des mœurs et de l'opinion publique, et l'examen le plus attentif des résultats statistiques de la justice pénale.

Divisibles. —Une peine est divisible lorsqu'elle est
susceptible de plus ou de moins, soit en intensité,
soit en durée.   .

Si la peine, pour être juste, doit se proportionner
au crime, il est nécessaire que toute peine qu'on veut
appliquer à des crimes d'une gravité diverse, ou aux
divers degrés du même crime, soit divisible.

Une peine indivisible n'est donc pas illégitime de
sa nature, mais elle a l'inconvénient de ne pouvoir
être employée que dans un petit nombre de cas.

II. *Appréciables.* — La peine étant une souffrance,

la privation d'un bien, sa valeur dépend de la valeur du bien auquel elle porte atteinte.

Tout bien est plus ou moins cher à ceux qui le possèdent ou qui en jouissent. Mais il y a des biens que le commun des hommes ignore, et dont il ne songe pas à jouir, lors même qu'il en aurait les moyens. Le législateur, en soumettant les coupables à la privation de l'un de ces biens, n'aurait ni la certitude d'infliger une peine, ni les moyens d'en apprécier la gravité. On ne pourrait agir avec connaissance de cause qu'en procédant par individualités; il faudrait laisser aux hommes chargés d'appliquer la loi un pouvoir arbitraire trop étendu.

Il est des privations et des souffrances dont l'effet, quoique général, varie extrêmement selon les individus; presque nul pour les uns, il peut être excessif pour les autres, sans que le législateur ait le moyen d'apprécier à l'avance ces diversités, ou d'en indiquer les causes de manière que la justice pratique puisse les reconnaître exactement. L'emploi de ces peines est trop dangereux pour être licite. C'est encore un des cas où le vice de la loi ne pourrait être corrigé que par un pouvoir effréné accordé aux juges. L'usage de ces peines aurait l'inconvénient de laisser des crimes presque impunis, d'en punir quelques-uns trop sévèrement, et d'altérer ainsi les proportions de la pénalité.

Sans doute toute peine est plus ou moins inégale dans ses applications. On ne trouve pas deux accusés placés exactement dans les mêmes circonstances, ayant précisément le même degré de sensibilité, pas

plus qu'on ne trouve deux corps parfaitement semblables.

Aussi cette proposition banale, que la peine doit
être absolument la même pour tous, n'est excusable
que comme une attaque contre ces odieux priviléges
qui avaient envahi et envahissent encore dans plusieurs pays la législation pénale. L'égalité apparente
des peines cache une inégalité réelle.

Mais il ne s'ensuit pas de là que toute peine doive
être proscrite. L'inégalité n'est pas la même dans
tous les cas. Il est des peines qui conservent leur caractère pénal, quel que soit l'individu qu'elles frappent. Les différences en plus ou en moins n'étant pas
excessives, le législateur peut corriger ce défaut par
une latitude modérée laissée aux juges.

Seulement il ne faut pas songer à appliquer le
même correctif à celles des peines dont les variations
d'intensité sont immenses, selon la diverse qualité
des individus. Le législateur ne peut tout faire, ni
tout calculer d'avance ; mais le juge ne doit pas non
plus pouvoir se jouer du frein de la loi. Il y a un
partage prudent, judicieux, de pouvoirs, à faire entre
le législateur et le juge. C'est un des problèmes les
plus difficiles à résoudre dans la science des lois.

Enfin, il est des peines dont le législateur ne peut
apprécier d'avance l'effet qu'elles produiront sur
l'opinion publique, ni les rapports qui peuvent exister
entre ces peines et les divers crimes auxquels on
pourrait les appliquer. Telles sont les peines infamantes. En choisissant ces peines, le législateur agit
en quelque sorte au hasard. Il fait à l'opinion pu-

blique, au sentiment moral des citoyens un appel
auquel il ne sait pas s'ils répondront, ni jusqu'à quel
point leur réponse sera en harmonie avec le langage
de la loi. S'il n'y a pas d'accord, la peine ne produit
aucun effet. La loi ne trouve point d'appui ; le public
demeure froid, indifférent. Souvent aussi il repousse
directement la loi par le mépris ou par la haine.

Réparables ou rémissibles. — Une peine est réparable, lorsqu'on peut donner à celui qui l'a déjà subie
en tout ou en partie, une compensation de nature à
effacer le mal qu'il a souffert.

Elle est *rémissible*, lorsque le condamné, après
avoir commencé à la subir, peut en être libéré, sans
que la peine laisse des traces ineffaçables de son application.

La peine de l'amende est réparable. Restituez la
somme et remboursez en outre le dommage que le
payement de l'amende peut avoir occasionné, surtout
si elle était forte, et le mal de la peine disparaît.

L'emprisonnement est une peine rémissible plus
encore que réparable. Une indemnité pécuniaire pour
le temps écoulé après la condamnation, affaiblit le
mal de la peine ; on ne peut affirmer qu'elle l'efface.

Il est sans doute important que les peines dont dispose la justice faillible des hommes, soient réparables
ou du moins rémissibles.

Toutefois est-ce là un principe absolu, ou bien est-
ce seulement un précepte de sagesse, une règle de
prudence, dont il est permis de s'écarter, lorsqu'une
nécessité impérieuse nous le commande ?

Si c'était un principe absolu, nulle peine ne serait

légitime, car au fond aucune peine n'est complète-
ment réparable, ni absolument rémissible. Nul ne
peut faire que ce qui a été n'ait pas été. En rembour-
sant l'amende et en accordant au condamné une indemnité en sus, fera-t-on que les souffrances morales
et physiques dont la peine aura été cause pour lui ou
pour les siens, n'aient pas existé? En faisant cesser
l'emprisonnement, détruit-on le germe des maladies
que le détenu peut avoir contractées, les impressions
fâcheuses que sa condamnation peut avoir laissées
dans l'esprit d'un grand nombre de personnes, les
incapacités morales et physiques qui peuvent résulter
du non-usage prolongé de certaines facultés?

La différence entre ces peines et celles qui ne sont
en aucune manière réparables ni rémissibles, n'est
donc au fond qu'une question de plus ou de moins.
Si toute peine irréparable et irrémissible était illégitime en soi, la justice pénale serait impossible.

Elle est cependant un devoir, et la peine est un
élément de la justice.

La qualité de mal réparable et rémissible n'est point
une condition de la peine en soi. La peine en soi est
un mal dû au coupable, mérité par lui. C'est le contre-
poids inévitable du crime dans l'ordre moral : c'est
une nécessité.

La qualité de mal réparable et rémissible n'est requise dans la peine légale qu'en vue des imperfections
et des dangers qui accompagnent la justice humaine.
Son importance est donc relative ; elle varie selon ces
imperfections et ces dangers. Or, les périls de la justice humaine ne sont pas les mêmes partout ni pour

toute espèce de crime; ils ne sont pas les mêmes là
où règne la procédure secrète et où il y a absence
complète de lois pénales, et là où le législateur a
parlé et où la justice est administrée publiquement,
avec toutes les formes et toutes les sauvegardes propres à la préserver de la précipitation et de l'erreur.
Ils ne sont pas les mêmes pour le jugement des crimes
dont la preuve matérielle est facile, et pour le jugement de ceux dont la preuve résulte presque toujours
d'inductions plus ou moins dangereuses. Il est difficile de se tromper dans un procès de bigamie; il n'en
est pas de même pour une accusation de complot.

III. *Instructives et satisfaisantes*. — La peine est
instructive et satisfaisante pour la conscience publique, lorsqu'elle a un rapport frappant avec la nature
et la gravité du délit; en d'autres termes, lorsqu'elle
est proportionnée au délit et *analogue*.

L'analogie peut être intrinsèque, morale ou seulement extérieure et matérielle.

Elle est intrinsèque, lorsque la peine fait perdre au
coupable, en tout ou en partie, le bien correspondant
à celui qu'il avait enlevé, le même droit qu'il avait
blessé dans autrui, ou bien lorsque la peine réagit
contre le penchant qui a été la cause morale du délit.

Elle est extérieure, lorsque le législateur imite dans
la punition les moyens que le coupable a employés
pour l'exécution du crime.

L'incapacité politique est une peine intrinsèquement analogue au délit de celui qui par vanité ou par
ambition a usurpé des fonctions publiques. La peine
pécuniaire est analogue au délit d'escroquerie.

Percer la langue du calomniateur, condamner l'incendiaire au supplice du feu, noyer l'homme coupable d'inondation, ce sont des peines dont l'analogie n'est que matérielle et extérieure.

L'analogie intrinsèque parle au sens moral et à la raison.

L'analogie matérielle s'adresse à l'imagination.

Il est des peines qui réunissent les deux espèces d'analogie. La peine du *talion* pour certains crimes, en est un exemple.

L'analogie, surtout l'analogie morale, est sans doute une qualité utile dans les peines. Elle met en évidence le grand principe d'ordre moral : le mal mérite le mal. Elle frappe l'esprit des hommes, elle en contient les penchants criminels, en leur montrant le danger de perdre précisément le bien dont l'importance est telle à leurs yeux, qu'ils peuvent désirer d'augmenter ce qu'ils en possèdent, même par un crime.

En pratique, cependant, la recherche des peines analogues doit être contenue en des bornes assez étroites, surtout lorsqu'il s'agit de peines frappant par analogie matérielle et extérieure.

Tout le monde sait à quelles injustices une recherche exagérée de l'analogie des peines avec les crimes peut entraîner le législateur. La loi du *talion* est jugée.

Et quant aux analogies extérieures, il ne faut pas oublier qu'il n'est que trop facile de tomber dans le ridicule ou d'inspirer le dégoût. Faire semblant de noyer un homme qui aurait causé quelque dégât au moyen d'une inondation, ce serait en quelque sorte jouer une farce dont le public s'amuserait. Administrer du poison et ensuite un antidote aux coupables de tentatives éloignées d'empoisonnement, ce serait un acte plus que ridicule : il y aurait une recherche dégoûtante dans les moyens d'infliger une punition qui serait ou trop dangereuse ou plus apparente que réelle.

En général il y a quelque chose qui déplaît, qui révolte, dans les soins trop minutieux, dans les moyens trop compliqués et difficiles que prend le législateur pour l'exécution de la sanction pénale. Il ne faut pas qu'il paraisse se plaire dans ce travail, qu'il se présente en quelque sorte au public comme un exécuteur des hautes œuvres qui aurait la passion du métier. L'application des peines doit être frappante, mais elle doit être simple, grave, prompte, et d'un effet immanquable. Ce n'est qu'à ces conditions que le public peut s'associer à la pensée de la loi. Il ne veut pas que le législateur se charge de l'amuser, et moins encore qu'il lui fasse soulever le cœur.

Exemplaires. — C'est au moyen des peines exemplaires qu'on obtient l'effet le plus important de la punition, celui d'intimider.

La peine est exemplaire, lorsqu'elle produit un mal que tout le monde redoute.

L'exemple est très-utile, lorsqu'au sentiment de la crainte se joint une impression morale, solennelle et durable.

Il est efficace, lorsque l'exécution de la peine suit de près le délit et qu'elle est publique.

Le coupable peut être intimidé par une punition même secrète. Mais pour effrayer tous ceux qui pourraient être disposés à commettre des crimes, la publicité est nécessaire.

On a quelquefois appliqué en secret les peines dont on n'osait pas faire parade aux yeux du public. La justice agissant dans l'ombre comme le plus adroit criminel! c'est pousser l'*analogie* trop loin. On a aussi préféré l'exécution secrète dans des vues honnêtes.

En Angleterre, la peine du fouet est souvent appliquée dans la prison. Dans l'état de New-York, les exécutions capitales ont cessé d'être publiques. Il est aisé de comprendre les motifs de ces mesures. Mais sont-ils suffisants? Parce que le public connaît le jugement, est-ce à dire que l'impression que la peine doit produire sur lui n'en soit pas affaiblie? D'ailleurs, ce n'est pas là la seule objection. Lorsque la publicité est nuisible, il faut abolir la peine.

Réformatrices. — La peine possède cette qualité, lorsqu'elle a une tendance directe à l'amendement moral du coupable.

Si elle avait la qualité contraire, elle serait immorale. Une peine qui ne tend pas à l'amendement du coupable est une peine qu'on doit désirer de ne pas employer. Celle qui tend à le démoraliser, est une peine qu'il n'est pas permis d'employer.

La peine peut changer les dispositions internes des coupables, par son action matérielle ou par son influence morale.

Par son action matérielle, elle peut faire du coupable un homme prudent, calculant mieux les con-

séquences de ses actions : ce n'est encore que de la
crainte.

Par son influence morale, elle peut faire d'un coupable un honnête homme. C'est la régénération proprement dite.

Ce second effet est le plus désirable. C'est le premier qui est le plus probable.

Rassurantes. — La punition rassure les esprits lorsqu'elle est proportionnée à la nature et à la gravité du
délit ; lorsqu'elle est franchement appliquée et loya-
lement exécutée. Le public voit alors dans la peine
un moyen de *prévention générale*.

Mais la peine est de sa propre nature plus ou
moins rassurante, selon qu'elle supprime plus ou
moins complétement, dans le coupable, le pouvoir de
se livrer à d'autres crimes, la faculté de nuire. La
peine suppressive est un moyen de *prévention spéciale*.

Ces règles étant posées, nous pouvons maintenant
procéder à un examen rapide des diverses espèces de
peines.

CHAPITRE VI.

DE LA PEINE DE MORT.

Personne n'ignore les discussions qui se sont éle-
vées, même tout récemment, au sujet de la peine de
mort. Nous n'avons pas l'intention de reprendre la
question tout entière en sous-œuvre, et moins encore
celle de répéter tout ce qui a été dit pour et contre
la légitimité et l'utilité de cette peine. Nous nous bor-
nerons à quelques courtes observations.

L'histoire nous apprend que l'usage de la peine de
mort a été universel : on le retrouve chez tous les
peuples, à toutes les époques. Ce n'est que dans les
derniers temps qu'on a songé à l'abolir dans quelques États ; mais de ces résolutions, les unes n'ont
guère survécu à leurs auteurs, les autres ne sont encore que des projets. L'autorité de ces actes aux yeux
du public européen a été diverse. Quelques théoriciens et quelques philanthropes y ont vu une confir-
mation éclatante de leurs doctrines et de la légitimité
de leurs vœux. Les praticiens, au contraire, n'ont
guère tenu compte de ces exemples ; ils n'ont su y
reconnaître que des actes d'une adroite politique ou

d'une humanité intempestive et mal entendue. Les peuples, même ceux au milieu desquels s'opérait ce grand changement dans le système pénal, ont paru ne pas s'en émouvoir ; l'abolition et le rétablissement de la peine de mort ont passé au milieu d'eux comme des événements à peu près étrangers à la nation, comme des mesures de cabinet.

Nous sommes loin de vouloir préjuger, à l'aide de ces faits, la question de la peine de mort. Il importe cependant de ne pas les perdre de vue. Il importe de savoir que l'opinion qui attaque la peine de mort, comme une peine illégitime en soi, est contredite en fait par l'accord presque unanime des législateurs et des peuples. Il importe de savoir que si la peine capitale est illégitime en soi, si l'application de cette peine est un crime, un assassinat juridique, ce forfait n'a point encore ému la conscience humaine et provoqué le remords. Car, il ne serait pas logique d'alléguer, en opposition à ce fait de l'humanité, l'indignation et l'horreur que peut avoir excitées l'abus de la peine capitale.

Encore une fois, appliquée aux parricides, aux assassins, aux empoisonneurs, la peine de mort a eu l'assentiment des nations ; les exceptions qu'on peut alléguer ne détruisent point ce fait général.

De même, la gravité de ce fait ne peut être affaiblie par l'exemple de plusieurs erreurs populaires et généralement répandues.

De ces erreurs, les unes dérivent de l'ignorance des faits. Les peuples ont cru, plusieurs croient encore que le soleil tourne autour de la terre. Socrate et

Cicéron le croyaient comme eux. La proposition contraire est une vérité d'observation, sa source n'est pas dans la conscience.

Les autres sont, il est vrai, de fausses applications des principes de la loi morale; mais de ces applications, les unes ont aussi eu pour cause l'ignorance des faits, les autres ne sont que des exagérations partielles d'un principe moral dont on n'avait pas bien reconnu les limites. Celui qui immolait sa fille aux prêtres d'un dieu outragé, n'agissait point par intérêt personnel; il ne méconnaissait pas le devoir qui commande aux pères de protéger leurs enfants; mais il croyait aux révélations des ministres du culte, et il pensait que le devoir de se soumettre à leurs injonctions n'admettait aucune borne.

Quoi qu'il en soit, l'application de la peine de mort, surtout à certains crimes, est un fait qui se distingue de ceux auxquels nous venons de faire allusion, par sa généralité, par l'assentiment presque unanime de tous les hommes, même de ceux dont le développement intellectuel et moral était le plus avancé. Ce fait a résisté aux plus grandes crises que la civilisation ait subies : migrations de peuples, changements de religion, révolutions politiques, rien n'a pu jusqu'ici le détruire; la peine de mort n'a jamais été abolie d'une manière complète, absolue, permanente. Les Romains n'ont jamais regardé la peine de mort comme illégitime en soi, seulement ils ont cru, pendant un temps, que les citoyens romains, *cives*, devaient, par privilége, en être exemptés.

Le fait étant irrécusable, la question est de savoir
s'il ne révèle qu'un mouvement d'égoïsme, un acte
de pure hostilité contre les coupables, ou bien s'il
est l'expression d'une vérité morale, de ce principe,
que la justice humaine peut aller·jusqu'à ôter la vie à
un coupable, dans certains cas, pour certains crimes,
lorsque tout autre moyen de punition serait insuffisant à l'accomplissement d'un devoir aussi essentiel,
aussi impérieux que la protection du droit, le maintien de l'ordre social.

Écartons d'abord sans autre examen tous les arguments pour ou contre l'abolition de la peine capitale,
tirés des diverses théories du droit de punir que nous
avons essayé de réfuter. « L'homme n'ayant pas le
droit de se tuer, il n'a pu céder ce droit à la société.
La société étant le résultat d'un pacte, l'homme n'a
pu imaginer de stipuler qu'on le pendrait. Il n'est pas
permis de tuer l'agresseur qu'on a désarmé. » Examiner ces arguments, ce serait reproduire sous une
autre forme les questions que nous avons traitées dans
le premier livre. Nous avons déjà eu l'occasion de le
faire remarquer ; la question de la peine de mort
a souvent exercé une influence de préjugé sur ceux
qui ont discuté la question du droit de punir. La
théorie de ce droit se modifiait dans leur esprit, à leur
insu peut-être, selon que leur sentiment était favorable ou contraire à la peine capitale, de manière que la
conservation ou l'abolition de cette peine en ressor-
tait comme une conséquence naturelle. Nous nous
flattons d'avoir échappé à cet inconvénient. Quoi
qu'il en soit, c'est dans les principes que nous avons

posés, que nous devons à notre tour prendre notre
point de départ.

Or, ces principes étant admis, qu'y a-t-il dans la
peine de mort qui la rende intrinsèquement illégitime,
immorale ?

La justice sociale est un devoir ; la peine en est un
élément, un moyen nécessaire et par conséquent légitime. La peine est une souffrance, la privation d'un
bien. Tout bien peut donc offrir matière de pénalité,
à moins qu'une raison spéciale ne s'y oppose. Le bien
qu'enlève la peine capitale est la vie corporelle. Y a-t-
il là un motif particulier qui rende illégitime en soi
ce moyen de punition ?

« L'existence est strictement personnelle ; c'est la
personne elle-même. L'homme la reçoit, il ne se la
donne pas. »

Si l'on conclut de là que le suicide est illicite, que
le meurtre est un crime très-grave, nous n'en disconvenons point. Si l'on veut en outre en conclure que
l'existence est absolument inviolable, ce n'est plus
qu'une affirmation ; où est la preuve ?

On a déjà fait remarquer le rapport que peut avoir
cette doctrine avec un système philosophique qui,
certes, ne représente pas la croyance générale de l'espèce humaine. Nous ne songeons pas à aborder une
pareille discussion. Nous ne pouvons que nous réfu-
gier modestement dans le sens commun.

Un père, pour protéger la vie de son fils, un mari,
pour sauver l'honneur de sa femme, peuvent, dans
certains cas, ôter la vie à un homme : non-seulement
ils le peuvent, le devoir le leur commande.

Le devoir impose à la société la charge de protéger le droit, de maintenir l'ordre. La justice en est le moyen principal. La peine est le moyen d'exercer la justice. En supposant que la peine capitale soit nécessaire à l'accomplissement de ce devoir, comment affirmer qu'elle est illégitime? En supposant que la mort d'un homme *coupable* d'assassinat soit la *seule et unique* peine capable d'arrêter le bras des assassins, de produire les effets qu'on attend de la peine, surtout comme exemple, le seul moyen d'atteindre le but que le devoir impose à la justice sociale ; comment affirmer que le bien de l'existence ne pourra être enlevé à l'assassin? A-t-il *mérité* la punition? Il s'est rendu coupable d'un grand crime. A-t-il mérité une peine *de cette gravité ?* La conscience humaine, nous le croyons, répond affirmativement. Supposons l'existence d'un autre lot pénal exactement semblable à celui de la peine de mort. Peut-on dire, de bonne foi, que ce lot serait trop lourd pour un assassin ? Il y a donc démérite, démérite proportionné à la peine ; reste donc pour point unique de contestation la *qualité* de la peine, l'atteinte à la personnalité.

Mais dans l'hypothèse, la vie du coupable est incompatible avec celle des innocents ; car dans l'hypothèse, sans l'emploi de cette peine le droit n'est pas protégé, l'ordre est impossible. La question est donc de savoir si la personnalité de l'assassin doit l'emporter sur celle de dix, de vingt, de cinquante innocents.

La justice n'est pas la défense : aussi, s'il n'était question que de protéger l'homme attaqué par le bri-

gand, faudrait-il s'arrêter si l'on avait pu désarmer
l'agresseur sans le tuer.

La justice n'est pas, il est vrai, un pur instrument,
un pur moyen de prévention ; aussi non-seulement la
peine de mort, mais toute peine, serait illégitime si
elle n'était employée que comme un moyen utile d'é-
carter les dangers futurs.

Mais si la justice pénale est légitime et obligatoire
en soi, si le délinquant est effectivement l'auteur d'un
grand crime, s'il a mérité par ce crime une peine de
la gravité de la peine capitale, si cette peine est la
seule dans ce monde qui ait ce degré de gravité,
enfin si elle est également le seul et unique moyen
que la justice humaine puisse employer pour atteindre
le but que le devoir lui impose, pour donner force à
la loi, que peut-on, en présence de *toutes* ces conditions réunies, opposer à la légitimité de la punition ?

La personnalité du coupable ! Mais, *sous ce rapport*,
il n'est pas mieux placé que l'agresseur qu'on tue :
l'un et l'autre ont rendu leur existence incompatible
avec le droit ; l'un avec le droit de la personne atta-
quée, l'autre avec le droit de la société ; droits également légitimes et sacrés, car ils prennent l'un et
l'autre leur source dans le devoir : l'un dans le devoir
de conserver sa vie, l'autre dans le devoir d'administrer la justice et de protéger l'ordre.

Si l'on était forcé d'opter entre ces deux droits, ce
serait le droit de la justice sociale qui devrait l'emporter sur celui de la défense individuelle, car le second est moins rationnel dans son exercice que le
premier ; et l'ordre serait moins troublé par quelques

agressions imparfaitement repoussées, que par l'impuissance où se trouverait réduite, dans l'hypothèse, la justice sociale.

Ces observations nous paraissent répondre également aux objections qu'on pourrait ajouter à celle que nous venons d'examiner.

« Le devoir nous commande, pourra-t-on dire, de vouer notre vie à la connaissance du bien et du vrai, au développement moral de notre être ; la vie n'est pour l'homme qu'une école préparatoire où il doit s'exercer à la lutte du bien contre le mal, une arène où l'homme doit, pour ainsi dire, élever sa nature par la persévérance de ses efforts plus encore que par les succès brillants de sa carrière. »

Mais s'il ne remplit pas sa mission, sérieusement est-ce à la loi qui le condamne à mort qu'on doit l'imputer? La cause de la mort est-elle dans la loi ou dans le crime? La cause de la mort de l'agresseur est-elle dans l'homme assailli ou dans l'attaque?

Faut-il donc proscrire aussi la peine de l'emprisonnement et du travail mécanique à perpétuité, parce que le condamné aurait pu, en demeurant libre, donner au monde un Vincent de Paul, un Socrate, ou un Montesquieu?

« Les jours de l'homme sont comptés ; ils sont l'épreuve de sa liberté ; ils lui ont été assignés dans ce but ; la mort le saisit à l'heure marquée pour le conduire devant son juge ; nul n'a le droit d'abréger le temps de l'épreuve, de rapprocher le jugement. »

C'est encore un sytème particulier qu'on rencontre dans cette objection, un système de théologie.

En effet, celui qui croirait que le jugement n'est
pas immédiat ou irrévocable , celui qui croirait
que l'homme pourra même dans un autre monde,
exercer sa liberté, et racheter par l'expiation, par le
repentir , par une vie meilleure le mal qu'il peut
avoir fait dans celui-ci; ceux qui sont convaincus
qu'il suffit d'un instant pour réconcilier le pécheur
avec Dieu ; que la conversion ne peut être que l'effet
de la grâce, ceux qui croient à la prédestination, et
tant d'autres, ne saisiront pas la portée de cette objection.

Au surplus, l'objection, prise même dans sa spécialité, nous paraît avoir été pleinement réfutée (*Revue
française*, n° 5, pages 44 à 49). Bornons-nous à quelques mots.

Sans doute les jours de l'homme sont comptés,
dans ce sens qu'il ne doit pas se suicider, et que
nul n'a le droit de le priver de la vie sans cause légitime.

Mais dérange-t-il le compte de ses jours, l'homme
plein de vigueur et de santé qui, en se jetant à l'eau
pour sauver un vieillard, y périt? Le dérangeait-il, ce
militaire à qui son supérieur ayant dit avec une sincé-
rité brutale : « Allez vous faire tuer dans tel poste, »
répondit tranquillement : « J'y vais ? »

L'homme peut donc sacrifier sa vie pour une cause
imprévue, pourvu qu'elle soit légitime.

Or, comment prouver qu'on ne pourra jamais la lui
ôter pour une cause aussi légitime que le maintien de
l'ordre social ?

Si les jours de l'homme dans ce monde sont comptés *d'une manière absolue*, toute guerre même défensive est injuste. Il faut se laisser envahir paisiblement. Comment pourrait-on fermer tout à coup la carrière terrestre de plusieurs milliers d'individus, arrêter leur développement intellectuel et moral, et leur enlever le temps et les moyens de faire leur salut, pour ne pas payer un tribut, pour garder une province, pour maintenir sur le trône une dynastie plutôt qu'une autre ?

Au reste, le ciel nous préserve de jamais regarder ces questions comme des questions peu dignes d'un examen sérieux et qu'on puisse traiter légèrement ! Si nous n'entrons pas dans une discussion plus approfondie, c'est uniquement, nous le répétons, par la conviction de ne pouvoir rien ajouter d'important à ce qui a été dit. Nous nous sommes sincèrement réjoui de voir la question de la peine de mort traitée dans les deux sens, avec toute l'étendue et la profondeur qu'elle mérite. Nous nous sommes particulièrement réjoui de voir un jeune écrivain, d'un talent remarquable, attaquer la peine de mort par le raisonnement et par les faits ; car, quoique nous ne partagions pas toutes ses opinions, nous regardons toutefois son ouvrage comme un véritable service rendu à la science et à l'humanité et nous nous sommes senti honoré d'avoir pu contribuer, par notre suffrage, à lui décerner une couronne. On a abusé et l'on abuse étrangement encore de la peine capitale dans l'Europe entière. Il était temps d'attirer d'une manière forte et sérieuse l'attention publique sur cet abus révoltant de la force légale. Nous ne savons pas si c'est un bon

moyen d'obtenir quelque chose que de trop demander. Mais nous savons que dans le siècle où nous
vivons, toute discussion grave porte enfin ses fruits,
et nous espérons que si le temps n'est pas encore arrivé où l'échafaud pourra disparaître à jamais, le supplice d'un de nos semblables ne tardera pas du moins
à devenir un événement si rare, si lugubre, et tellement solennel, qu'il accélérera, par une impression
vraiment salutaire, l'arrivée de l'époque où son inutilité ne sera plus un sujet de discussion.

Si la peine de mort n'est pas illégitime en soi, ne
produit-elle pas du moins des effets indirects que la
morale désavoue ? Elle peut en produire sans doute,
et de très-funestes. Mais ces effets dérivent surtout
de l'abus de cette peine. Prodiguée, elle rend l'homme
barbare, sanguinaire, elle l'habitue à se jouer de la
vie de ses semblables et de la sienne propre ; elle enlève toute force relative aux peines plus douces,
plus morales et plus utiles ; elle excite les passions
les plus malfaisantes à essayer de l'autorité judiciaire
comme d'un moyen ; la calomnie redouble d'efforts
et de ruse lorsqu'elle sait que l'erreur du juge plon-
gera la victime dans la tombe, et que les dangers du
calomniateur disparaîtront avec l'existence de l'accusé;
enfin elle donne aux délinquants un intérêt trop puissant à détruire les témoins de leurs crimes. Un autre
effet indirect et que nous n'hésitons pas à appeler immoral, c'est l'impunité du coupable. Les uns n'osent
pas accuser, les autres n'osent pas condamner, lorsqu'il s'agit de faire subir le dernier supplice. Mais
encore une fois, c'est là une conséquence de l'abus

de cette peine, de son maintien pour des cas où l'opinion publique la repousse.

Divisibles. — La peine de mort est indivisible. De cela seul il résulte forcément qu'on ne peut, sans fouler aux pieds de la justice, appliquer cette peine à des crimes divers par leur gravité. Punir de mort également l'assassin et le faussaire, c'est plus qu'une faute. La peine de mort n'est, pour ainsi dire, qu'un *maximum;* elle ne peut être appliquée qu'aux crimes qui, occupant moralement le sommet de l'échelle, méritent la plus grave des peines, et lorsque l'état social exige la plus forte des répressions possibles.

D'un autre côté, il nous paraît fort douteux qu'il convienne, dans ce petit nombre de cas, de laisser au juge l'option, selon les circonstances, entre la peine capitale et une peine inférieure. Il y a un abîme entre la peine de mort et toute autre punition. C'est abandonner aux juges un immense pouvoir, et l'administration de la justice devient par trop individuelle, lorsqu'il dépend du juge d'envoyer un homme à l'échafaud ou de le garder en vie. Comme cependant il est impossible au législateur de prévoir des cas tels qu'ils n'admettent absolument aucune différence de culpabilité, l'application de la peine capitale peut devenir une injustice. Peut-être faudrait-il que la loi prononçât la peine de mort, seule, sans option, mais qu'aucun jugement emportant peine capitale ne pût être mis à exécution sans qu'il en fût référé au pouvoir investi du droit de grâce. Quelles sont les garanties qu'on peut désirer pour l'exercice de ce droit?

Ce n'est pas dans cet ouvrage que la question doit être résolue.

Appréciables. — La peine de mort est appréciable, car, généralement parlant, elle est une peine pour tout le monde, et la plus grave des peines.

La peine de mort n'est ni *réparable* ni *rémissible.* — C'est là le vice capital de cette peine, celui contre lequel viennent échouer tous les raisonnements de ceux qui osent encore l'appliquer à un grand nombre de crimes, aux crimes difficiles à constater, aux crimes dont la malfaisance est, pour ainsi dire, momentanée, passagère, aux délits politiques qui, peu de temps après leur perpétration, sont oubliés de tout le monde, la partie lésée y comprise. La justice, dans ce dernier cas, en envoyant au supplice les premiers coupables qui lui tombent sous la main, ressemble à une loterie où les billets perdants seraient ceux qui sortiraient les premiers.

Lorsque la statistique judiciaire aura été perfectionnée et suivie pendant plusieurs années, on reconnaîtra, par des chiffres, quels sont, parmi les crimes qui pourraient mériter la peine de mort, ceux dont la constatation est difficile et sujette à de graves erreurs. On le connaîtra par le rapport des mises en accusation avec les condamnations, ou par celui des jugements confirmés avec les jugements infirmés, là où il existe une cour d'appel. Au reste, on peut déjà se faire, *à priori*, une idée suffisamment claire de cette distinction pour un certain nombre de crimes. Nous l'avons déjà dit ; la difficulté de les constater d'une manière directe et positive est une des raisons qui rendent illégitime l'application de la peine de mort aux complots et aux délits ministériels.

La peine de mort est *instructive*, lorsqu'elle est réservée à un petit nombre de crimes ; elle est alors un enseignement moral et un avertissement efficace. Prodiguée à des crimes trop divers, elle brouille toutes les idées, elle révolte les consciences, elle irrite les esprits.

Est-elle *exemplaire ?* — C'est demander si elle intimide tous ceux qui pourraient être disposés à commettre un crime. La réponse dépend en partie de la nature du crime, et par là de la qualité des personnes. Pour les crimes politiques que pourraient commettre des hommes puissants, un homme d'État, un général, la peine de mort est peu efficace. Si la perspective de la peine pouvait leur servir de frein, c'est l'emprisonnement dans une maison de force, c'est l'esclavage légal, c'est l'exil, c'est la déportation, qui pourraient seuls produire cet effet. La mort, les uns l'ont bravée cent fois sur le champ de bataille, les autres la regarderaient, en cas de non-succès, comme une délivrance, comme un moyen de se soustraire aux angoisses de la honte, du mépris, de la perte de tout pouvoir.

Mais on ne saurait nier que la peine de mort ne soit propre, en général, à inspirer une grande terreur. L'homme redoute à la fois, dans la mort, la perte d'un grand bien et l'approche de l'inconnu. Ce sont les mystères de la mort qui l'effrayent et l'incertitude de son avenir à lui. On se tromperait en prêtant à l'homme en général les opinions, le courage, ou le

désespoir de quelques individus. Ce ne sont là que
des exceptions.

Il est, à la vérité, des systèmes religieux qui affaiblissent plus ou moins la crainte naturelle de la mort,
en lui enlevant ce qu'elle a d'obscur et de terrible.
Cependant, s'ils l'affaiblissent, ils ne détruisent pas le
sentiment naturel. D'ailleurs, ces croyances agissent
sur l'homme qu'une mort inévitable est sur le point
de frapper, plus encore que sur ceux qui ne voient la
mort qu'en perspective. Dans ces derniers, le sentiment naturel de la crainte l'emporte encore sur la
croyance.

Pour apprécier exactement la force répressive de
la peine de mort, c'est surtout en tant que *menace*
qu'il faut la considérer. Car, d'un autre côté, il est
vrai aussi que le même homme qui, après avoir été
condamné aux travaux forcés, refuserait d'échanger
sa tête contre la peine qu'il subit dans une maison
de force, peut avoir méprisé, bravé la peine de mort,
lorsqu'il ne la voyait encore qu'en perspective. Il y a
une différence entre l'effet que produit l'expectative
d'un événement plus ou moins incertain, et celui de
l'application immédiate de la souffrance. L'homme est
souvent comme l'enfant qui consent à une opération
chirurgicale, s'il ne doit la subir que dans cinq ou six
jours, et qui crie et se désespère aussitôt que l'opéra-
teur paraît devant lui.

Est-ce à dire, toutefois, que la mort n'est pas une
peine effrayante, préventive? Le sentiment universel
repousse cette conclusion. Et lorsque nous demandons, et sans doute avec justice, que si la peine capi-

tale ne peut pas encore être supprimée complétement, elle soit du moins réservée à un petit nombre de crimes, aux crimes les plus graves et les plus faciles à constater; pourquoi le demandons-nous, si ce n'est parce que nous regardons le dernier supplice comme la plus forte et la plus terrible des punitions?

« L'exécution de la peine capitale paraît souvent inspirer l'horreur ou la pitié, plus encore que la terreur; elle paraît souvent un spectacle propre seulement à exciter une curiosité barbare et immorale; elle montre l'homme impunément aux prises avec la vie de l'homme; elle paraît, en quelque sorte, incorporer la loi dans le bourreau, ravaler le législateur jusqu'au meurtrier; elle peut exciter de funestes penchants, inspirer le mépris de la vie, frapper les imaginations d'une manière contraire au but de la loi; enfin, les supplices sont d'ancienne date, et les crimes ne cessent point; on en commet le même jour, au même instant, dans le lieu même où cet être si inconcevable, cette espèce de monstre que la société est obligée de créer en quelque sorte, de protéger et d'employer, cet être qui tue sans passion, sans colère, pour gagner quelques écus, pour exercer un métier, fait rouler dans la poussière la tête d'un coupable. »

Il y a du vrai dans ces observations. Mais les adversaires de la peine de mort les présentent d'une manière trop absolue, et en tirent des conséquences exorbitantes. Ils affaiblissent par là leurs propres raisonnements.

En effet, la pitié et la terreur, l'horreur et la

crainte, ne sont pas des sentiments absolument incompatibles. On peut avoir pitié du condamné et ne
pas se préparer pour cela, à l'imiter, pour se donner
le plaisir d'exciter à son tour la pitié publique. On
peut avoir horreur du supplice, comme on a horreur
d'un assassinat, ou d'une maladie dégoûtante, incu-
rable; et cependant s'abstenir du crime défendu sous
peine de mort, avec le même soin qu'on évite le bras
d'un assassin et qu'on tâche de prévenir une maladie semblable. Il vaudrait mieux sans doute que la
peine n'excitât qu'une émotion grave, religieuse, et
une crainte salutaire dégagée de tout sentiment hostile envers la loi. C'est à quoi doit veiller le législateur
tant qu'il est forcé de conserver la peine capitale :
c'est dans ce but aussi qu'il doit en écarter soigneusement tout appareil repoussant, toute longueur inutile, toute espèce de torture et de supplice accessoire. C'est sous ce point de vue qu'il doit préférer
une forme d'exécution qui, tout en étant publique et
solennelle, épargne, autant qu'il est possible, le
spectacle hideux d'un homme fort luttant avec un
homme réduit à l'impuissance de se défendre, d'un
homme s'emparant du corps d'un autre homme, et
faisant effort pour lui arracher le dernier souffle de
la vie.

Une pure curiosité presque immorale attire, il est
vrai, beaucoup de spectateurs sur la place du supplice. Mais ne perdons pas de vue la question ; il ne
s'agit ici que d'un seul effet de la peine, l'impression
de la crainte. Est-ce à dire que les personnes attirées
par la curiosité, en reviennent convaincues que la

peine de mort n'est pas la plus redoutable des peines ?
Nous devons l'avouer ; nous n'avons jamais pu nous
résoudre à faire des observations personnelles au pied
d'un échafaud ; mais nous n'avons eu que trop souvent l'occasion de voir et d'entendre des personnes
de toutes les classes qui n'avaient pas su résister à
l'attrait de la curiosité et au besoin d'émotions : nous
avons plus d'une fois trouvé sur leur figure et dans
leurs paroles la preuve d'une terreur qu'elles s'effor-
çaient en vain de dissimuler.

Des filous ont plus d'une fois exercé leur industrie
sur le lieu même du supplice, aux dépens des spectateurs. Le fait est vrai. Mais aussi le filou sait fort bien
qu'on ne le pendra pas pour son larcin. On pourrait
tout au plus en conclure que l'énormité de la peine
qu'il a devant les yeux, lui fait mépriser la peine
correctionnelle à laquelle il s'expose.

D'ailleurs, est-ce uniquement d'après les sentiments des spectateurs d'un supplice qu'on doit juger
les effets de la menace et de l'exécution de la peine?
La connaissance de la loi, la connaissance du jugement, le récit de l'exécution, sont tous des faits qui
produisent leur résultat ; un résultat qui nous a paru
dégagé de ce mélange d'horreur, de pitié, même de
fanfaronnade qui agitent souvent les spectateurs du
supplice. Quoiqu'un hasard heureux nous ait épar-
gné dans notre pratique la douleur d'avoir de nos
clients condamnés à la peine capitale, nous avons
plus d'une fois entendu prononcer au milieu de
nombreuses assemblées des arrêts de mort; et lorsqu'ils étaient prononcés par des tribunaux réguliers,

lorsque l'assemblée était convaincue de la justice du jugement, l'impression du public nous a toujours paru grave, solennelle, morale, enfin elle nous a paru plus forte et plus efficace que celle qui se déclare à la suite de toute autre condamnation.

Lorsqu'on a eu l'imprudence de punir le vol sans violence comme le vol accompagné de meurtre, on a diminué le nombre des voleurs et multiplié celui des meurtriers. C'est que les uns ont renoncé au délit, et que les autres, les chances étant les mêmes, ont préféré commettre celui des crimes qui en faisait disparaître les témoins. Mais ce second fait lui-même prouve cependant qu'ils redoutaient la peine de mort plus que celle des galères. Car, tant que le choix était possible, ils préféraient la chance assez probable d'être condamnés aux fers en laissant en vie les témoins du crime, au danger, moins probable cependant, d'être condamnés au dernier supplice, en égorgeant la victime.

Le fait est que l'espoir de l'évasion diminue beaucoup la crainte des autres peines. Aussi nous avons toujours dit, et nous répétons ici, que ceux qui désirent ardemment, et nous sommes de ce nombre, voir le jour où la peine de mort pourra être complétement abolie, doivent travailler avant tout à ce qu'il s'organise un système d'emprisonnement qui rende les évasions impossibles. Lorsque dix ou vingt ans se seront écoulés sans qu'un seul condamné ait pu s'échapper, lorsque ce fait pourra être solennellement constaté, le moment sera venu, peut-être, de réclamer l'abolition complète de la peine de mort. La protec-

tion de l'ordre a besoin de force : si on veut lui en
ôter d'une main, il faut en ajouter de l'autre ; il faut
que les délinquants redoutent la prison. Sans cela les
hommes d'État ne peuvent pas se rendre à nos vœux.
Ils ne peuvent pas en bonne conscience compromettre
la vie des innocents pour épargner celle d'un assassin.

Réformatrices. — Celui qui tue ne réforme pas la
victime.

Rassurantes. — Certes la peine de mort est rassurante au dernier degré, en tant que suppressive du
pouvoir de nuire. Mais on ne doit pas insister sur cet
avantage, surtout dans le but de maintenir la peine
capitale indéfiniment. Une société civilisée peut se
garantir par d'autres moyens contre les récidives. La
peine de mort ne doit pas servir de correctif à la négligence ou à l'avarice des gouvernements.

Que conclure de ces observations ? Que la peine de
mort est, non-seulement une peine légitime en soi,
mais une peine dont on doit désirer le maintien ?
Malheur à celui qui pourrait en tirer une pareille
conséquence ! La peine de mort est un moyen de
justice, extrême, dangereux, dont on ne peut faire
usage qu'avec la plus grande réserve, qu'en cas de
véritable nécessité, qu'on doit désirer de voir supprimer complétement, et pour l'abolition duquel le
devoir nous commande d'employer tous nos efforts,
en préparant un état de choses qui rende l'abolition
de cette peine compatible avec la sûreté publique et
particulière.

CHAPITRE VII.

DES PEINES CORPORELLES AUTRES QUE LA PEINE CAPITALE.

Les peines corporelles autres que la peine capitale consistent dans une souffrance physique plus ou moins aiguë, mais qui n'entraîne pas la mort du coupable.

De ces peines, les unes ne laissent pas de traces permanentes après l'exécution ; les autres ont des conséquences plus ou moins durables.

Nous ne parlons pas ici des peines ou marques corporelles, infligées uniquement dans le but d'imprimer sur le coupable le cachet de l'infamie. Cela rentre dans l'examen des peines infamantes.

De même, nous ne parlons pas des souffrances corporelles qui ont trop souvent précédé ou accompagné la peine capitale. Nous en avons dit un mot en parlant de cette peine. Le gouvernement qui se permet l'usage de ces moyens se déshonore, et il manque le but de la justice sociale. Par l'atrocité de ces exemples, il retient son peuple dans la barbarie, et, en excitant un sentiment de cruauté et d'horribles sensations, il répand à pleines mains les germes de ces mêmes crimes contre lesquels il sévit. C'est bien assez que l'homme puisse supporter, avec une impression morale, le spectacle du dernier supplice : si l'on y ajoute des formes repoussantes, des souffrances aiguës, des tortures, les spectateurs finiront par abhorrer la loi ou par l'imiter : il n'y a pas de milieu.

Enfin, nous prions que l'on nous dispense de donner le catalogue et plus encore la description des diverses peines corporelles que l'homme a inventées dans les égarements d'une imagination dépravée. Les législateurs ont joué au plus méchant et au plus féroce avec les malfaiteurs. Avouons-le ; ils ont été plus d'une fois vainqueurs dans cette épouvantable lutte. Rien n'a été respecté, ni le caractère sérieux de la justice, ni l'humanité, ni la pudeur.

Parmi les peines corporelles d'un effet passager, la plus usitée a été la flagellation, dans toute la richesse et la variété de ses formes.

De celles d'un effet permanent, la plus commune a été la mutilation. La mutilation produit une incapacité, ou seulement une difformité plus ou moins apparente.

Quoique ces peines, celle du fouet en particulier, soient encore défendues avec zèle, et par des hommes éminents, dans un pays civilisé, elles ne sont pas moins toutes d'une tendance plus ou moins immorale. On l'a remarqué avec raison, elles ravalent l'être raisonnable au rang d'un animal ; elles mettent l'homme d'une manière immédiate et grossière, à la merci d'un autre homme : les unes sont plus ridicules encore que sévères, les autres sont horribles ; elles inspirent toutes des sentiments qui ne sont point

en harmonie avec ceux que la justice pénale doit
inspirer.

Elles bannissent le condamné de toute société honnête ; elles l'empêchent de gagner sa vie par le travail ; elles le placent en état de guerre avec la société ;
elles en font un candidat pour l'échafaud. Heureux
encore le pays où tels sont les effets de ces punitions !
Car là où l'homme que le bourreau vient de fouetter
n'en est pas moins le bien venu de la classe sociale à
laquelle il appartient, là où le condamné n'a, pour
ainsi dire, qu'à se secouer pour effacer l'impression
des coups qu'il a reçus, là existe un peuple asservi,
abruti, arrêté dans sa marche vers une meilleure civilisation. Ces peines sont un des signes caractéris-
tiques et peut-être aussi une triste nécessité des
peuples barbares.

Ces peines, plusieurs du moins, sont *divisibles*. Le
nombre des coups, la nature de l'instrument peuvent
varier : on peut faire couper deux oreilles au lieu
d'une. Cependent leur divisibilité est encore plus apparente que réelle, car l'intensité de la peine dépend
trop souvent de la volonté, du caprice de l'exécuteur.

Cette circonstance n'est pas la seule qui les rende
d'une appréciation difficile ; elles peuvent singulièrement varier selon la force, la santé, l'âge, le sexe, la
profession, etc., de l'individu qui les subit. La loi ne
pourrait les employer, avec quelque justice, qu'en
laissant au juge un pouvoir arbitraire presque illimité,
mais dont l'exercice se trouverait plus d'une fois en
contradiction avec le bon plaisir de l'exécuteur du
jugement.

Les peines corporelles ne sont ni *réparables* ni *re-missibles*. Il serait à plaindre, le pays dont les habitants croiraient qu'on peut recevoir, par le paiement d'une somme, une ample compensation des coups qui auraient été infligés.

Les peines dont la tendance est immorale ne sont pas instructives. Le législateur détruit d'une main le bien qu'il veut faire de l'autre. D'ailleurs, ce qui rend une peine moralement instructive, c'est, entre autres, l'analogie de la punition avec le délit qu'on veut réprimer, ou avec l'habitude vicieuse dont le délit est le résultat. Or, en général, les peines corporelles n'ont point un tel caractère aux yeux des citoyens. Le petit nombre d'entre elles qui pourraient produire cet effet, le détruiraient par le ridicule.

Ces peines sont *exemplaires*. C'est à peu près leur seul mérite.

Car elles ne sont point *réformatrices*. Au contraire, elles avilissent, et achèvent de dépraver l'homme qui les subit. Les faits ont confirmé cette observation.

Aussi, loin d'être *rassurantes*, doivent-elles être un motif raisonnable de crainte, puisque, sans supprimer la faculté de nuire, elles achèvent de pervertir la volonté du coupable.

CHAPITRE VIII.

DE L'EMPRISONNEMENT.

L'emprisonnement est la peine par excellence dans les sociétés civilisées.

Sa tendance est morale, surtout lorsqu'il est accompagné de l'obligation du travail.

Nous ne saurions partager, sur ce point, l'avis d'un écrivain célèbre qui en enrichissant de ses observations l'ouvrage d'un publiciste italien, a blâmé l'emploi du travail forcé comme moyen de peine.

D'abord il n'accorde à la société d'autre droit sur le coupable, que celui de le mettre hors d'état de nuire. C'est borner le droit de punir à la défense directe. Nous ne reviendrons pas sur cette question. Seulement nous avons peine à comprendre comment, en partant de ce principe, l'auteur a pu reconnaître la légitimité, dans certains cas, de la peine de mort. Il est quelquefois difficile, mais il n'est jamais impossible de trouver les moyens de mettre un individu hors d'état de nuire, sans le tuer. On y a mis Napoléon, sans l'enfermer dans une tour, sans le charger de chaînes ; cependant des milliers d'individus étaient intéressés à son évasion, et il n'apparaîtra de long-temps un homme plus redoutable aux puissances de ce monde. Nous avons aussi quelque peine à com-prendre comment l'illustre écrivain peut justifier la peine de mort, entre autres raisons, parce qu'elle dis-pense les gouvernements de multiplier à l'infini une classe d'hommes voués d'office à des fonctions odieu-ses, tels, dit-il, que geôliers, gendarmes, sbires, etc. D'abord, pour diminuer d'une manière sensible le nombre de ces hommes, il faudrait singulièrement augmenter celui des bourreaux ; il faudrait condam-ner à mort la moitié ou les deux tiers des criminels. En second lieu, si la société n'a d'autre droit que ce-lui de *mettre hors d'état de nuire*, il n'est plus ques-tion de savoir si les fonctions des geôliers sont odieu-ses ou non ; car, dans l'hypothèse, celles du bourreau seraient illégitimes.

Mais pourquoi le condamné ne travaillerait-il pas, bon gré, mal gré, même à perpétuité ? parce que l'homme ne peut *aliéner* sa personne et ses facultés que pour un temps déterminé et par un acte de sa volonté ? Dans ce cas, presque aucune peine n'est lé-gitime. L'illégitimité de la peine de mort, surtout, est évidente. Parce qu'un travail accablant n'est qu'une mort plus lente ? Mais cette observation concerne l'exécution de la peine, et non le principe. Nous sommes loin de penser que le travail doive être un instrument de cruauté et de sévices. Parce que si le travail est modéré, il est d'un mauvais exemple pour la classe laborieuse et innocente ? L'exemple serait-il meilleur si les coupables étaient logés, nourris, vêtus et chaussés, et en même temps libres de passer leurs jours dans une parfaite oisiveté? Tel serait pourtant le résultat, à moins qu'on n'en laissât périr de faim et de froid.

Un travail régulier peut contribuer à effacer peu à peu les mauvaises habitudes; il donne à l'existence un but immédiat, aussi utile que moral; il tend à réveiller des idées d'ordre et de régularité, à ramener la pensée de ses funestes égarements, à relever à ses propres yeux l'homme déchu, et avili par le crime.

La peine de l'emprisonnement combiné avec le travail est divisible, car on peut en modifier à volonté l'intensité et la durée.

Elle est aussi une peine appréciable. Tout le monde s'afflige de la perte de sa liberté, même ceux qui braveraient peut-être des peines plus sévères, mais plus rapides, même ceux qui affronteraient la peine capitale. Sans doute, la peine de l'emprisonnement n'est pas la même pour tout individu. Mais il est assez facile d'apprécier les causes de l'inégalité; et si le législateur ne manque pas de prévoyance, s'il a organisé des tribunaux tels, qu'il puisse sans danger leur confier une certaine mesure de pouvoir discrétionnaire, les inégalités de la peine peuvent être prévenues. Au pis aller, il y a toujours moyen de remédier après coup aux condamnations qui pécheraient par excès de sévérité.

Car la peine est rémissible. Elle est même, jusqu'à un certain point, réparable, puisqu'elle ne flétrit pas l'homme autant que les peines corporelles et infa-

mantes, et qu'il est possible de réparer les pertes pécuniaires qu'un emprisonnement injuste peut lui avoir
occasionnées. Ajoutons que cette peine ne fait pas re-
jaillir sur la famille du condamné la honte et le mépris, comme il arrive de plusieurs autres peines. Le
mal moral indirect n'est pas aussi grand.

La peine est instructive et exemplaire. Ce n'est pas
l'impression profonde, mais plus ou moins passagère,
de la peine capitale; c'est une impression moins forte,
moins solennelle, mais plus durable peut-être, et sans
alliage de sentiments qui en affaiblissent plus ou moins
l'effet salutaire.

Elle est rassurante, parce que si le système des
prisons est bien organisé, elle ôte presque entièrement le pouvoir de nuire et les évasions sont impossibles. Il n'y avait pas d'année que plusieurs
prisonniers ne s'évadassent de l'ancienne prison de
Genève : pas un ne s'est évadé de la nouvelle prison
pénitentiaire, qui compte cependant cinq années
d'existence. Il y a eu des tentatives d'évasion, des
tentatives violentes, et des tentatives par la ruse, qui
auraient figuré à bon droit dans les événements extraordinaires d'un roman. Elles ont toutes échoué,
grâce aux heureuses combinaisons du nouveau système.

Enfin, et c'est là un de ses plus beaux titres, la
peine de l'emprisonnement et du travail est la seule
qui se prête à des essais directs d'amendement
moral.

Mais il faut pour cela renoncer au plus tôt à ces
prisons dont l'Europe presque entière est encore

couverte. Ce n'est pas de ces prisons que nous avons
entendu parler jusqu'ici. Nous reconnaissons que
presque toutes nos observations leur sont inappli-
cables. Il faut surmonter les obstacles qu'opposent au
système pénitentiaire la routine et les finances de
l'État, et travailler sérieusement à l'établir et à le
perfectionner.

Nous ne répéterons pas ce qui a été dit sur cet important sujet ; nous ne rappellerons pas les faits
qu'on a recueillis et publiés pour et contre ce système.

La question, quant à ses avantages *négatifs*, nous
paraît complétement décidée. ·Le système pénitentiaire ne corrompt pas les prisonniers. C'est là un
avantage immense sur le plus grand nombre des
prisons actuelles. Car si l'on compte le nombre
d'hommes que la société a dû envoyer à l'échafaud,
uniquement pour les crimes que, pendant leur réclusion, ils avaient appris à commettre et à vouloir
commettre, il est presque permis de demander si l'a-
bolition de toute pénalité n'aurait pas été un meilleur
moyen de protection pour les citoyens.

Les avantages *positifs* du système pénitentiaire, en
tant que moyen de supprimer la faculté de nuire pendant la durée de l'emprisonnement, de prévenir les
évasions, de donner aux condamnés une instruction
et la capacité d'un travail utile, sans avoir recours
à une surveillance trop odieuse ou à une contrainte
trop sévère, sont également incontestables. Ses avantages, comme moyen de régénération morale, sont
moins certains. Nous en avons indiqué les raisons.

Aussi devons-nous insister sur la nécessité de ne pas *sacrifier* la partie pénale, politique, du système à la partie purement morale. Ceux qui désirent aussi ardemment que nous le désirons l'abolition définitive de la peine de mort, doivent, ce nous semble, partager notre avis. Affaiblir, d'un côté, le ressort de la peine, en exagérant dans un certain sens le système pénitentiaire, et désirer, de l'autre côté, la suppression la plus exemplaire des peines, nous ont toujours paru deux idées contradictoires. Dans les grands États surtout, il y a encore, l'on ne saurait en disconvenir, nécessité de peines sévères. Si en conservant son régime intérieur, tel qu'il est actuellement, on transportait, dans la prison pénitentiaire de Genève, seulement quinze à vingt forçats de Brest, tout le système s'écroulerait dans trois semaines. La connaissance que nous avons de ce système et de ses effets, par les fonctions dont nous avons été chargé, mais surtout par les observations qu'ont bien voulu nous communiquer nos honorables collègues, ne nous laisse aucun doute sur ce résultat.

Il est possible, même probable que la pénalité puisse être mitigée successivement, lorsque le système pénitentiaire aura déployé ses effets pendant un certain nombre d'années, et surtout après qu'il aura été généralisé. Ne produisît-il que des effets *négatifs*, le nombre et la gravité des crimes doivent diminuer proportionnellement : il y aura toujours à déduire, pour le moins, les forfaits qui sont aujourd'hui le résultat positif et direct du séjour des délinquants dans une prison.

Mais en prenant les choses telles qu'elles sont aujourd'hui, le régime pénal de la prison pénitentiaire de Genève est trop faible, même pour ce petit pays, où les grands crimes sont excessivement rares. On fut séduit d'abord, nous nous accusons le premier, par la touchante description de certains faits, trop rapidement observés, mal constatés, aux États-Unis et en Angleterre. Nous crûmes qu'il n'y avait qu'à vouloir pour régénérer de vieux coupables, nous eûmes tort de le croire. Il y a eu à Genève quelques exemples d'amendement moral qui paraissent aussi positifs que peuvent l'être des résultats de ce genre qui datent d'hier. Mais ce qui est encore plus certain et plus positif, ce sont les rechutes presque immédiates de condamnés qui paraissaient avoir quitté la prison dans des dispositions morales tolérables ; c'est la résistance de plusieurs détenus à tout essai de réforme personnelle ; ce sont les tentatives d'évasion qu'on a faites à plusieurs reprises, et heureusement sans succès.

La non-évasion, c'est là, jusqu'ici le plus beau résultat de la prison de Genève, et il est immense. Encore quelques années, et si pas un seul détenu ne parvient à s'évader, l'opinion sera fermement établie dans le public qu'on ne s'échappe point de cette prison. Qu'il y ait en même temps un système de pénalité, sans aucun châtiment corporel, sans l'ombre de cruauté, mais ferme et proportionné au crime, et les effets du système pénitentiaire ne tarderont pas à se manifester complétement. L'amendement moral en deviendra aussi plus probable.

Car, les causes qui détournent le plus l'esprit des détenus de toute pensée sérieuse, et qui ébranlent en eux la résolution de travailler à leur amendement moral, sont l'espoir de l'évasion et un régime intérieur trop doux. L'espoir de l'évasion tient leur esprit en haleine dans un but immoral ; une trop faible pénalité jette dans une résignation stupide, passive, dans une laisser aller qui ôte toute énergie, ceux dont les projets d'évasion ne tiennent pas dans une certaine tension les facultés de l'esprit. Il faut que le prisonnier ait à la fois un vif désir de retrouver sa liberté, et la profonde conviction qu'il ne pourra l'obtenir avant l'expiration complète de sa peine, qu'en donnant pendant longtemps des preuves irrécusables d'habitudes morales et rassurantes. On aura sans doute des hypocrites. C'est aux directeurs de l'établissement, aux magistrats qui le surveillent, aux ecclésiastiques qui dirigent de près la conduite morale des prisonniers, à se tenir en garde contre les piéges de l'imposture, à ne pas s'armer d'une méfiance austère et décourageante, et à ne pas se livrer non plus à cette bienveillante crédulité qui rend ridicules aux yeux des condamnés ceux-là mêmes qui s'intéressent le plus sincèrement à leur sort.

Le régime intérieur de la prison pénitentiaire de Genève, surtout à l'égard des condamnés pour crimes ou délits graves, pèche, à notre avis, sur les points suivants :

Tous les repas des prisonniers se font en commun ; cette jouissance devrait être bornée à un jour de la semaine, et refusée même ce jour-là à ceux dont la conduite n'aurait pas été irréprochable. L'observation a démontré que le repas solitaire est une peine sensible.

Tout condamné, quel qu'ait été son crime, peut disposer du quart du prix qu'on accorde à une journée de travail, pour se procurer des additions à la nourriture, d'ailleurs saine, variée et suffisante, de la prison. Ces achats devraient être interdits, à l'exception d'une certaine quantité de pain. Le reste de la somme serait réuni à la portion qu'on place déjà, pour leur compte, à la Caisse d'épargne, à moins qu'ils ne préférassent l'employer pour subvenir aux besoins de leur famille : dans ce cas il serait nécessaire de vérifier que l'argent ne sort pas, sous ce prétexte, pour préparer quelque tentative d'évasion.

Le travail lucratif devrait être remplacé, temporairement du moins, par un travail plus dur et sans récompense, pour ceux des condamnés qui rentreraient dans la prison en état de récidive, ou qui opposeraient une résistance opiniâtre à se soumettre habituellement aux règles du système établi.

Les condamnés, sauf les cas d'urgence, ne devraient recevoir de visites que fort rarement, sept ou huit fois par an.

Les condamnés pour récidive, à leur nouvelle entrée dans la prison, devraient toujours passer un certain temps dans la cellule solitaire, même ténébreuse, au pain et à l'eau. Il appartient aux gens de l'art de décider quelle extension on peut donner à la durée de cette peine sans compromettre la santé physique ou intellectuelle du prisonnier.

Mais l'objet le plus essentiel, à notre avis, est une séparation des condamnés qui réponde complétement au but de la pénalité et à celui de l'amendement moral. Cet objet laisse encore beaucoup à désirer. Il est fort douteux que l'arrangement que nous avons en vue soit possible dans un petit État. La dépense serait trop forte, et le nombre des prisonniers n'est pas assez grand pour qu'en introduisant certains principes de classification, il reste dans chaque classe un nombre de personnes suffisant pour exécuter les travaux.

Quoi qu'il en soit, la nature de l'institution nous paraît exiger d'abord trois prisons ; qu'elles soient matériellement séparées, ou qu'elles soient réunies dans la même enceinte, sans aucun moyen de communication entre elles, peu importe.

La première, pour les hommes coupables de crimes graves ; la seconde, pour les autres condamnés du sexe masculin. La distinction devrait être tirée de la nature du délit. On placerait dans la première tous ceux dont le crime suppose une profonde perversité, les meurtriers, les coupables de viol avec violence, les faux-monnayeurs, les faussaires, les bigames, les voleurs avec certaines circonstances aggravantes, tous les condamnés pour récidive, etc. On placerait dans la seconde les coupables d'homicide simple ou provoqué, les coupables de certains crimes politiques, de rébellion, de rapt, tous les jeunes gens, jusqu'à un certain âge, quel que fût leur crime, etc. Au surplus, ce ne sont là que des indications. Pour procéder avec pleine connaissance de cause, il faut avant tout étudier soigneusement l'état moral du pays. Le législateur ne peut pas utilement se mettre en guerre ouverte avec le sentiment universel. Si l'opinion publique est égarée, il lui faut attendre qu'elle s'éclaire et se redresse.

La troisième prison serait destinée aux femmes. Le nombre des femmes condamnées n'est pas assez grand pour leur appliquer la division que nous désirons pour les hommes.

Chaque prison serait divisée en quatre quartiers, d'après l'observation suivante. Qu'on prenne cent prisonniers, détenus depuis un certain temps dans une prison pénitentiaire, et qu'on les soumette à un examen attentif de leur état moral ; on en trouvera un certain nombre qui donneront déjà des espérances fondées d'amendement moral ; on en trouvera qui auront décidément résisté à tout essai de régénération ; la plus grande masse sera encore dans un état incertain, ne donnera pas de motifs suffisants d'espérer, ni de désespérer.

Or, il importe de séparer ces trois classes. Il importe que le régime pénal soit un peu mitigé à l'égard des premiers ; qu'il soit rendu plus sévère à l'égard des seconds ; les troisièmes doivent rester dans l'état ordinaire. Il importe que les premiers, que les *dociles*, trouvent, dans leur séparation d'avec les autres, un fait qui les relève à leurs propres yeux et réveille en eux le sentiment de la dignité de l'homme. Il importe que les *incorrigibles* portent la peine de leur obstination dans le mal, et que des hommes bravant la morale, la loi positive et l'autorité de ieurs supérieurs, ne se donnent pas en spectacle aux détenus mieux intentionnés, ni aux *incertains ;* il faut séparer l'ivraie d'avec le meilleur grain. Qu'ils aillent à un travail plus dur et non rétribué, et que, sans jamais dépasser les bornes de la justice et de l'humanité, on leur fasse cependant sentir qu'il existe une volonté plus forte et plus tenace que la leur, une volonté irrésistible. Cette séparation nous paraît d'autant plus importante, que dans les prisons le mauvais exemple l'emporte sur le bon ; il a plus d'autorité. Le bon exemple est souvent méprisé comme un acte de faiblesse ou d'hypocrisie. Le mauvais exemple est regardé comme un acte de courage ; la résistance, comme un acte de vertu. Ces jugements ne sont pas toujours entièrement faux. Mais le législateur ne saurait s'arrêter, dans le régime des prisons, à de semblables considérations. Il lui faut, avant tout, l'ordre matériel ; l'obéissance, la régularité des habitudes, le travail. La prison doit ressembler, sous un point de vue, à un couvent d'une règle inaltérable et rigide. Ceux qui résistent doivent être soumis, à part, à une règle encore plus sévère, à une contrainte encore plus immédiate. Le *tread-mill* pourrait être, ce nous semble, employé utilement dans la division des incorrigibles, avec les précautions et les interruptions qu'exige la santé des travailleurs. Il serait aussi un épouvantail utile pour agir sur la volonté des hommes des autres quartiers, lorsqu'ils sauraient que cette machine les attend dans le quartier réservé aux opiniâtres.

On aurait ainsi deux puissants leviers pour agir sur

l'esprit de la masse qui occuperait deux quartiers :
le quartier de l'*espérance* comme récompense provisoire, et celui des *incorrigibles* comme surcroît de
peine. Le premier existe dans la prison de Genève
sous le nom de quartier d'*exception*, et on n'a qu'à
s'applaudir du résultat.

Qu'on ajoute à ce moyen l'espoir d'une diminution
de la peine, après un nombre d'années proportionné
à la totalité de la condamnation et sous certaines
conditions ; qu'on ajoute tous les secours de l'instruction religieuse et morale qui sont compatibles avec
la peine ; que les caisses d'épargne leur préparent,
dans l'accumulation de leurs économies, une première ressource pour le moment de la sortie de prison ; qu'un comité d'hommes amis du bien public
donne un conseiller pris dans son sein à chaque prisonnier libéré, pour le diriger dans l'emploi de ses
économies et dans le choix d'une occupation, pour
le couvrir en quelque sorte de l'égide de sa protection éclairée et bienveillante à sa rentrée dans le
monde (moyens qui sont tous employés à Genève,
et à la longue, il faut l'espérer, ne le seront pas sans
succès), et le pouvoir social aura alors rempli son devoir ; il ne pourra plus être accusé avec raison d'une
sorte de complicité indirecte dans un grand nombre
de crimes qu'il est forcé de punir sévèrement.

CHAPITRE IX.

DE LA DÉPORTATION, DE LA RELÉGATION, DE L'EXIL,
DE L'INTERDICTION LOCALE.

La déportation, si l'on prend ce mot dans le sens d'une peine consistant à transporter une grande masse de condamnés dans un même lieu déjà peuplé, tel qu'une île, une colonie, pour y demeurer soit à perpépuité soit à temps, est une peine d'une tendance immorale. Ainsi qu'on l'a observé, cette peine « infeste, de tous les scélérats que vomit une grande métropole, une innocente colonie, un territoire étroit, une population peu nombreuse, et qui a besoin plus que tout autre d'ordre, de régularité, de mœurs et d'économie... Cette peine est mauvaise en soi, en tant qu'elle nuit à des innocents à l'occasion des coupables. »

Dès lors peu importe de savoir si elle possède ou non les autres qualités qui sont requises dans une bonne peine.

Au surplus, il est évident que la peine de la déportation est divisible, et par la durée, et par l'intensité qu'on peut lui donner par des moyens accessoires.

Elle n'est appréciable, réelle, que pour certaines classes de personnes; elle est rémissible.

Elle est analogue à certains délits, à ceux en particulier qui ont pour cause l'ambition politique, un désir effréné de primer sur le théâtre du monde.

En revanche, elle est fort peu exemplaire et fort peu apte à réformer moralement le coupable. Elle est rassurante, en tant que suppressive du pouvoir de nuire, surtout à l'égard de certains crimes.

La relégation et l'exil ont les mêmes défauts et les mêmes qualités, à un moindre degré. Ces peines n'agglomèrent pas un grand nombre de criminels dans le même lieu, soit sur le sol de l'État, soit sur le territoire étranger.

Toutefois, ces peines sont toujours immorales dans leurs effets, lorsqu'on les applique pour des crimes que le condamné peut commettre avec la même facilité dans le lieu où il est relégué ou en pays étranger.

L'interdiction locale ou bannissement partiel, par lequel on défend à un individu d'entrer dans telle ou telle ville, dans tel ou tel district, est une peine qui, pour certains délits, n'est pas sans utilité : elle peut être maniée avec justice et profit.

Un caractère commun à ces diverses peines est d'être appropriées seulement à certains délits ; elles sont très-utiles, surtout pour la répression des délits politiques. Elles perdent alors ce qu'elles ont de malfaisant et de dangereux quand on les applique à une grande masse d'hommes coupables de crimes divers.

Elles sont en même temps suffisantes pour le but de la justice sociale.

La déportation peut être aggravée par un emprisonnement plus ou moins étroit, plus ou moins long, selon le lieu de la déportation et les moyens de surveillance, selon la nature du crime et les alarmes qu'il inspire.

CHAPITRE X.

DES PEINES INFAMANTES.

En songeant aux moyens de punition qu'on appelle peines infamantes, la première idée qui se présente à l'esprit est de se demander : Existe-t-il telle chose qu'une peine infamante? Car une peine n'est réelle qu'autant qu'elle enlève au délinquant un bien appréciable; ce qui suppose, d'un côté, que le condamné possède ce bien, de l'autre, qu'il est au pouvoir du législateur de le lui enlever.

Or, qu'est la réputation, l'honneur, l'estime publique? un bien très-réel sans doute et très-précieux. Mais l'homme qu'un jugement vient de déclarer coupable de faux, le possède-t-il ce bien? Et si par aventure il le possède encore, si le public n'est pas convaincu de la justice du jugement, si le faux matériel avait été commis dans un but moral, si l'on avait fabriqué un faux passe-port pour arracher une victime à la tyrannie, serait-il au pouvoir du législateur de faire passer pour infâme le condamné, de lui enlever l'estime et la considération publique ?

On l'a dit mille fois : c'est le crime qui fait la honte ; ce n'est pas l'échafaud.

Toutefois, faut-il en conclure que le législateur, en employant les peines qu'on appelle infamantes, ne fait qu'un acte inutile, insignifiant, même ridicule?

Ce serait là une erreur grave. Dans certaines limites, la loi exerce une action incontestable sur l'opinion publique.

La force et l'étendue de cette action dépend de plusieurs circonstances, qu'il serait trop long d'analyser.

Mais en général, plus l'esprit du peuple est développé, libre, capable de juger les choses par lui-même, moins est grande l'influence que le législateur exerce sur lui par les moyens dont il se sert pour attirer le poids de l'infamie sur la tête de certains criminels en particulier, moins est nombreuse la classe qui épouse aveuglément les querelles et les haines du pouvoir.

Quand les juges anglais envoyaient au pilori l'auteur d'une brochure politique contre les ministres, le peuple entourait l'écrivain de son respect, et le récompensait par ses bruyants applaudissements.

On ne crée pas de la honte et de l'infamie à plaisir, surtout chez un peuple qui a déjà fait quelque progrès dans la carrière de la civilisation. La France est, peut-être, le pays où le catholicisme trouve aujourd'hui une plus forte proportion d'hommes qui ont su concilier la croyance religieuse avec le développement intellectuel de leur esprit. Ces hommes déploreraient sans doute l'égarement d'un écrivain qui attaquerait la religion catholique, mais ils ne corro-

boreraient pas de leurs sentiments une loi qui l
condamnerait à la peine du carcan, quand mêm
l'attaque eût été hostile pour le fond et pour l
forme.

Si au lieu de heurter directement l'opinion, ou d
l'appeler à déverser tout ce que l'improbation a d
plus amer, à imprimer toutes les flétrissures de l'in
famie sur le front de celui dont l'action ne mérit
qu'une censure, le législateur se borne à diriger plu
spécialement la désapprobation publique vers certain
points, à lui représenter plus vivement quelques su
jets de blâme et d'aversion, à frapper les imagination
par des formes matérielles, par des moyens d'actio
dont le principe soit en harmonie avec la sanctio
morale, l'influence qu'il peut exercer est dans ce ca
aussi réelle qu'étendue. Le législateur joue en quelqu
sorte le rôle d'un auteur dramatique qui, incapabl
de réveiller en nous la pitié et la terreur par la re
présentation d'un sujet indifférent ou risible, peu
descendre dans les profondeurs de notre âme, et
exciter de puissantes émotions par la représentatio
d'événements tragiques en eux-mêmes, mais qui n
nous auraient cependant frappés que d'une manièr
légère et superficielle, si nous nous étions bornés
en lire le récit dans les pages froides et décolorée
d'une chronique.

Cette puissance de la loi peut s'exercer de diverse
manières ; les moyens d'exciter l'opinion publique
déverser le blâme sur l'auteur d'un fait prévu par l
loi pénale, peuvent être plus ou moins efficaces e
directs.

On pourrait y employer les paroles mêmes de la loi. On pourrait dire : Quiconque sera assez *lâche* pour appeler en duel un mineur ou un sexagénaire, sera, etc.

On pourrait se servir des expressions et des formes du jugement. Si la condamnation d'un calomniateur était prononcée, tous les membres du tribunal se levant et tournant le dos au coupable, cette marque de mépris pourrait réagir sur l'opinion publique.

Enfin on peut donner à l'exécution du jugement des formes propres à frapper les imaginations, à graver l'événement dans la mémoire des spectateurs : on peut imprimer sur le corps du condamné des marques ineffaçables qui rappellent la honte dont il s'est couvert par son crime.

Il est inutile d'insister sur ces détails. Tout le monde sait que les deux moyens le plus communément employés sont le *carcan* et la *marque ;* le carcan, qui consiste dans l'exposition du condamné sur une place publique, pendant un temps plus ou moins long, avec un écriteau désignant ses noms, le crime qu'il a commis et la peine qu'il a encourue ; la marque, qui est l'empreinte ineffaçable faite sur le corps du criminel, soit de quelques lettres initiales, soit d'une figure emblématique faisant allusion au crime ou à la peine.

L'exposition et la marque sont des peines qui peuvent aussi être infligées dans un autre but que celui de couvrir le criminel d'infamie, comme moyens de reconnaître facilement un homme dangereux, et de se mettre par là en garde contre ses attentats. C'est

là en effet le motif allégué par ceux des défenseurs de
ces peines qui éprouvent quelque embarras à les défendre comme peines infamantes.

Mais ce motif est trop faible pour qu'il puisse, seul,
légitimer l'emploi de ces moyens. Et d'abord comment justifier la marque imprimée sur l'épaule, sur
une partie du corps que tout homme tient cachée par
son habillement ordinaire? Il faudrait en revenir à
l'usage de marquer sur la joue ou sur le front.

D'ailleurs, vivons-nous dans un temps où ces
moyens matériels soient nécessaires? On oublie donc
notre police, nos signalements, la rapidité de nos
communications, et au besoin nos télégraphes!
S'avise-t-on de marquer tous les hommes dont, en
cas d'évasion, on désirerait le plus ardemment l'ar-
restation? A-t-on songé à marquer les criminels
d'État?

Sera-ce de ce groupe de misérables qui entourent
le carcan, et qui fixent sur le patient des regards où
se peint la joie la plus immorale ou la commiséra-
tion la plus suspecte, que partira l'homme qui aura
soin d'arrêter le condamné qui est en fuite? Sera-ce
le citoyen honnête qui s'éloigne du théâtre de ces
scènes, ou qui n'y jette qu'un regard fugitif en passant, qui pourra reconnaître la personne du prisonnier évadé? Quant aux officiers publics, spécialement
chargés de la recherche des criminels, ils ont tout
le temps de les regarder à leur aise, sans qu'on les
leur montre attachés à un poteau sur une place publique.

Ces moyens sont donc, en réalité, destinés à pro-

voquer contre le condamné l'animadversion générale : ce sont des instruments pour frapper les imaginations, pour exercer une puissance morale sur les
masses.

Or cette puissance est-elle légitime? Est-elle avan-
tageuse à l'ordre social?

A vrai dire, cette question n'en est plus une à nos
yeux.

Le législateur ne peut intervenir dans la dispensation du blâme, soit de la simple désapprobation, soit
du blâme élevé à sa plus haute puissance, que pour
altérer le cours naturel des choses. Il ne peut qu'affaiblir pour les uns, aggraver pour les autres la part
d'infamie qui aurait frappé le délit, si rien n'était
venu changer les rapports naturels de ce fait avec
l'opinion publique, avec le sentiment universel du
bien et du mal, du juste et de l'injuste, du mérite et
du démérite. La conscience publique suit l'immoralité dans ses moindres nuances ; elle apprécie l'individualité des faits qu'on lui représente, plus que la
justice pénale, soumise jusqu'à un certain point à
l'empire des faits généraux et des règles qui en dérivent, ne saurait le faire. Le législateur, en excitant
d'une manière particulière l'animadversion publique
contre les auteurs de certains crimes, fait un acte
inutile, ou propre seulement à décrier la loi et ses
auteurs, si l'opinion ne répond pas à son appel : il
fait une chose immorale et dangereuse, s'il obtient
le résultat qu'il désire.

En effet, en concentrant le blâme sur quelques faits
immoraux, il l'élève au-dessus de son taux naturel, et

obtient un résultat qui est doublement injuste. Il ôte aux actes que la loi ne signale pas d'une manière spéciale à l'animadversion publique, une partie du blâme qui leur appartient ; il aggrave la mesure du blâme qui est dû aux actes qu'il signale.

En d'autres termes, il trouble les notions vraies et spontanées de l'ordre moral, au moyen d'une influence politique toute matérielle et grossière.

Se flatter d'éviter ces conséquences, ce serait ne pas comprendre ce qu'on fait : car, si on les évitait, on ne ferait absolument rien ; la désapprobation morale suivrait ses lois naturelles ; la loi n'exercerait aucune influence sur la distribution du blâme : dès lors, à quoi servirait le moyen employé par le législateur ?

Les bornes de la nature humaine reparaissent en toutes choses, même dans la dispensation de l'éloge et du blâme. On dirait que l'homme peut disposer d'une certaine quantité de l'un et de l'autre, et qu'une fois cette quantité épuisée, la distribution cesse ou devient insensible.

Ainsi, que certains actes dignes d'éloge ou de blâme deviennent fréquents, l'approbation et la censure sont tôt ou tard moins énergiques et moins vives. Les derniers de ces actes, n'excitant que faiblement l'attention publique, ne remuent pas profondément les consciences.

Il en est de même, quoique peut-être par d'autres raisons, des actes immoraux qui se trouvent associés dans un code à d'autres actes sur lesquels le législateur appelle, à l'aide des peines infamantes, toute l'énergie de la désapprobation publique. On dirait qu'il n'en reste presque plus pour les premiers.

C'est donc une dispensation artificielle et arbitraire du blâme, que le législateur entreprend. Encore s'il pouvait distribuer le blâme d'une manière rationnelle entre les divers crimes qu'il frappe de peines infamantes ; mais cela même lui est impossible : son action est nécessairement grossière. Par ses résultats, elle est toujours ou trop faible ou trop forte. Il faut agir sur les imaginations, les frapper d'une manière particulière. Comment proportionner l'action aux exigences morales et politiques de chaque cas divers ? Aussi est-on entraîné à frapper fort dans tous les cas, pour être sûr de ne pas manquer l'effet, du moins dans les cas les plus graves. Les sentiments moraux ne se laissent pas gouverner au gré de la loi positive ; on ne les fait pas manœuvrer à fantaisie, comme des troupes soumises et dociles. Le législateur qui veut se jouer avec eux, peut sans doute obtenir certains résultats; mais c'est en vain qu'il se flatterait d'obtenir des résultats constants, réguliers, toujours proportionnées au but qu'il se propose.

La perturbation irrationnelle qu'elles apportent dans la dispensation de la censure et du blâme, n'est pas le seul effet immoral qui résulte directement des peines infamantes.

• Elles brisent violemment, et sans espoir de les renouer, tous les liens du condamné avec la société ; elles élèvent une barrière entre elle et lui ; une barrière d'autant plus insurmontable que la loi a plus fortement frappé les imaginations par l'appareil de

ces moyens artificiels d'infamie. C'est ici que paraît
dans tout son jour l'influence funeste de la loi positive.
Sans doute l'infamie naturelle du crime est une barrière légitime, entre le coupable et la partie saine et
morale de la société. Mais la sanction purement morale peut se modifier par la conduite postérieure de
l'homme coupable. Chaque bonne action en rachète,
pour ainsi dire, une partie, plus ou moins, selon
qu'elle est plus ou moins désintéressée, morale, éloignée de l'époque du délit, selon qu'elle a été précédée
d'un nombre plus ou moins grand d'actions honnêtes,
d'une vie plus ou moins régulière, de traces plus
ou moins profondes de repentir et d'amendement.
Tel est le cours régulier, moral, équitable, des choses.
Dès lors l'espérance n'est pas fermée au condamné ;
il peut s'occuper avec courage, avec énergie, à recon-
quérir un état tolérable au milieu de ses concitoyens ;
tout travail utile pour lui et pour les siens ne lui est
pas impossible. La société est pour lui une mère
justement irritée ; elle n'est pas une marâtre impi-
toyable ; il n'est pas dans la nécessité de la traiter en
ennemie.

Mais quel espoir reste-t-il à celui qui a été frappé
avec succès par une peine infamante ; à celui qui a
reçu de la main du bourreau l'empreinte du fer brû-
lant, ou qui a été seulement signalé sur une place
publique au mépris et à l'horreur de ses semblables ?
Un anathème irrévocable pèse sur lui. Quoi qu'il
fasse, la société ne lui ouvrira plus ses rangs. Repen-
tant, elle peut le plaindre, mais elle ne le compte
plus parmi les siens : c'est là un résultat certain ;

s'il ne l'était pas, la peine infamante serait inutile,
une vexation en pure perte. Proposez à des ouvriers
de recevoir parmi eux un homme flétri : ils lui feront
l'aumône; mais point de confraternité, point de
communauté d'intérêts et de travail. C'est que les
peines infamantes employées par la loi ont eu pour
résultat de distinguer dans l'esprit du peuple, dont
elle frappe l'imagination, le blâme naturel et l'effet
social du moyen artificiel qui l'excite. Le premier se
modifie, mais non le second; le premier peut cesser;
le second jamais. S'il était permis de comparer des
choses d'une importance si diverse, on pourrait dire
qu'il en est des peines infamantes comme d'un sobri-
quet ridicule et injurieux qu'un homme s'est attiré
par un travers ou une imprudence de jeunesse : il le
gardera jusqu'à la mort.

Cependant on n'a pas hésité à appliquer ces peines
à une foule de crimes, à en faire l'accompagnement
nécessaire d'un grand nombre de condamnations,
même temporaires; on a poussé l'inhumanité et la
déraison jusqu'à marquer des femmes ! On a vu des
femmes de dix-neuf et vingt ans recevoir l'empreinte
fatale de la main du bourreau. Grand Dieu ! il aurait
été plus humain de les noyer. Que peut devenir une
femme couverte ainsi d'un opprobre ineffaçable, si le
temps de sa peine expire, si elle obtient sa grâce, si
on découvre une erreur dans le jugement? Un homme
peut s'expatrier, changer de pays, de nom, de profession; un homme, au pis aller, peut rendre mépris
pour mépris, insulte pour insulte, il lui reste du
moins la force; mais une femme !

Ce n'est pas tout : ces peines ne sont pas divisibles ; au contraire, elles ont pour résultat d'empêcher que le blâme ne se distribue et ne se proportionne d'une manière équitable.

Elles ne sont point appréciables. Supplice horrible pour les uns, au point qu'on a vu, même tout récemment, des condamnés à l'exposition se suicider ou en perdre la raison, elles ne sont qu'un sujet de plaisanterie immorale et révoltante pour les autres.

Elles sont irrévocables et irréparables.

Au lieu d'être instructives, elles apprennent à faire une dispensation sans équité de la désapprobation et du blâme.

Ajoutez à ces vices celui d'être corruptrices au lieu de pouvoir contribuer à l'amendement moral, et celui de ne pas être rassurantes, puisque, au lieu de supprimer le pouvoir de nuire, elles en donnent l'envie et qu'elles placent dans la nécessité de mal faire ; que reste-t-il à dire en leur faveur ? Qu'elles sont *exemplaires*.

C'est là une qualité qu'on ne saurait leur refuser. Elles sont exemplaires, épouvantables ; elles ne le sont que trop, mais précisément pour ceux qui conservent encore quelque sentiment d'honneur, pour ceux dont la société ne devrait jamais désespérer.

D'ailleurs, cette qualité peut-elle racheter l'immoralité de ce moyen de punition, son illégitimité intrinsèque ? Ici se représente une distinction sur laquelle nous avons insisté. Si le fait de la peine peut être envisagé isolément, dans ses effets purement matériels comme instrument de terreur, l'*exemplarité* peut sans doute l'emporter sur toutes les autres qualités qui sont requises dans une peine. Pour nous, la terreur est bien l'un des effets qu'on doit obtenir en punissant ; un effet sans lequel la loi pourrait souvent sans utilité pour l'ordre social, et en conséquence sans droit ; mais ce n'est pas un effet qu'on puisse obtenir à tout prix, même au détriment de la morale et de l'humanité.

CHAPITRE XI.

DES PEINES QUI INTERDISENT OU SUSPENDENT L'EXERCICE
DES DROITS POLITIQUES ET CIVILS.

L'interdiction de certains droits politiques est une peine réelle, personnelle, et qui n'a rien d'immoral en soi. C'est une incapacité absolue ou temporaire dont on frappe celui qui, par son délit, s'est montré indigne des fonctions qu'on lui défend d'exercer.

Cependant la justice et la convenance de cette peine dépend de la nature du délit. Interdire le vote électoral et déclarer incapable de toute fonction publique un homme qui aurait porté un coup dans un duel, serait une peine, déplacée, injuste même par son défaut absolu d'à-propos et d'analogie.

Cette même peine, appliquée à un homme coupable de corruption, de malversation, de violence envers ses inférieurs, serait une peine morale, et en même temps divisible dans ce sens que l'interdiction peut être temporaire ou perpétuelle, partielle ou générale.

C'est une peine appréciable lorsqu'on la réserve

pour certains crimes, et qu'elle ne s'applique par conséquent qu'à une certaine classe de personnes.

Elle est révocable, rassurante pour la société, instructive, exemplaire, du moins pour la partie du public à laquelle il importe que cette peine soit redoutable.

Elle n'est pas directement réformatrice.

En un mot, c'est une des peines à employer avec une grande réserve et beaucoup de prudence.

Car, il faut aussi ne pas oublier que les fonctions publiques et les droits politiques s'exercent au profit d'autrui, et que par conséquent la peine pourrait produire plus de mal indirect que de souffrance directe.

Il ne faut pas oublier non plus que les passions politiques, la cupidité, l'intrigue, pourraient essayer d'employer cette peine dans un but immoral et personnel.

Enfin, il importe de ne pas perdre de vue que si le pouvoir judiciaire pouvait prononcer cette peine dans un grand nombre de cas, pour de légers délits, surtout si la loi lui laissait l'option entre des peines diverses, ce pouvoir pourrait trouver dans ce ressort pénal un moyen de réagir sur l'ordre politique, et de troubler ainsi le système établi.

Nous n'avons parlé jusqu'ici que de l'interdiction de droits ou fonctions politiques.

Quant aux droits civils ou de famille, nous ne saurions y voir matière de pénalité.

On veut annuler un mariage, ôter le droit de procéder en justice, d'administrer ses biens, de voter dans les délibérations de famille, d'être tuteur, curateur, témoin dans les actes ou devant la justice, etc., etc.

Nous n'insisterons pas sur l'immoralité de la peine qu'on appelle la mort civile : de cette peine qui frappe *directement* et essentiellement les non-coupables, qui attache à une fiction les conséquences les plus déplorables, et par laquelle on décide qu'a cessé d'être père, fils, mari, parent, celui qui, en dépit de toutes les aberrations humaines, n'en est pas moins père, époux, fils, parent, ayant comme tel des liens naturels, des devoirs et des droits qu'aucune puissance ne saurait détruire, ni légitimement paralyser. La mort civile, que des hommes, se croyant savants parce qu'ils jouent sur les mots, ne veulent pas appeler une peine, mais seulement la conséquence d'une peine, est dans les législations modernes un de ces anachronismes qui doivent mettre les critiques en grande méfiance d'eux-mêmes, lorsqu'ils essayent de déterminer la date d'une loi d'après la nature de ses dispositions. Qui pourrait croire que le titre premier du *Code civil* français a été promulgué au commencement du dix-neuvième siècle : quinze ans après 1789 !

Mais la simple interdiction de l'exercice de ce qu'on appelle les droits civils et de famille est elle-même une peine irrationnelle. On parle de *droits* dont on interdit l'exercice. Il serait plus exact de parler d'obligations dont on interdit l'accomplissement de services qu'on empêche de rendre, et cela dans le but de punir celui sur lequel ces charges devraient peser. Aussi ces peines ne peuvent être *exemplaires* que

comme peines déshonorantes, et on retombe alors
dans les inconvénients que nous avons signalés au
chapitre précédent.

Certes nous ne prétendons pas ôter à la loi civile,
chargée de régler les capacités, le pouvoir d'établir
que certaines condamnations seront un fait suffisant
pour constater une incapacité absolue ou temporaire
pour telle ou telle fonction de la vie civile. Que celui
qui a été condamné pour délit de vol, de péculat, de
corruption de mineur, soit regardé comme incapable
de gérer une tutelle, rien de plus naturel. A peine
serait-il nécessaire que la loi exprimât cette incapacité s'il ne s'agissait que de tutelles électives ; car il
n'est-pas à présumer que les familles ou les magistrats
choisissent pour tuteurs des hommes de cette espèce.

Mais que le législateur vienne, par la loi pénale,
et sans trop s'embarrasser de savoir si la déchéance
qu'il impose, c'est effectivement au condamné qu'elle
est nuisible, si elle est en harmonie avec son délit ;
que le législateur, dis-je, vienne interdire des fonctions, des services civils, c'est par trop oublier la nature de la peine, les effets qu'on doit en attendre, et
le droit des tiers.

Les fonctions publiques se distinguent des services
civils, entre autres, en ce que les seconds ne peuvent souvent être rendus que par tel ou tel individu.
Qu'un homme soit incapable d'être sous-préfet, la
France ne s'apercevra pas d'avoir dans son sein une
capacité administrative de moins. Mais il n'y a souvent qu'un seul individu désigné de ma commune,
de mon quartier, qui puisse intervenir utilement dans

mon affaire en qualité d'expert ou de témoin, et on l'en déclare incapable, parce qu'il aura été condamné comme bigame ou parce qu'il aura tenu une maison de jeu ou de hasard, ou une loterie clandestine. Certes, ce sont là des actions plus ou moins répréhensibles, même criminelles. Mais, de bonne foi, est-on nécessairement un mauvais expert, un faux témoin, un administrateur infidèle des biens d'un neveu ou d'un cousin, parce qu'on a enlevé une jeune personne, parce qu'on a désiré, à l'instar des gouvernements, se donner les profits d'une loterie?

Que dans les pays à procédure secrète, que là où les preuves sont tarifées dans la loi, on tombe en de pareilles erreurs à l'égard des experts et des témoins, on peut se l'expliquer. Mais dans les États qui jouissent de l'inappréciable bienfait de la publicité, dans les pays qui ont retrouvé les véritables principes en matière de conviction, ces mesures n'ont pas de prétexte plausible. Qui empêche de discuter et d'apprécier la valeur morale du témoignage et de l'expertise, d'après tous les antécédents de l'expert ou du témoin?

Ainsi, en tant que peine frappant des innocents, cette interdiction est injuste; en tant que peine frappant les coupables, elle n'en est pas une; enfin, en tant que peine indirectement infamante, elle a tous les vices de ce mode de punition.

CHAPITRE XII.

DES PEINES PRIVATIVES DE LA TOTALITÉ OU D'UNE PORTION DE LA FORTUNE.

Les peines pécuniaires nous paraissent définitivement jugées.

Celles qui enlèvent la totalité ou du moins une grande partie de la fortune capitale du condamné sont inadmissibles.

La confiscation n'est pas une peine assez personnelle ; elle est immorale. « Elle a pour effet à peu près inévitable d'enflammer de cupidité l'esprit de parti, et de corrompre ainsi ce qui par soi-même n'est déjà que trop corrupteur et trop corrompu. Et réduisant d'ailleurs, non-seulement le condamné, mais sa famille par contre-coup, à l'indigence, la confiscation atteint l'innocent à l'occasion du coupable ; elle l'exaspère sans motif, le provoque au crime, et tend à perpétuer les discordes civiles. » (M. de Broglie.)

Un des principaux bienfaits de la Charte française est sans doute l'abolition de cette peine aussi odieuse qu'inique.

L'iniquité de la confiscation ne serait pas effacée, en se bornant à ouvrir immédiatement la succession du condamné au profit de ses héritiers. Ce serait là retomber, en partie du moins, dans les inconvénients de la mort civile.

Ou les parents se montrent justes et humains envers le condamné, et la peine est illusoire.

Ou les parents, durs et avides, le traitent en étranger, et les effets de la loi sont révoltants par leur immoralité.

Les peines pécuniaires modérées, surtout lorsqu'elles n'affectent pas le capital, en un mot, les amendes, ne présentent pas les mêmes inconvénients.

Réservée pour certains délits, pour ceux qui ne peuvent guère être commis que par des personnes jouissant d'un certain degré de fortune, la peine de l'amende n'est pas immorale; elle est divisible, appréciable, réparable.

Elle est instructive, surtout si elle est dirigée contre les délits qui ont leur source dans l'avidité du gain.

Dans ces cas, elle est assez exemplaire.

On ne peut pas affirmer qu'elle soit réformatrice ni rassurante. Elle ne supprime pas le pouvoir de nuire ; elle en donne au contraire l'envie, par le désir qu'elle inspire de réparer la perte faite en conséquence du jugement.

Mais où est la limite qui sépare la peine pécuniaire admissible, de la peine exagérée, de celle qui approche de la confiscation ?

Il est impossible de l'exprimer par un chiffre.

Elle dépend d'abord de la richesse nationale et de la distribution de cette richesse.

Elle dépend ensuite de l'état individuel de l'accusé sous le rapport de la fortune.

On a proposé de fixer l'amende à une partie aliquote du patrimoine. On a espéré conserver ainsi une juste proportion dans l'application de la peine.

C'est une erreur. Oter le dixième au possesseur de dix millions, est une peine bien plus légère que celle qui enlève mille francs à celui qui n'en a que dix mille. Il y a la différence du superflu au nécessaire.

Si l'on se borne à atteindre le revenu, la difficulté reste la même. Qu'importe à celui qui a 200,000 fr. de rente, d'en payer une fois 20,000 ? Mais celui qui soutient sa famille avec un modique revenu de 2,000 fr., s'il perd le dixième du nécessaire en payant 200 fr., n'aura pas, durant cinq semaines, de quoi vivre.

D'ailleurs, lorsqu'en sortant des idées claires et faciles de la théorie, on veut aborder les difficultés de la pratique, comment déterminer la partie *aliquote?* Faut-il ajouter à la peine pécuniaire la peine, aussi grave qu'odieuse, d'une investigation officielle de tous les secrets d'une famille, et cela parce qu'un homme doit payer quelques centaines de francs d'amende?

Le législateur doit se contenter d'une limite discrétionnaire, établie par l'évaluation approximative de la moyenne des fortunes dans la classe de citoyens que les peines pécuniaires peuvent atteindre.

En même temps il doit laisser au juge une assez grande latitude dans l'application de la peine pécuniaire, pour qu'il puisse dans son équité tenir compte des circonstances individuelles de l'accusé.

Nous terminerons par une observation de quelque importance.

La peine pécuniaire réduite à une très-faible quotité est employée avec avantage comme moyen de répression contre certains petits délits qu'on désigne convenablement sous le nom de simples contraventions.

La loi veut donner aux contrevenants un avertissement plus encore que leur infliger une peine. Il suffit de réveiller l'attention du prévenu et du public sur le devoir de se conformer aux règles de police, et d'y apporter toute l'attention nécessaire.

Une légère peine pécuniaire est un moyen de beaucoup préférable à l'emprisonnement, quelque court qu'il soit. On a trop affaibli l'impression morale de la peine de la prison, en la prodiguant pour des vétilles.

Mais l'amende elle-même peut être très-légère. Très-souvent, au lieu de 10 et 15 fr., 2 ou 3 peuvent suffire. Encore une fois, ce n'est pas une peine proprement dite, c'est un avertissement qui vient corroborer l'action, déjà répressive par elle-même, de l'assignation en justice, du débat public, et de la déclaration de culpabilité. A Genève on se borne souvent à prononcer une amende de 3 ou 4 florins (25 à 40 sous de France); nous croyons qu'on le fait avec raison et sans le moindre inconvénient.

CHAPITRE XIII.

OBSERVATIONS GÉNÉRALES.

1° Il n'existe aucune peine qui réunisse toutes les qualités désirables, moins encore une peine qui les réunisse toutes au même degré.

Souvent une qualité, en atteignant un degré trop élevé, en efface une autre, ou devient la cause d'un vice. Il est difficile qu'une peine très-exemplaire ne produise pas, indirectement du moins, quelques effets immoraux, ou qu'elle puisse contribuer à l'amendement du coupable.

2° Il importe en conséquence de distinguer, dans le choix des peines, les qualités indispensables des qualités seulement désirables. Il est indispensable que la peine soit personnelle, morale, suffisamment appréciable, et plus ou moins exemplaire. On doit désirer en outre qu'elle soit révocable, réformatrice, suppressive du pouvoir de nuire, etc.

3° Il est des peines qui enlèvent au condamné plusieurs droits. L'interdiction des droits politiques porte en même temps une atteinte grave à l'honneur du condamné, même à sa fortune, s'il devient incapable d'exercer des fonctions lucratives. Une forte peine pécuniaire peut le priver de l'exercice de certains droits politiques, en lui ôtant la richesse pour cela requise. Il importe, pour l'exacte appréciation du mal de la peine, de ne pas négliger l'analyse de ses divers effets.

4° Le législateur peut réunir diverses peines principales pour la punition du même crime, ou augmenter la peine principale par des peines accessoires. Il prononce alors une punition complexe. C'est ainsi que la déportation et la peine pécuniaire peuvent être, dans certains cas, utilement combinées avec l'emprisonnement. L'emprisonnement peut être modifié par diverses peines accessoires, telles qu'un travail plus ou moins dur, la solitude, la cellule ténébreuse, etc. Ces combinaisons donnent au juge les moyens de mieux proportionner la peine à la culpabilité spéciale et aux circonstances personnelles de chaque prévenu. Mais il importe de ne pas oublier que ces additions de pénalité, qui frappent peu sur le papier, lorsque chacune des peines n'est pas très-grave en soi, peuvent facilement donner un résultat exagéré. Enfin il est essentiel de ne pas allier à une peine morale, et utile par ses effets, une peine qui puisse les détruire, ou du moins les paralyser.

5° On peut aussi, par la sanction pénale, laisser au juge l'alternative entre plusieurs genres de peines. Mais cette méthode n'est guère admissible, ce nous semble, que pour les petits délits. Dans les cas graves, la faculté d'opter donne au juge un pouvoir qui

effraye ; elle tend à déconsidérer la justice ; elle excite
aux sollicitations, aux tentatives de corruption ; enfin
il est trop difficile de prévenir les soupçons de faveur ou d'animosité ; car il est presque impossible de
trouver deux espèces de peine également importantes
et redoutables.

6° Toute peine ne produisant pas au même degré
les trois effets les plus essentiels qu'on doit désirer, la
crainte, l'amendement moral du coupable, et la suppression du pouvoir de nuire, il appartient au législateur d'examiner lequel de ces effets est le plus important pour la société, et le plus facile à atteindre.

Aussi la question de savoir quel est l'effet qu'on
doit préférer, toujours dans les bornes de la justice,
dépend-elle en grande partie de l'état plus ou moins
avancé de la civilisation.

Les peines qui seraient de leur nature réformatrices, ne produisent presque point d'effet, et sont
d'ailleurs impraticables chez un peuple violent, grossier, à demi barbare. La mort, l'exil, l'amende sont
presque les seules peines dont la justice y puisse
frapper le crime. La prison dans un tel état de société ne serait qu'un horrible cachot, un supplice
plus lent, plus affreux que la peine capitale ; encore
verrait-on plus d'une fois ou des évasions favorisées
à main armée, ou des exécutions réclamées impérieusement par la famille, par les amis de la victime
du délit, par un peuple irrité. C'est une vérité affli-
geante, mais irrécusable. La justice ne serait qu'un
vain mot, si, dans les bornes de ce qui est licite, elle
n'osait pas se proportionner à l'état moral des nations,

si elle ne savait pas être plus forte que les passions humaines.

Dans une société civilisée l'homme a plus d'adresse que de violence, plus de cupidité que de passion. Il s'emporte moins vivement ; il calcule davantage. Il a plus de force interne pour résister à certains penchants ; mais il est plus sensible à la souffrance physique et à certaines souffrances morales. Son esprit est plus ouvert ; il fait le mal avec plus d'habileté, mais il peut aussi plus facilement comprendre ce qui est bien. Le sentiment de l'ordre le domine presque malgré lui. L'opinion publique prête son appui à la morale, à la loi, à la justice. L'homme qui a bravé l'opinion, ne tarde pas à éprouver le besoin de se réconcilier avec elle. D'ailleurs, l'auteur d'un crime se sent isolé. Il ne s'attend pas à voir sa famille, sa caste, sa tribu, épouser hautement sa querelle avec la société, faire de son crime leur affaire, et d'un procès, une guerre.

Dans un tel état de civilisation, la justice criminelle doit à son tour se civiliser, choisir des peines plus douces, et conciliables avec des essais d'amendement moral.

Malgré le nombre des crimes qui troublent encore l'ordre social et répandent trop souvent l'épouvante et l'horreur dans nos contrées, ne désespérons point de l'espèce humaine. Puisqu'elle a atteint l'état, comparativement heureux et régulier, dans lequel nous vivons, il n'y a aucune raison de craindre qu'elle suspende sa marche vers le bien. Le jour viendra où l'ordre public, essentiellement protégé par les sentiments, les lumières et l'aisance de tous les citoyens, ne réclamera plus de la justice pénale que des punitions rares, temporaires, et *principalement* dirigées vers l'amendement moral des coupables. Pour parvenir plus rapidement à ce grand résultat, il est essentiel de ne pas avoir aujourd'hui la funeste prétention de devancer le temps.

LIVRE QUATRIÈME

DE LA LOI PÉNALE.

CHAPITRE I.

NATURE ET NÉCESSITÉ D'UNE LOI PÉNALE POSITIVE.

Considérée dans sa forme extérieure, la loi pénale positive est une déclaration du pouvoir souverain, par laquelle il fait connaître quels sont les actes qu'il défend, quels sont ceux qu'il ordonne, avec menace, pour les contrevenants, d'un mal qu'on appelle *peine*. La première partie de la loi en est le *dispositif;* la seconde, la *sanction*.

Considérée dans sa substance, la loi pénale positive n'est qu'un fragment de la loi morale. Ceux des préceptes de cette loi qui concernent plus particulièrement l'ordre politique des sociétés civiles, et dont l'inobservation paralyse la liberté de l'être collectif et des individus qui le composent, le législateur les transcrit dans ses lois et les corrobore d'une sanction pénale immédiate.

C'est ce qui résulte des principes que nous avons posés. Nous avons en même temps indiqué jusqu'où s'étendent, sous ce rapport, les droits du législateur et de la justice humaine.

Mais faut-il une loi pénale, écrite, positive? Est-ce réellement un devoir pour les sociétés de ne punir les délinquants qu'en vertu d'une loi rédigée et *publiée?* La question doit paraître oiseuse à un grand nombre de lecteurs. C'est à leurs yeux révoquer en doute une proposition évidente et universellement admise. Elle l'est en effet dans les livres. Il n'en est pas de même dans la pratique. Nous avons cité un pays où la justice pénale est exercée depuis longtemps sans loi positive; et dans plus d'un État, il existe un grand nombre d'ordonnances criminelles si vagues, si arbitraires, que c'est une sorte de dérision que de les regarder comme de véritables lois. Elles sont tout au plus des annonces par lesquelles le maître dit à ses sujets : « Tenez-vous bien sur vos gardes ; ne faites rien qui puisse exciter ma colère, ou éveiller mes soupçons; car je suis tout disposé à vous en punir sévèrement. »

Cependant la nécessité d'une loi pénale positive et publiée, est une des maximes fondamentales du droit social, une des bases de la liberté civile et politique.

Deux éléments concourent à la justification de la peine légale : l'un, déterminé par une règle éternelle, immuable, le délit; l'autre, susceptible de modifications et de changements, le besoin de punir le coupable.

La loi pénale, dans ses restrictions, comparativement à la loi morale, est, par conséquent, chose jour-
nalière et variable, comme tout ce qui se trouve sous
l'empire des circonstances et des faits.

Elle doit parler un langage positif et explicite, contenir l'expression de l'état social du moment, le révéler aux citoyens. Car ce dont la connaissance ne
dépend point d'un sentiment intérieur et universel,
mais du rapprochement de circonstances externes et
variables, doit être appris à ceux qui sont tenus d'y
conformer leurs actions.

Sans doute, nous avons le devoir moral de ne rien
faire qui puisse troubler l'ordre public; si ma raison
me démontre que je serai probablement une occasion
de désordre, en m'écartant de mon domicile après le
coucher du soleil, j'ai le devoir de rester chez moi.
Est-ce à dire que je puisse être puni si je sors, et que
tous ceux qui sortiraient ce soir-là, puissent aussi
être poursuivis? Comment prouver qu'ils ont pensé
comme moi? Comme prouver que j'ai moi-même
pensé de cette manière? Enfin, comment prouver,
après coup, que ma pensée était juste, et que la société avait besoin de réprimer mon acte par une peine?

Nul ne peut être soumis avec *justice* à une punition
légale, s'il n'a pu avoir connaissance de la loi morale
qu'il a enfreinte, et du mal social qui dérive de son
infraction. Car l'homme est *absolument* libre de faire
tout ce que la loi morale ne défend pas; et *vis-à-vis
du pouvoir social*, il est également libre de faire tout
ce qui ne compromet pas le droit positif d'autrui.

Or, comment la justice sociale peut-elle savoir que

l'accusé a connu, ou pu connaître, d'une manière exacte et certaine, l'un et l'autre élément du délit légal? par des faits seulement ; par la *préexistence* et la *publication* de la loi positive.

La loi révèle en même temps la *règle morale*, la *défense politique* et la *peine légale*.

Il y a eu, ce n'est que trop vrai, des lois pénales qui, au lieu de corroborer la loi morale au profit de l'ordre public, ont défendu le bien et ordonné le mal.

Mais parce que le pouvoir social ne s'est pas toujours conformé, en écrivant la loi positive, aux règles du juste, peut-on en conclure qu'il soit en droit de garder le silence, et de punir cependant, après coup, les actes qu'il trouve alors convenable de réprimer? Chaque punition serait une loi pour un cas spécial? et les citoyens, sans pouvoir compter davantage sur la bonté des jugements, perdraient toute espèce de *sécurité,* n'ayant aucune certitude de voir un seul de leurs actes demeurer impuni. Enfin, il y aurait confusion, concentration dans les mêmes mains des pouvoirs législatif et judiciaire. Car là où il n'y a point de lois, le juge est législateur.

Un dernier motif rend indispensable la publication de la loi pénale. La société a le devoir de prévenir les délits par tous les moyens légitimes et utiles qui sont en son pouvoir, avant d'en venir au remède extrême de la peine. Or, l'impression que la publication de la loi pénale peut produire, comme moyen d'instruction et de crainte, serait perdue, si le législateur gardait le silence.

Aussi la publication de la loi positive est-elle nécessaire, plus encore comme moyen préventif et
comme garantie politique, que comme moyen de
connaître les actes dont on doit s'abstenir.

Cela répond à une objection spécieuse. « Il est,
dit-on, des crimes qui, en tout temps et en tout lieu,
ont formé et formeront le sujet de la justice pénale.
Un assassin, un incendiaire, un voleur, faut-il une
loi positive pour leur apprendre qu'ils commettent
des actes immoraux et pernicieux que la société ne
saurait laisser impunis? Caïn s'écriait : « Le premier
qui me rencontrera me donnera la mort. » Et qu'on
ne dise pas qu'il faut du moins déclarer la peine dont
les criminels seront passibles ; comme si c'était chose
morale et utile à la société de leur fournir d'avance
des données positives, à l'aide desquelles ils puissent
froidement calculer s'il leur convient ou non de commettre un délit. »

Ces observations ne sont pas de nature à prouver
l'inutilité des lois positives. On admet d'abord qu'il
en faut un certain nombre, pour désigner celles des
actions humaines dont la *qualité* criminelle, vis-à-vis
de la société, ne saute pas aux yeux. Mais où est la
ligne de démarcation? où sont les garanties contre le
caprice et l'arbitraire, dans un système qui revien-
drait à dire : Toutes les actions que la loi pénale passe
sous silence, sont permises, moins celles dont l'immoralité et le danger social sont manifestes? Quel
serait le résultat? Dans un pays mal gouverné, l'incertitude, l'arbitraire, la tyrannie. Dans un pays
jouissant d'un bon système politique, une jurispru-

dence pénale qui s'établirait peu à peu, par des précédents judiciaires. Mais jusqu'à l'accomplissement lent et progressif de cette œuvre, que de chances d'erreurs, que de périls pour le public et pour les individus !

On a beaucoup exagéré, il est vrai, le devoir de faire connaître d'avance la peine qui est réservée à chaque crime. En sortant des serres du pouvoir arbitraire, on ne voyait de salut que dans un système diamétralement opposé. « Rien d'arbitraire ; que tout soit fixé, déclaré; établi d'avance ; que le seul office du juge soit de lire la loi et d'en appliquer la lettre précise. » Telle était la doctrine professée par des hommes d'ailleurs fort respectables, par des hommes qui dans un temps ont été utiles à l'humanité, comme réagissant contre un abus. Mais on retrouve aujourd'hui encore de leurs adeptes, des hommes qui n'ont pas le même motif, la même excuse, des hommes n'envisageant jamais une question que sous une seule face, et croyant avoir atteint l'apogée de la liberté, lorsqu'ils ont fait de chaque loi un lit de Procuste où, bon gré, mal gré, chaque cas particulier doit être forcé de s'arranger.

Certes, ce n'est pas de ce système que nous prenons la défense.

Il est sans doute absurde d'imaginer que la déclaration préalable et exacte du *quantum* de la peine à encourir soit une chose en quelque sorte *due* au malfaiteur, et que tout homme déterminé à commettre un crime ait le droit de pouvoir calculer avec la dernière précision le danger auquel il s'expose. C'est en

partant de pareils principes qu'on arrive à imposer
au législateur l'obligation d'assigner toujours des
peines fixes, immuables, sans laisser au juge la moindre latitude dans l'application de la loi.

Mais une énonciation de la pénalité pour chaque
espèce de crime est cependant nécessaire, soit pour la
sûreté publique, soit pour la sûreté individuelle. Pour
la sûreté publique ; car autrement l'homme à projets
criminels, n'apercevant, sous l'empire de la passion,
que le sourire de l'espérance, pourrait se flatter de ne
subir, en cas de condamnation, qu'une peine fort légère ; pour la sûreté individuelle ; car on ne saurait
sans trembler laisser au juge le choix entre la peine
de mort et celle de l'emprisonnement, entre la déportation et l'amende ; ainsi de suite.

CHAPITRE II.

DE LA FORMATION DE LA LOI PÉNALE. A QUI DOIT-ELLE ÊTRE CONFIÉE?

La loi positive est nécessaire, et nous savons ce qu'elle doit *exprimer*. Recherchons maintenant les moyens d'obtenir cette expression, de manière que la loi dise réellement ce qu'elle doit dire, rien de plus, rien de moins.

La loi suppose un législateur ; et le législateur suit un procédé quelconque pour arriver à la formation de la loi. Examinons d'abord par qui, et ensuite comment, il convient que la loi pénale soit faite.

La loi pénale, dans son dispositif, exprime deux idées. Elle proclame que tel fait a les caractères du *délit moral*, et que la société est dans la nécessité de le punir. Or de qui peut-on espérer une expression franche et sincère de ces deux vérités ? C'est là la question.

La première de ces vérités réside dans la conscience de l'homme. Il faut la chercher dans ce sanctuaire où le bien se tient séparé du mal, le juste de l'injuste ; dans ce tribunal qui se trompe quelquefois, mais qui du moins ne trompe jamais. Mais la conscience n'étant pas le partage exclusif de quelques privilégiés, convient-il mieux d'interroger la conscience d'un homme, ou celle d'un grand nombre d'hommes ?

On peut craindre l'erreur du juge intérieur, et le mensonge de la part de celui qui revêt de paroles le jugement de la conscience.

Le *mensonge* est peu à craindre de témoins nombreux et unanimes.

Les chances d'*erreur*, diminuent aussi à mesure que le nombre des consciences interrogées augmente. Les déviations individuelles, les écarts de la passion, doivent se compenser, et le résultat doit être l'expression de la vérité.

Il n'en serait pas de même si, pour obtenir une réponse, on devait s'adresser à la science et au raisonnement, si l'on demandait le résultat d'une opération logique. Les chances d'erreur croîtraient comme le nombre des personnes consultées ; ou du moins plus la science requise serait spéciale, et le raisonnement difficile, plus cette formule approcherait de la vérité.

C'est là une des raisons pour n'avoir dans une cour d'assises que très-peu de juges, mais un plus grand nombre de jurés ; c'est-à-dire très-peu de savants, mais un nombre suffisant d'hommes aptes à révéler naïvement le sentiment de leur conscience, la conviction qu'ils éprouvent.

Écoutez un président anglais, lorsqu'il explique au jury la loi positive, les caractères qu'elle exige pour que le délit soit punissable, lorsqu'il cherche à concilier entre eux divers statuts sur un point contesté. Ce discours vous satisfait comme une chose qui était nécessaire, comme l'œuvre d'un homme de l'art, œuvre dans laquelle vous savez qu'il n'aurait pu être remplacé que par des hommes qui, comme lui, auraient pâli pendant une longue suite d'années sur une bibliothèque de Droit anglais. Vous écoutez le juge avec attention ; mais vous savez que ce n'est pas dans sa conscience qu'il puise, qu'il ne dit point ce qu'il pense lui, homme, sur le compte de la loi, mais bien qu'il vous explique ce qu'elle est. C'est dans sa science qu'il puise, c'est à l'aide de la logique qu'il arrive à une conclusion.

Maintenant, écoutez un accusateur vous démontrer la noirceur du meurtre, l'immoralité du faux. Que fait-il ? une amplification, un travail académique, fort éloquent peut-être, mais assez inutile, parce que vous savez tout cela aussi bien que lui, quand même vous ne sauriez pas le dire si bien ; il peut vous amuser, vous émouvoir ; instruire, c'est impossible. C'est qu'il ne fait que rédiger et amplifier une décision de la conscience.

Sans doute l'erreur est possible. Les préjugés, la superstition, l'esprit de parti, peuvent troubler la lumière naturelle de notre conscience. Mais ce danger auquel nul n'est sûr d'échapper, ne saurait être un motif de consulter la conscience d'un seul individu, plutôt que la conscience *générale*. Qu'on prenne l'homme le plus intègre et de l'esprit le plus distingué ; qu'on lui confie la législation pénale ; le moindre

inconvénient, en substituant la conscience *individuelle*
à la science *générale*, sera le danger de tomber sous
l'action d'un *système ;* d'avoir quelque chose d'artificiel et de factice, à la place des révélations naïves du
sentiment du juste et de l'injuste.

Et qu'on ne pense pas échapper à la difficulté en
nous renvoyant à un *utilitaire*. Il aura son système
particulier d'utilité.

Tout individu isolé est exposé à mettre des préoc-
cupations systématiques à la place de ce qui est. Est-
il convaincu de la haute importance du commerce et
de l'industrie, pour les progrès physiques et moraux
de l'espèce humaine ? Le faux, la fausse monnaie, la
piraterie, prendront à ses yeux une gravité morale
exagérée. Est-il profondément religieux ? Très-probablement il dépassera le domaine de la société, pour
envahir celui des consciences, il glissera un peu de
théologie dans son code. Choisissez au contraire un
homme de l'école du xviiie siècle, et très-probablement la religion sera traînée en servage aux pieds
d'une politique envahissante, ou du moins, le culte
extérieur et ses ministres demeureront sans protection.

Substituons à l'homme unique une assemblée.
Certes ce n'est point d'une assemblée formée au
hasard, moins encore d'une assemblée intentionnel-
lement mal choisie, que nous entendons parler. Nous
aurions dans ce cas les lois de la Convention, ou la
loi du sacrilége. On doit nous permettre une hypothèse raisonnable. Nous avons supposé un homme de
la plus haute capacité ; pour une assemblée, nous

demandons seulement qu'on la suppose composée
d'hommes probes et doués d'une instruction moyenne,
d'hommes en état de comprendre une question, de
former un avis et de l'énoncer avec franchise par leur
suffrage. Nous supposons seulement une assemblée
où le commerçant siége à côté du savant, l'homme
de loi à côté du banquier, le rentier à côté du magistrat, le petit propriétaire à côté du millionnaire;
une assemblée qu'on peut facilement obtenir dans
tout État de médiocre grandeur, pourvu que le système
électoral ne soit point vicié. Cette réunion d'un assez
grand nombre de consciences éclairées donnera, en
dernier résultat, l'expression vraie de la conscience
générale. Les idées systématiques, les vues partielles,
même le fanatisme du bien, ne trouveront point un
accueil favorable. Si la discussion est libre, régulière,
complète, il n'y aura ni surprise, ni précipitation, ni
entraînement. L'erreur, avec tous ses prestiges, viendra expirer devant cette masse de consciences qui,
dans leur recueillement, se diront à elles-mêmes
et répéteront ensuite par le suffrage : *Ce n'est pas
cela.*

Il y a peu d'années que dans un projet de loi sur
e mariage, conçu dans le but de revenir aux sains
principes de la législation française sur la matière, on
avait, par une disposition accessoire, proposé à la législature genevoise une disposition pénale contre
ceux qui, dans un certain délai, n'auraient point
demandé la bénédiction nuptiale au ministre de leur
communion. C'était un *mezzo termine*, pour éviter
les accusations banales d'impiété, d'athéisme, contre

un projet de loi qui ne faisait plus dépendre la validité du mariage, en tant qu'acte civil, de la cérémonie religieuse ; c'était, nous en convenons, un passeport qu'on voulait donner au projet de loi, auprès des
esprits timorés ; c'était peut-être aussi, disons-le, une
défense que les auteurs du projet de loi cherchaient à
se méneger contre la calomnie. Le moyen aurait été
d'autant plus inoffensif dans ses résultats que l'expérience avait démontré, qu'il était presque sans
exemple qu'un mariage eût été célébré à Genève
sans qu'il eût été suivi de la bénédiction nuptiale.
D'ailleurs, le projet, exigeant seulement qu'elle fût
demandée, ne mettait point les parties à la merci du
prêtre. Cependant cet article du projet disparut ; il
disparut sans efforts, sans combats, du consentement
même de ses auteurs, parce que la conscience *générale* ne tarda pas à déclarer que l'homme qui, *par conviction*, ne demanderait pas la bénédiction nuptiale,
pourrait être un malheureux plongé dans l'erreur,
mais n'était point un criminel, et qu'il aurait été
injuste de contraindre cet homme à un acte d'hypocrisie. Si le projet n'eût pas été soumis à une assemblée, s'il eût pu être transformé en loi par un seul
individu, ou même par le petit nombre d'individus
qui l'avaient rédigé, et qui étaient cependant des
hommes recommandables, il est fort probable que
l'article aurait eu force de loi, et qu'on aurait ainsi
déclaré délit ce qui ne l'était pas. Ajoutons que cette
déclaration qui, en *fait*, n'aurait fait souffrir personne, aurait probablement été de quelque *utilité* à
l'État de Genève, qui fut, peu de temps après, assez

tracassé, pour être revenu aux vrais principes en matière de mariage. Cependant l'article fut combattu, en premier lieu, par un éloquent *utilitaire;* chez l'homme probe la conscience l'emporte sur l'esprit, quelque distingué qu'il soit.

La loi pénale est en second lieu l'expression d'un besoin social. Ici nous entrons dans un autre ordre d'idées : ce n'est plus ce que nous sentons, mais ce que la société exige que nous devons rechercher; c'est à un autre juge que nous devons avoir recours.

Il s'agit ici de sortir de soi-même, d'examiner, de rapprocher et de peser toutes les circonstances extérieures, tous les faits propres à nous révéler l'état réel de la société, ses besoins, et le degré de leur importance relative. C'est au milieu d'un vaste théâtre qu'il faut se placer, pour porter un regard scrutateur et impartial sur des scènes multipliées et variées, et bien distinguer ce qui est plus ou moins permanent de ce qui n'est qu'un effet de causes tout à fait passagères.

Or quel est l'individu dont la vue est assez étendue et assez forte pour embrasser un si vaste ensemble, en parcourir tous les détails, et passer du centre à la circonférence, de la circonférence au centre, sans crainte d'omissions ou d'erreurs ?

Pour parler sans figure, quel est l'homme qui pourrait se flatter de connaître tous les faits généraux et locaux, permanents et accidentels, susceptibles ou non d'être modifiés par l'action législative, qui peuvent influer sur la question de savoir, si une espèce d'actes immoraux doit ou non être frappée d'une sanction pénale, et quelle doit être la gravité de cette sanction ?

Ce sont des faits qu'il faut recueillir de toute part ; c'est la vie réelle et pratique qu'il faut connaître dans tous ses détails, et sonder dans tous ses replis. L'homme de génie, l'esprit le plus élevé, ne saurait suffire à une pareille tâche. Descartes ne pouvait révéler le système du monde, parce que les faits n'avaient pas encore été recueillis et reconnus, et que rien ne peut suppléer la connaissance des faits, lorsqu'il s'agit de déclarer ce qui existe dans le monde matériel.

Il en est de même pour le système pénal. Ce n'est pas du fond de son cabinet qu'un publiciste, quelque habile qu'il soit, pourra reconnaître l'état réel de la société, et en apprécier les besoins. Il faut en appeler au témoignage éclairé du praticien, du magistrat, du propriétaire, du négociant, du médecin, des hommes qui sont en contact avec les éléments variés de la société, et qui ont pu en reconnaître la force, l'activité, l'influence. Il ne suffit pas d'obtenir des témoignages isolés, froids, secrets. Il faut que la publicité les authentique, que la discussion les anime, que la contradiction les éprouve. Il faut une assemblée législative.

Il y a plus ; la législation pénale est la partie essentiellement variable et progressive de la législation générale. La doctrine des obligations, le système des droits réels, s'ils ont été une fois établis sur de bons principes, peuvent avoir une durée presque indéfinie, sans autres changements que ceux qu'amènent insensiblement la jurisprudence pratique, l'action des tribunaux. Il n'en est pas de même du système pénal. D'un côté, on ne pourrait sans danger permettre aux tribunaux, pour le droit criminel, ce qu'il faut, je ne dirai pas leur permettre, mais exiger qu'ils fassent pour le droit civil. D'un autre côté, le système pénal est dans un rapport plus intime et plus immédiat, peut-être, que ne l'est le droit civil avec les mouvements progressifs ou rétrogrades de la civilisation. S'il ne suit pas ses mouvements, il devient oppressif ou insuffisant. La loi pénale doit par conséquent être l'œuvre du pouvoir qui représente le mieux l'état réel de la société, qui nécessairement marche ou recule avec elle, qui, par cela même, en sait les exigences actuelles.

« Dans un état de civilisation peu avancé ou rétrograde, l'assemblée peut être dominée par des erreurs, par des préjugés populaires auxquels peut échapper un individu, ou un petit nombre d'individus. » Personne ne contestera la possibilité de cette exception ; l'histoire nous prouve que quelques hommes privilégiés peuvent devancer leur siècle, ou ne point suivre la masse dans sa marche rétrograde.

Mais l'histoire nous apprend aussi quel est ordinairement le sort de ces hommes. Heureux lorsqu'ils échappent à la calomnie et à la persécution, leur règne, s'il est de ce monde, n'est guère de leur temps.

S'il l'était, ils seraient nécessairement membres de l'assemblée législative, et ils y exerceraient une influence proportionnée à la force de leur génie et à

l'étendue de leurs lumières. L'assemblée leur serait
toujours utile, comme moyen de recueillir un grand
nombre de faits et de renseignements positifs.

S'il n'existait point d'assemblée, où si elle n'était
point nantie de la législation pénale, comment ces
hommes distingués pourraient-ils influer utilement
sur cette législation ? Par une mission du pouvoir absolu ? D'ordinaire ce n'est pas là la mission que ce
pouvoir aime à confier aux hommes supérieurs, lorsqu'il ose profiter de leurs lumières.

Quoi qu'il en soit, c'est en vain qu'on se propose
de lutter contre la force des choses. Les lois ne peuvent guère être que l'expression de l'état national.

Que deviendraient ces lois trop supérieures à leur
temps ? Que deviendraient-elles, puisque la loi n'agit
pas toute seule, puisque son application est nécessairement l'œuvre des hommes ? Les mauvaises lois perdent une partie de leur malfaisance entre les mains
d'hommes qui appartiennent à un état social supérieur à celui où ces lois prirent naissance : témoin
l'Angleterre et l'Allemagne. Par quel prodige l'inverse n'aurait-il pas lieu ? comment de bonnes lois
ne seraient-elles pas dénaturées entre les mains
d'hommes qui ne sauraient ni les comprendre ni les
apprécier ?

C'est avant tout par l'*instruction* que l'homme supérieur à son siècle doit s'efforcer d'agir sur les masses et les préparer à désirer de meilleures lois ; c'est
en proclamant la vérité à ses risques et périls, en
brisant le boisseau que la force et l'égoïsme ont posé
sur la lumière, qu'il doit exercer l'auguste sacerdoce

dont la raison l'a investi. Des lois, il n'est pas à croire qu'il puisse en faire; y parvînt-il, fût-il conseiller, ministre, dictateur, roi absolu, si ses lois ne représentaient que lui-même, son intelligence, ses besoins intellectuels et moraux, son œuvre serait à la fois tyrannique et à peu près inutile, un document biographique, mais non un monument national; enfin, s'il voulait faire des lois appropriées à l'état de la nation, son vœu ne pourrait être accompli qu'autant qu'il s'aiderait lui-même des secours d'une assemblée représentant l'état réel du pays.

Au surplus, la liaison du système pénal avec le système politique est si intime, qu'on pourrait presque douter de la bonne foi de ceux qui osent encore affirmer que l'établissement d'une bonne législation, surtout criminelle, soit chose possible sous un pouvoir absolu.

Nous ne reviendrons pas sur les observations que nous avons déjà faites à ce sujet (tome I, pages 86 et suiv.).

Heureusement les vérités que nous venons d'énoncer sont désormais populaires dans une grande partie de l'Europe; disons mieux, du monde. Heureusement la lutte de la raison contre l'autorité, du droit contre la force, est vivement engagée; c'est dire qu'une nouvelle victoire de l'espèce humaine est assurée.

Aussi les observations contenues dans ce chapitre doivent-elles paraître bien inutiles à la plupart de nos lecteurs. Que ne le sont-elles pour tous!

Nous avons uniquement voulu faire sentir à ceux

qui n'ont pas encore le bonheur de vivre sous un gouvernement national, qu'ils doivent tendre vers ce
but, non-seulement pour jouir des droits politiques,
pour ne pas payer des impôts qu'ils n'ont pas votés
et dont on ne leur rend aucun compte, pour développer leur industrie et leurs talents, et pour s'élever
peu à peu à toute la dignité dont l'espèce humaine
est capable, mais aussi parce qu'alors, et alors seulement, ils pourront vivre sous une législation criminelle qui ne dispose pas arbitrairement, capricieu-
sement, dans les ténèbres, de leurs droits, de leur
fortune et de leur vie.

CHAPITRE III.

Il serait superflu de démontrer l'influence que peuvent avoir sur la bonté intrinsèque des lois les procédés employés dans l'œuvre de la législation.

Distinguons les formes générales de la législation, des formes qui peuvent plus spécialement s'appliquer à la loi pénale. Les premières appartiennent au droit public; nous sortirions des limites de notre sujet, en voulant les examiner.

En Angleterre, la rédaction des projets de lois est encore ce qu'elle était il y a quelques siècles : un chaos où chaque mot utile est noyé dans une foule de paroles inutiles. Le parlement, plus occupé du fond que de la forme, ne paraît pas se douter qu'il est temps de briser le moule où la vieille Angleterre jetait ses *bills*.

En France, la majorité pourrait imposer silence à la minorité, et constituer ainsi le nombre et la force seuls juges de la bonté d'un projet de loi. Et ce n'est pas là le seul vice du règlement des chambres de France.

A Lausanne, l'assemblée législative n'a pas le droit d'amendement; elle ne peut que rejeter ou accepter

tels quels, les projets du conseil d'État. Aussi des lois
utiles, nécessaires même, sont-elles renvoyées d'année en année, l'assemblée ne voulant pas les accepter sans modifications. Si les deux pouvoirs se font
mutuellement, à chaque session, une petite concession, on obtient à la fin, de lassitude, une loi qui
n'est ni aussi bonne qu'elle pourrait l'être, ni aussi
mauvaise qu'elle l'était dans le premier projet.

Ces exemples pris au hasard suffisent à prouver
quelle influence les formes de la législature peuvent
avoir sur la bonté des lois. Or, certes, lorsque cette
influence est fâcheuse, elle l'est d'autant plus, par la
nature des choses, qu'elle s'exerce sur les lois pénales.

En abordant l'examen des formes spéciales de la
loi pénale, une première et grande question se présente à l'esprit, la question de la *codification*.

Cette question de haute philosophie législative,
qui depuis quelques années a fortement occupé les
hommes les plus distingués, nous paraît devoir être
envisagée sous deux faces différentes.

Dans sa plus grande généralité, elle consiste à
savoir si un système de droit national, développé successivement, au fur et à mesure des exigences sociales,
par quelques lois, si l'on veut, mais essentiellement
à l'aide des coutumes, de la doctrine des jurisconsultes et des précédents judiciaires, n'est pas
préférable à un système de droit fondé directement
par le législateur, moyennant un ensemble plus ou
moins volumineux de lois écrites ; en d'autres termes,
par un Code.

Considérée sous un point de vue plus restreint, la question de la *codification* est celle-ci : dans un État dépourvu de lois, ou ayant besoin d'une grande réforme dans son système de droit, le législateur doit-il procéder peu à peu, par lois spéciales, ou bien concevoir tout à la fois un système complet, et le former d'un seul jet, c'est-à-dire remplacer d'un seul coup tout ce qui existe, par un Code ?

On dénaturerait, à notre avis, la pensée des adversaires de la *codification*, si l'on croyait qu'ils entendent appliquer leurs doctrines aux lois pénales. Profonds dans le droit civil, exclusivement occupés de suivre ce droit dans ses nombreuses ramifications et d'en dévoiler l'histoire, la loi pénale ne s'est présentée à leur esprit que comme un appendice sur lequel leur attention ne s'est guère arrêtée.

Le droit civil, en ce qui concerne la *codification*, présente des difficultés particulières. Son étendue est très-vaste ; les sujets qu'il embrasse sont multipliés, variés ; et, ce qui est plus important encore, quoiqu'on ne l'ait pas assez remarqué, la volonté de l'homme peut, par les déterminations les plus inattendues, par des combinaisons aussi imprévues que compliquées, déjouer les efforts du législateur et mettre en défaut sa sagacité. La loi civile qui saisit l'homme dans le sein de sa mère et qui le suit, pour ainsi dire, jusqu'au delà du tombeau, ne veut pourtant pas le priver de toute libre action dans la sphère des rapports de droit civil entre homme et homme. L'homme réagit sans cesse et immédiatement sur le droit civil : soit qu'il développe de nouveaux rapports

de personnes, d'obligation, de propriété ; soit qu'il
modifie ou qu'il combine, d'une manière nouvelle, les
rapports déjà connus, il force l'autorité judiciaire à le
suivre dans sa marche, dans ses détours, et à décider
les questions et les cas particuliers qu'il lui a plu de
faire naître, ne fût-ce que par bizarrerie.

Aussi, en regardant de près, s'aperçoit-on que le
droit civil est composé de deux parties fort distinctes.
L'une précise, impérative, absolue, ne laissant rien
à la liberté de l'action individuelle, se rapprochant
beaucoup de la nature des lois politiques et pénales :
l'autre un peu vague, moins complète ; nous voudrions pouvoir ajouter, malléable, ductile, par l'action
individuelle, par l'influence immédiate de chaque fait
nouveau. Quand la loi civile a fixé les règles de capacité et les formes à suivre pour le mariage, réglé la
tenue des registres de l'état civil, annulé toute substitution, déterminé les formes du système hypothécaire, etc., tout est dit sur ces matières. S'il naît des
questions, c'est que la loi est obscure, incomplète.
Elle aurait pu être complète et claire. Mais la volonté
de l'homme, du simple particulier, ne peut rien au
delà de la loi. S'il se marie contre la règle établie, son
mariage pourra être annulé ; s'il fait une substitution,
elle demeurera sans effet ; s'il n'inscrit pas ou s'il
inscrit mal son hypothèque, il sera primé.

Mais la vente, la location, le mandat, le contrat de
société, et tant d'autres transactions, ne sauraient être
réglées de la sorte. Là, la libre volonté de l'homme
conserve presque tout son jeu. Là mille combinaisons diverses, variées, nouvelles, sont possibles,

probables, licites ; elles ne sauraient être défendues,
qu'on le remarque bien, sans arrêter le mouvement
matériel de la société, sans faire de l'homme une machine, sans nous ramener à un autre temps, à une
autre organisation sociale, à un système de droit,
strict, immuable, incompatible avec notre civilisation
progressive.

On n'a connu pendant longtemps que les assurances maritimes. Les législations commerciales ont
réglé ce contrat ; la jurisprudence a développé et appliqué ces règles. Mais le monde a marché ; l'esprit
d'association s'est montré sous des formes nouvelles :
on a compris qu'il y avait d'autres risques qu'on pouvait rendre presque inoffensifs en les partageant ; de
là, les assurances terrestres, et les assurances sur la
vie. Mais l'homme marche à sa fantaisie, et la loi
boite. L'homme réclame, et la loi est sourde. C'est
la jurisprudence qui suit l'homme forcément et qui
l'écoute toujours. L'homme ne lui dicte pas ses arrêts, mais par sa libre volonté il la force à en prononcer [1].

Il serait aussi curieux qu'important d'examiner
quelle a été et quelle doit être, dans les divers états
de société, la partie coactive et la partie libre du droit

---

[1] Cicéron a signalé un autre point de vue sous lequel le droit civil se
détache du droit pénal. « Omnia judicia aut distrahendarum controver-
siarum, aut puniendorum maleficiorum causa reperta sunt : quorum alterum levius est, propterea quod et minus lædit, et *persæpe disceptatore
domestico dijudicatur ; alterum est vehementissimum, quod et ad gra-
viores res pertinet, et non honorariam operam amici, sed severitatem
judicis ac vim requirit.* » Pro. Cæcina, cap. II.

(*Note de l'auteur.*)

civil. Nous ne pouvons qu'indiquer cette belle et importante recherche [1].

Or que peut le législateur le plus intelligent, le plus habile, pour cette seconde partie du droit civil ? S'il est sage, il se bornera à établir les *principes dirigeants* de chaque matière [2], et s'abandonnera pour le reste à la jurisprudence nationale ; et il s'y abandonnera avec confiance, s'il a su donner à son pays de fortes études, une excellente organisation judiciaire et une bonne procédure.

Peut-être même, en examinant de plus près la nature de l'autre partie du droit civil, arrivera-t-il à une conclusion analogue. C'est-à-dire qu'en séparant du fond du sujet ce qui est réglementaire et de forme, ce qui par conséquent appartient décidément à l'action législative, il trouvera qu'il reste encore un champ assez vaste de combinaisons diverses et jusqu'à un certain point libres, pour lesquelles il ne peut également qu'établir des principes dirigeants, et les abandonner ensuite à la jurisprudence nationale.

Quoi qu'il en soit, si ces considérations suffisent à prouver que les ennemis de *toute codification* ont soutenu une doctrine qui ne laisse pas de s'appuyer sur une connaissance intime du droit civil, de sa marche

---

[1] Cette distinction entre les exigences absolues, impératives de la loi, et la latitude laissée à l'*individualité*, peut jeter une grande lumière sur l'histoire du droit civil de tous les pays, et expliquer ses principales phases.   (*Note de l'auteur.*)

[2] Dans les *Annales de législation et de jurisprudence* qui se publiaient à Genève, nous avons essayé d'expliquer ce que nous entendons par *principes dirigeants*. Ils sont autres que les principes généraux. Il est essentiel de ne pas s'y tromper.   (*Note de l'auteur.*)

et de son histoire, elles nous paraissent suffire, de l'autre côté, à montrer ce qu'il peut y avoir d'exagéré dans leur système. Un nombre plus ou moins grand, mais toujours assez considérable, de lois écrites, qu'elles soient ou non réunies en un Code, est toujours nécessaire pour asseoir les bases et déterminer les formes du droit civil. Nous ne voulons d'autre exemple que le système hypothécaire. Qu'on compare ce système, tel qu'il est organisé par la loi française, et mieux encore par les lois prussienne, bavaroise et autres, avec ce qu'il était sous l'empire du Droit romain : il faudrait être aveugle pour ne pas reconnaître que les lois que nous venons de citer, que ces diverses *codifications* hypothécaires, ont été un bienfait social. Cependant ce n'est que par l'action législative que ce bienfait pouvait être opéré. Dans nos systèmes politiques, on ne pourrait pas songer sérieusement à des préteurs fabriquant à leur gré des règlements généraux, des édits ; tranchons le mot, des lois.

C'est dire que, même dans le droit civil, tout ce qui est principe dirigeant, prohibition et forme (au fond les formes ne sont que des prohibitions) doit être de nos jours, l'œuvre de la loi proprement dite.

Nous avons quelques regrets d'avoir abordé ici un sujet que les bornes et la nature de notre travail nous empêchent d'approfondir et de développer. Cependant il nous paraît suffisamment résulter du peu que nous en avons dit, que la question de la *codification* prise dans son sens le plus général, n'est nullement applicable au droit pénal.

Ce droit est tout de prohibition. Son champ est

peu étendu, il ne touche qu'à certaines parties du droit général. Même dans ces parties, le droit pénal ne s'empare que des faits assez graves pour qu'il soit nécessaire de les réprimer par une *peine*. Sous ce point de vue, il se sépare donc, *toto cœlo*, du droit civil.

Il s'en sépare aussi, en ce qu'il ne crée point, comme le droit civil, la nécessité de juger, bon gré mal gré, des cas imprévus et nouveaux. La lutte judiciaire n'est plus entre individu et individu; la partie lésée peut toujours réclamer un dédommagement, lors même qu'il n'y aurait point d'ouverture à une action pénale. La société ne court point de danger en laissant impuni un fait isolé, non prévu par la loi positive; elle trouve sa défense dans la loi qu'elle peut sanctionner pour les faits semblables qui pourraient encore se commettre.

Au surplus, nous avons déjà suffisamment établi la nécessité d'une loi pénale préexistante et publiée, pour légitimer le droit de punir. Ici nous voulions seulement prouver que le droit pénal devait, en toute hypothèse, demeurer étranger à la question de la *codification*, prise dans son sens le plus général.

Il n'en est pas de même quand la question se borne à savoir s'il vaut mieux procéder par lois spéciales ou créer tout d'un coup une législation pénale complète; en d'autres termes, faire un Code.

La question ne peut guère s'élever que dans un pays dépourvu de lois pénales, ou possédant une législation criminelle qu'on estimerait très-mauvaise.

Partout où existe une législation corrigible, il y

aurait folie, et, à vrai dire, les hommes investis du pouvoir législatif n'y songeraient pas même, à mettre de côté ce que l'on possède, ce qui est connu, pratiqué, infiltré, si l'on peut s'exprimer ainsi, dans les mœurs et les habitudes nationales, par l'envie de faire du nouveau ou d'opérer, comme on dit, méthodiquement.

Faire du nouveau ! Mais si une partie de ce qui existe est bon, pour faire du nouveau il faudrait de gaieté de cœur se jeter dans le mauvais. Si l'on conserve tout ce qui est bon, dans sa forme actuelle, on est hors de la question; si l'on veut lui donner une forme différente, on fait du législateur un académicien. Ce n'est plus à la loi, mais à la facture d'un livre qu'on songe. On confond un traité avec un Code [1]. Quoi! pour une division plus symétrique, pour un langage plus pur, pour une rédaction plus élégante, on bouleverserait toutes les habitudes, on ramènerait au noviciat citoyens, jurisconsultes, magistrats, on essayerait d'effacer d'un seul trait une jurisprudence œuvre de longues années !

Les *codificateurs* oublient trop souvent que leurs divisions systématiques, excellentes pour un livre, sont beaucoup moins utiles dans un Code; que les délits ne se commettent pas, que les causes ne se présentent point dans l'ordre de leurs idées; qu'un arrangement trop étudié dans le livre de la loi, n'est

---

[1] « In legibus, non tam *stylus* et *descriptio*, quam *auctoritas*, et hujus patronus *antiquitas*, spectanda est. Alias videri possit hujusmodi opus, *scholasticum* potius quoddam, et *methodus*, quam *corpus legum imperantium*. » Bacon. *de Certit. leg.*, aph. 62.

pas même sans danger, car il est impossible de prévoir toutes les conséquences qu'on pourra tirer de
cet arrangement ; ils oublient trop souvent que, pour
les besoins de l'enseignement et de l'étude, il ne man-
quera jamais une foule d'écrivains, qui, quelle que
soit la forme de la loi penale, présenteront une, deux,
vingt méthodes différentes, chacun donnant la sienne
pour la meilleure ; enfin ils oublient, ce qui est plus
important encore, l'absolue impossibilité de se passer d'une jurisprudence, ou, si l'on veut, de l'éviter.
Qu'on adopte tel système de rédaction qu'on voudra,
tout homme qui n'est pas étranger à la pratique sait
qu'on se trouvera bientôt dans la nécessité d'invoquer
le secours de la jurisprudence, pour expliquer une
définition, pour préciser le sens des mots, pour déterminer avec plus d'exactitude les cas compris et
les cas exclus par la loi.

La parole est un instrument imparfait ; l'homme
est un ouvrier faillible ; il y aurait folie à espérer un
travail sans défaut, un ouvrage qui n'eût aucun besoin de commentaire.

Ainsi, pour l'amour de la méthode ou de l'élé-
gance, tout serait à recommencer. Nouveaux doutes,
nouveaux procès, nouveaux frais, nouvelles discussions, nouvelle jurisprudence. Cette jurisprudence
s'enchevêtrerait avec la précédente, par la tendance
naturelle des praticiens à tout faire rentrer de gré ou
de force dans leurs errements, ce qui ôterait même
l'espoir de voir réduites à un petit nombre les difficultés qu'on se serait plu à élever uniquement pour
l'amour de l'art. Reste le cas d'une législation mau-

vaise, incorrigible. Ces mots ne représentent point un sens exact : il faut s'expliquer.

J'appelle mauvais un système de droit pénal qui aurait été établi dans une époque de civilisation et de lumières, absolument différente de l'époque actuelle, et qui serait demeuré à peu près tel quel, soit par l'effet du préjugé et de la routine, soit par une combinaison politique quelconque. On peut hardiment citer comme exemple l'Angleterre. Nonobstant quelques changements, quelques améliorations notables, une grande partie de sa législation pénale représente encore un autre temps, d'autres mœurs, un état social autre que l'état actuel. J'en dirai autant des lois pénales du Piémont et d'une grande partie de la Suisse.

J'appellerais détestable un système pénal qui, outre le désavantage que je viens de signaler, aurait celui d'avoir été presque toujours un instrument, une arme entre les mains d'un pouvoir absolu, bigot, soupçonneux ; un système qui se trouverait ainsi étayé de précédents plus mauvais encore que la loi.

J'appelle mauvais un droit pénal formé de parties trop nombreuses, trop diverses, mal déterminées et mal connues. Tel serait celui d'un pays où le Droit romain serait resté en vigueur, surchargé de statuts, d'ordonnances, de décisions de toutes les époques et de toutes les circonstances. Arsenal en désordre où l'on puiserait au hasard des armes pour l'attaque, des armes pour la défense ; d'où tout sortirait, hors les moyens de faire prévaloir la vérité et la justice.

Il y a un autre point de vue, sous lequel une législation pourrait être regardée comme mauvaise, dans un pays donné. C'est par défaut de *nationalité*.

Quel que soit son mérite intrinsèque, une législation *importée* ne peut guère échapper à deux reproches.

L'un, d'avoir été le résultat de faits et de circonstances étrangers au pays où elle a été transportée, et de ne se rattacher à aucun précédent.

L'autre, de ne pas avoir le cachet d'un ouvrage national, de ne pas être, pour ainsi dire, protégée par l'affection publique, par l'orgueil de la patrie, enfin de forcer, jusqu'à un certain point, l'assimilation du pays où elle vient de s'établir à celui d'où elle dérive.

Le droit est une langue, une langue qui a de nombreuses et profondes ressemblances avec la langue parlée.

Il contient, comme celle-ci, l'expression de l'état social, la révélation de ses besoins. Comme la langue parlée, il est essentiellement mobile, progressif ; ainsi que la langue parlée, on ne l'invente pas, il se forme, il se forme peu à peu, par le libre concours de tous les éléments de la vie nationale. Au fur et à mesure de ses développements, on peut le saisir, le régulariser, lui donner des formes plus précises ; le fixer, dans le sens de le rendre immuable, est chose impossible. Dans ce sens, un Code et un Dictionnaire de l'Académie seraient deux absurdités du même genre ; l'une, risible ; l'autre, pernicieuse. Ces observations s'appliquent au droit pénal comme au droit civil ; seulement, en matière criminelle, les résultats de la création nationale doivent toujours être saisis et régularisés par la loi positive.

Or, qu'est pour un peuple l'adoption d'une langue étrangère? S'il y est forcé, il reçoit un outrage, il est sous l'empire de la tyrannie ; si c'est un acte spontané, c'est une sorte de folie, une abdication de nationalité.

N'exagérons rien cependant. Il est difficile de croire que les Gaulois aient jamais parlé exactement la langue latine de Rome. Il y a plus ; de la même source il est dérivé trois langues qui, sans renier leur origine commune, se montrent pourtant trois langues différentes. La nationalité ne s'éteint jamais entièrement, tant qu'il reste des hommes ; elle résiste à tout, réagit sur tout, et modifie toutes choses. Elle renferme un principe d'assimilation qui pénètre, jusqu'à un certain point, toutes les institutions étrangères que la nation décide, ou est forcée d'adopter.

Ces mêmes effets se manifestent avec une grande énergie en matière de droit, surtout si l'importation d'une législation étrangère est faite chez un peuple déjà développé et civilisé.

La jurisprudence, toute pleine qu'elle est de vie et d'efficacité, ne tarde pas à imprimer une couleur locale à la législation écrite, importée dans le pays ; si l'action d'une force étrangère n'est pas continue, s'il n'y a pas asservissement politique, le pays où l'importation a eu lieu ne s'assimile pas à celui dont sont venues les lois, mais ces lois, dans leur application, finissent par s'assimiler, jusqu'à un certain point, au pays où elles ont été introduites.

Le royaume d'Italie, sous Napoléon, n'était pas un pays véritablement libre et bien organisé. Toutefois,

comme la justice y était administrée par des hommes
du pays, que le gouvernement (à quelques cas d'exception près) la laissait à elle-même, la législation
française commençait déjà à y recevoir, par la jurisprudence, des modifications autres que celles qu'elle
recevait en France. Cependant, grâce aux rapports
très-intimes des deux gouvernements, la jurisprudence des tribunaux français était alléguée devant les
tribunaux italiens.

Quoi qu'il en soit, on comprend que dans les divers
cas que nous venons d'énumérer, il existe un motif
plausible de désirer une réforme complète de la législation en vigueur. Or, convient-il mieux de procéder
par lois détachées et spéciales, ou bien de donner
un Code?

La discussion de cette question n'est pas sans utilité. Cependant en pratique elle sera presque toujours
résolue, dans un sens ou dans l'autre, par la force des
circonstances. Dans les pays qui ont une opinion publique, là où la nation n'est plus étrangère à ses propres affaires, un Code ne paraît que lorsqu'il est devenu une nécessité sociale. Mais ce moment arrivé,
peu importe que le travail soit ou non facile, qu'il soit
plus ou moins dangereux; on fait un Code comme on
fait une guerre, comme on rase, sans trop calculer,
une vieille maison, lorsque ses nombreux inconvénients impatientent, irritent et en donnent le dégoût.

La nouvelle Europe a fait beaucoup de Codes, et
elle n'a pas renoncé à en faire. Plusieurs de ces Codes
étaient une nécessité de la crise sociale qui se préparait vers le milieu du dernier siècle, qui a éclaté

sur la fin, et qui n'est pas encore terminée. D'autres n'ont été, il est vrai, qu'une affaire de mode, une imitation de la vanité, ou une adroite concession du despotisme. Malheureusement ce sont encore là des nécessités.

Nous sommes tenté de croire que ces Codes ne sont pas même aussi bons qu'un Code peut l'être. Les Codes criminels surtout ne représentent pas, à notre avis, toute la réforme qu'exige notre siècle. Ils portent témoignage des besoins de l'époque plus qu'ils ne les satisfont. Dans quelques pays, on aurait été plus loin, peut-être, si l'on n'eût pas procédé par *codification*. Mais, encore une fois, comment résister au torrent?

Toutefois le mouvement aveugle paraît se ralentir. On a eu raison de rappeler le vers d'Ovide :

Et quod nunc ratio est, impetus ante fuit.

Aux réformes d'entraînement, ou de pure imitation, doivent succéder enfin des réformes réfléchies et rationnelles. Faut-il pour cela faire des Codes? Ne vaudrait-il pas mieux procéder à la réforme par lois partielles et successives?

Écartons d'abord toute idée d'un Code *général*, qui embrasserait la législation tout entière, politique, civile, pénale, etc. Bornons-nous à parler d'un Code *pénal*.

Le travail de la *codification* est un travail flatteur. Il flatte ses auteurs; il flatte les assemblées délibérantes; il flatte la nation; il flatte le monarque. Il est

beau d'entendre dire le Code Justinien, le Code Napoléon, le Code Français, le Code Prussien.

Que les amours-propres se rassurent. Rien n'empêche que l'ensemble des lois pénales, par exemple,
ne soit réuni dans un livre, et que ce livre ne s'appelle un Code.

C'est ce qui eut lieu, entre autres, pour les *Consti-
tutions du Piémont*, Code composé d'édits rendus en
différents temps par divers rois, et qui eut une célé-
brité dans son temps.

Mais c'est trop insister sur des considérations étrangères au fond de la question ; et la question est en elle-
même trop grave, pour qu'on se permette de la transporter hors de son véritable terrain.

Un Code est un ouvrage complexe, composé de
parties fort diverses, de matières qui sont loin d'être
parfaitement homogènes.

Il y a sans doute des principes fondamentaux de
tout le système pénal, et il serait fâcheux qu'on ne les
suivît pas pour chaque famille de délits.

Mais une fois ces principes reconnus, ou posés dans
un petit nombre d'articles de loi, on entre dans un
champ assez vaste, dont chaque partie exige un travail soigné et des procédés plus ou moins divers. Le
crime de trahison ne saurait être traité exactement
de la même manière que le crime de vol. Les crimes
de faux, de banqueroute, demandent des développements autres que ceux à donner aux délits d'homicide
et d'injure. Les principes *dirigeants* ne sont pas tous
les mêmes.

Dans une matière les définitions sont nécessaires; dans une autre, inutiles, même dangereuses.

Dans l'une il faut, pour ainsi dire, saisir le crime au passage, dans la tentative, peut-être même dans les actes préparatoires; dans une autre, il faut concentrer toute l'attention du législateur sur le délit consommé.

Les circonstances d'aggravation ou d'atténuation, il importe, dans certaines matières, de les indiquer d'une manière positive et précise; peut-être même faut-il faire du crime aggravé un cas tout à fait distinct, un crime *sui generis*; on peut, pour d'autres délits, les passer sous silence, et les livrer au pouvoir discrétionnaire du juge, qui en tiendra compte lors de la prononciation de la peine.

Or, qu'est-ce que faire un Code? c'est confier le travail tout entier au même individu ou à un petit nombre d'individus, pour que tout soit fait et achevé à peu près dans le même temps.

Mais tout homme doué de quelque capacité veut un système. Il a besoin d'unité, de symétrie. Il s'y plaît, parce qu'il y a dans cela une beauté de premier aperçu, parce que son travail en devient plus facile, parce qu'il y trouve les apparences de l'ordre. Dès lors, malheur et réprobation à celui qui oserait toucher à son édifice! Le constructeur ne saurait concevoir un pareil attentat. Cependant combien de palais ne sont que de mauvaises habitations, parce que l'architecte n'a guère songé qu'à la façade!

Il n'est donc pas facile de trouver un homme ou quelques hommes qui, chargés de rédiger un Code pénal, conservent assez de liberté d'esprit pour satis-

faire aux exigences de chaque matière, dussent-elles
rendre moins saillant le mérite littéraire du travail,
dussent-elles réclamer, jusqu'à un certain point, le
sacrifice de l'art au juste et à l'utile.

Un des reproches les plus graves qu'on ait le droit
d'adresser aux législateurs en matière pénale, est
d'avoir fait sortir plusieurs crimes de leurs familles
naturelles, dans le but de les classer parmi les crimes
dignes des plus grands châtiments. Ce déplacement a
été souvent l'effet de l'ignorance ; quelquefois un acte
prémédité de la tyrannie et de la servilité; quelquefois aussi la conséquence d'un système de classification savamment conçu.

L'erreur est facile ; car tout délit présente des as-
pects divers qui, au premier aperçu, peuvent paraître
d'une égale importance.

Maintenant, qu'on se place dans un système dont
l'auteur aura adopté, comme cela arrive toujours, un
principe spéculatif et absolu de classification. Voilà
les causes préparées ; le nombre en est donné. Il faut
que chaque délit réponde à l'appel, qu'il vienne s'enfermer dans la place qui lui a été assignée. Peut-être
va-t-il se séparer d'une espèce qui lui est analogue,
pour se rapprocher d'une espèce qui lui est étrangère ; peut-être la case qui lui est destinée se trouvant trop étroite, est-il forcé de perdre sa forme naturelle, de se présenter sous un faux jour. Tout cela
importe peu au classificateur. Ce qu'il veut, avant
tout, c'est que le principe adopté triomphe de tous
les obstacles ; c'est que l'ensemble du grand ouvrage
frappe par sa symétrie ; c'est que l'art y domine, et

que le spectateur enchanté l'admire du premier coup
d'œil !

Il y aurait exagération à soutenir que nul ne puisse
échapper à ces inconvénients dans la formation d'un
Code : mais on dit vrai en affirmant que ces inconvénients tiennent en quelque sorte à la nature de l'esprit humain, et que ce n'est que par une espèce de
privilége qu'on peut avoir le bonheur de les éviter.

En attendant, qu'arrive-t-il, si on ne les évite pas?
La législation pénale, sortie de ses voies naturelles,
se trouve jetée dans un système artificiel, dont les
suites, soit au détriment de la société, soit au préjudice des individus, sont incalculables.

Des erreurs graves se glissent dans l'ouvrage, et
l'œil du spectateur ébloui par la régularité du travail,
ne les voit pas, n'ose pas les rechercher. Le moment
arrive-t-il où l'admiration étant enfin émoussée par
l'habitude, on commence à reconnaître l'une ou
l'autre de ces erreurs? on est loin de songer à les corriger. « L'ensemble est si beau qu'il ne faut pas y
toucher : tout ouvrage de l'homme a ses imperfections ; il faut savoir s'y résigner : on a tant travaillé
pour venir à bout d'un si grand ouvrage, recommen-
cera-t-on demain? Les plaintes sont des prétextes ;
on blâme quelques parties, parce qu'on a envie de
tout renverser. Et puis, comment encadrer des changements partiels dans un tout systématique ? Il ne faut
rien toucher ; ce serait là une témérité inexcusable. »
Et à l'aide de ces arguments qu'ont plus d'une fois
entendus ceux qui ont désiré de promptes réformes
dans certaines parties des Codes que la France avait

importés en d'autres pays, les erreurs restent, les
abus se perpétuent, le Code demeure intact, comme
ces lourdes masses qu'on respecte, parce qu'elles effrayent de leur poids.

En attendant, que devient la jurisprudence? Ou
elle adopte, ou elle repousse ce qu'il y a de factice,
de mensonger dans le système.

L'adopte-t-elle? voilà des erreurs consacrées, peut-
être pour des siècles. A l'autorité du Code s'ajoute celle
du barreau, des arrêts, des commentaires, des traités.
La phalange praticienne se range autour de l'arche
sainte ; et malheur à celui qui oserait en approcher
le front levé, les yeux ouverts !

Le repousse-t-elle ? Singulier état de choses ! la loi
et la jurisprudence, la théorie et la pratique, les principes et l'application, le législateur et le juge, sont en
état d'hostilité permanente! Et la guerre se fait aux
risques et périls des citoyens, qui ne sont ni juges ni
législateurs !

Sans doute une loi n'est pas bonne, par cela seul
qu'elle est spéciale et courte. Mais toujours est-il que
les erreurs sont plus faciles à éviter, et surtout à corriger, dans une loi particulière que dans un Code.
n'embrasse pas un ensemble de sujets divers et compliqués : on ne rencontre pas les mêmes difficultés
pour un nouveau travail, ni les mêmes résistances
d'amour-propre, de vanité nationale, d'inertie, de
préjugés révérentiels, etc.

Cependant, dira-t-on, toutes les matières de droit
pénal ont de certains rapports entre elles; ces rapports vrais, naturels, sont possibles à saisir; on les

saisit même, ou l'on essaye de les saisir dans un livre. Sans cela, que serait un ouvrage de Droit pénal? Il manquerait d'ordre, de méthode.

On oublie trop, nous y insistons, qu'un ouvrage de Droit et une loi sont choses bien différentes entre elles.

Un livre n'oblige personne. A-t-il ses défauts? on les relève librement, on prend ce qui est bon, on rejette ce qui est mauvais. Le livre est-il tout à fait mauvais? on le met de côté; le lendemain il est oublié, et tout est dit.

Il y a concurrence pour les livres. Ce qu'un auteur n'a pas vu, un autre le voit et le révèle. Ils se corrigent et se complètent mutuellement.

Enfin le lecteur est libre. Il examine, il choisit, il adopte, il rejette, il ajoute, il modifie.

A-t-il saisi un faux rapport comme vrai, induit qu'il a été en erreur par son livre? c'est un mal, mais c'est une erreur individuelle, spéculative; demain le lecteur ne fera pas, sur le dire de son livre, couper la tête à un homme.

En un mot, les livres sont utiles, nécessaires même; heureusement ils ne sont pas obligatoires.

Sans doute, il faut de l'ordre, une méthode; sans doute, il existe entre les diverses parties d'un sujet, des liaisons nécessaires, des rapports vrais, naturels. Qui pourrait le nier?

Mais à côté de l'ordre naturel, vrai, qui laisse toutes choses sous leur véritable aspect, qui ne défigure rien, ne mutile rien, n'enchaîne rien par des liaisons arbitraires et dangereuses, il y a une foule d'ordres artificiels, factices, capricieux, qui, sous les dehors trompeurs d'une régularité admirable, cachent un désordre interne et complet.

Que cet ordre apparent cachant un désordre réel domine dans un livre, c'est un mal dont les conséquences pratiques sont peu redoutables. Il n'en est pas de même s'il domine dans la loi.

La question se réduit donc à savoir si l'ordre réel et naturel, et si les principes *dirigeants* de chaque matière sont plus faciles à saisir, dans la législation, par la formation simultanée de toutes les parties d'un Code, ou en procédant successivement par lois partielles.

Or, nous pensons, et l'observation de l'esprit humain et les faits paraissent venir à l'appui de notre opinion, qu'il est plus facile d'éviter les dangers, en procédant par lois partielles, qu'en faisant un Code d'un seul jet. Nous sommes plus sûr de voir la fausse monnaie, la contrefaçon des effets publics occuper leur place naturelle dans une loi spéciale sur les vols, que dans un Code où ces crimes peuvent bien, à l'aide de quelques divisions artificielles, avoir l'honneur de siéger parmi les crimes d'État.

Il y a plus ; jusqu'ici nous avons parlé de la formation d'un Code, comme s'il pouvait être l'ouvrage d'un seul homme ou d'un petit nombre d'hommes. Il n'en est rien cependant ; dans les pays libres, les seuls qui puissent arriver au perfectionnement de la législation pénale, les lois doivent être discutées et approuvées par des assemblées délibérantes. C'est là, quoi qu'on en dise, l'écueil des *codificateurs*.

Ou la *codification* devient impossible, ou l'assem-

blée *codifie* de confiance, de lassitude, sans connaissance de cause.

Il suffit d'avoir siégé quelques jours dans une assemblée délibérante, assemblée qui, à moins d'être un
semblant de législature, doit compter deux à trois
cents membres, pour comprendre que si l'on veut
une discussion vraie, éclairée, consciencieuse, il faut
présenter à l'assemblée des questions simples, des
projets de loi dont l'ensemble soit facile à saisir.

Il y a dans toute assemblée dix, quinze, vingt
membres, pour qui le travail de cabinet est une habitude. Ceux-là peuvent saisir l'ensemble d'un grand
ouvrage, l'analyser, en étudier chaque partie, le re-
construire ensuite. Ces procédés intellectuels leur
sont familiers, et ils peuvent donner au travail et à la
méditation tout le temps nécessaire. Seulement il
n'est pas démontré qu'ils aient le droit de s'emparer exclusivement de l'œuvre de la législation, et de
substituer leurs lumières et leur volonté aux lumières
et à la volonté de l'assemblée. Car il ne nous est pas
démontré qu'ils aient, pour former de bonnes lois,
des lois qui représentent l'état actuel de la nation,
plus d'aptitude que le reste de l'assemblée. S'agit-il
de la rédaction de la loi, et de tout ce qu'elle doit
indispensablement renfermer de technique, soit pour
le fond, soit pour la forme? leur avis doit sans doute
prévaloir. S'agit-il d'éclairer la discussion par le rapprochement de la législation existante, des législations étrangères, des précédents judiciaires? c'est encore d'eux que peut venir de préférence la lumière.
Mais en ce qui concerne la partie purement ration-

nelle de la loi pénale, et les inductions que le législateur doit tirer de l'état présent des mœurs, soit pour
caractériser les délits légaux, soit pour le choix et la
quotité des peines, les savants de l'assemblée n'ont à
mes yeux aucune supériorité sur ceux de leurs collègues qui, ayant reçu une éducation libérale, sont en
même temps versés dans la pratique des affaires, et
connaissent le monde.

Nous repoussons donc une manière de procéder
qui, en fait, indirectement du moins, écarte tous ces
membres de l'assemblée, de la discussion de la loi
pénale.

Elle les en écarte, parce qu'ils ne peuvent se rendre maîtres, faute d'habitude et de temps, de l'ensemble ainsi que des parties diverses d'un grand travail.

Elle les en écarte, parce qu'une longue discussion
sur le même sujet les fatigue et les dégoûte. L'expérience prouve que si la discussion commence avec
deux cents membres présents, elle se termine, qu'il
en reste à peine trente à quarante.

Lors même qu'ils assisteraient matériellement à la
discussion, le projet de loi ne profiterait pas de leur
présence. Effrayée du travail, l'assemblée prend bientôt le parti de glisser sur tout, de ne s'arrêter sur
rien. La délibération sur les articles n'est bientôt plus
qu'un mouvement machinal du corps ; l'esprit a pris
congé de l'affaire. Il arrive aux membres de l'assemblée, ce qui arrive à un homme entendant une longue
lecture dans une langue étrangère qu'il ne comprend
pas avec facilité. Au commencement il fait effort d'at-

tention, et il comprend. Si la lecture se prolonge, un
mot lui échappe, puis un autre, puis une phrase tout
entière, puis une seconde ; bientôt il renonce au projet
que de bonne foi il avait formé, de tout suivre, et il
n'écoute plus que des yeux.

La législature n'est plus alors qu'un mensonge. La
conscience individuelle se trouve substituée indirectement à la conscience générale. La loi est l'œuvre
d'un comité.

Mais supposons que l'assemblée ne se fatigue pas,
et qu'un assez grand nombre de membres suive avec
attention et d'un bout à l'autre la discussion d'un
projet de Code. De nouvelles difficultés, et non moins
graves, se présentent.

Plus une discussion est longue, plus il est dificile,
impossible même d'avoir une assemblée identique.
Les membres présents aujourd'hui ne sont pas ceux
d'hier, il y aura demain de nouveaux venus et de
nouvelles absences. Un principe adopté aujourd'hui
pour une espèce, sera repoussé ou modifié la semaine
prochaine pour une espèce analogue. L'amendement
rejeté aujourd'hui sera reproduit un autre jour, sous
une autre forme, et adopté.

N'est-il pas évident qu'au milieu de ces ondula-
tions continuelles et irrégulières de l'assemblée, plus
le projet est long et systématique, plus il court la
chance d'être défiguré, et de sortir enfin du combat
dans un état de désordre dont le moindre inconvénient sera la disparition de toute beauté, de tout mérite d'art ?

Ainsi, de quel côté qu'on envisage la question, tou-

jours est-il qu'il vaut mieux renoncer à la pompe d'un
Code, et procéder par lois partielles, détachées. Elles
sont plus faciles à bien faire, plus faciles à corriger;
elles se prêtent mieux à la réforme progressive et
continue, réforme qui est dans la nature des choses,
dans la nature de l'homme et de ses devoirs.

·· Procédez par lois successives, détachées, formant
chacune un petit tout; ayez en même temps une presse
libre et un jury, et vous ne tarderez pas à mettre et à
maintenir votre législation à la hauteur de la civilisation nationale. La presse par ses travaux, le jury par
ses décisions, vous éclaireront sur les besoins réels de
la législation, et la masse imposante d'un Code systématique ne se présentera pas comme une barrière
pour empêcher tout progrès.

Mais en élevant des objections qui nous paraissent
fondées contre un système exclusif, nous ne voulons
pas retomber dans un autre système également exclusif, également vicieux. Aussi nous empressons-nous
de reconnaître qu'il y a dans la législation pénale
une partie qui doit former le sujet d'une *codification*,
lorsque le moment arrive d'y opérer une réforme radicale. Nous voulons parler de l'organisation judiciaire et de l'instruction criminelle.

Ce n'est pas là une concession, une exception aux
principes que nous venons de développer; c'est une
conséquence directe de ces mêmes principes. En effet,
qu'est-ce que la procédure? une méthode. Cet ensemble systématique, jusqu'à un certain point artificiel, que nous redoutons dans la législation pénale,
est une nécessité pour l'instruction criminelle. On

peut présenter un projet de loi sur le crime de trahison ; puis, un second tout à fait distinct sur le faux ;
plus tard, un troisième sur les délits de la presse,
ainsi de suite. Quoi qu'on pense, ou qu'on décide du
second, le premier peut être fort bon ; il peut être
adopté, exécuté avant que le second soit présenté, et
lors même que celui-ci aura été complétement changé
ou rejeté. La même chose ne saurait avoir lieu pour
l'instruction criminelle. On ne saurait prescrire une
méthode, sans être sûr d'avoir le personnel propre
à cette méthode ; on ne saurait accepter le personnel
propre à une méthode, sans être sûr que c'est bien
cette méthode, et pas une autre, qui sera adoptée ;
enfin, on ne peut pas mettre aujourd'hui à exécution
une portion d'une méthode pour l'engrener dans une
autre toute différente.

En un mot, la procédure est une œuvre nécessairement systématique et technique. De là deux conséquences : en cas de réforme radicale, la *codification*
est nécessaire, non-seulement comme crise sociale,
comme moyen politique, mais comme procédé rationnel, réfléchi ; secondement, les assemblées délibérantes sont fort peu propres à la discussion de ce
sujet.

Cependant on ne peut pas livrer ce travail exclusivement aux gens du métier. L'assemblée ne peut
pas se dépouiller de son droit, et établir un précédent si dangereux. D'ailleurs, il est douteux que ce fût
là le moyen d'arriver à des améliorations réelles [1].

---

[1] Nous sommes loin de nous refuser à reconnaître d'honorables exceptions. Comment le pourrions-nous, en sachant que notre collègue et ami,

Peut-être le meilleur moyen serait-il de faire d'abord délibérer l'assemblée sur les principes du nouveau système à établir. Il ne serait pas difficile de les renfermer dans quinze ou vingt propositions bien circonscrites et positives. Une fois ces principes adoptés, le pouvoir exécutif livrerait à une commission la rédaction détaillée, naturellement composée d'hommes de l'art, ou même à un seul individu, pour que la responsabilité morale fût plus énergique.

Le travail du Code étant achevé, on le présenterait à l'assemblée, qui en renverrait l'examen à une autre commission prise dans son sein, pour qu'elle vérifiât si l'ensemble est conforme aux principes adoptés. Il y aurait alors des conférences fort utiles entre l'auteur ou les auteurs du projet et la commission du corps délibérant, conférences pour lesquelles on ne devrait nullement redouter une pleine et entière publicité [1]. Enfin, sur le rapport de la commission, l'assemblée voterait les chapitres, mais le vote de chaque chapitre ne serait que provisoire, dans ce sens que si un chapitre était rejeté, tous les autres resteraient en suspens jusqu'à ce qu'on eût reproduit le chapitre rejeté, de manière à le faire accepter. Alors, par un vote général, l'assemblée adopterait le Code proposé.

Cette manière de procéder pourrait aussi être ap-

M. l'avocat et professeur Bellot, a été l'auteur principal d'un Code de procédure civile qui honore la république de Genève?

[1] On a adopté à Genève la publicité des discussions, dans la commission chargée d'examiner le nouveau Code hypothécaire, ou pour parler plus exactement, le Code des *Droits réels*.

pliquée à un Code des délits et des peines, dans le cas où par un motif quelconque la voie de la *codification* serait une nécessité. Dès qu'on veut le but, il faut vouloir les moyens; dès qu'on veut un système, il faut ramener, pour ainsi dire, à une individualité les intelligences diverses d'un corps politique.

CHAPITRE IV.

QUE DOIT CONTENIR LA LOI PÉNALE?

La question de savoir ce que la loi pénale doit contenir, est une des questions les plus importantes et les moins explorées du droit criminel.

On a posé des principes, mais on ne s'est guère occupé de la manière dont ils devaient être appliqués. On a peu songé aux règles qu'on devait suivre dans la distribution des rôles entre le législateur et le juge.

Cependant c'est là un problème capital.

Le législateur procède par généralités. Le juge intervient dans chaque cas individuel.

Exagérez l'action du premier, vous aurez une justice en quelque sorte abstraite, dure, inflexible, égale pour tous en apparence, inique en réalité.

Exagérez l'action du second, et vous aurez une administration de la justice qui se rapprochera, il est vrai, par ses formes extérieures, de la justice morale, mais qui en réalité sera dépourvue des garanties nécessaires contre les caprices de la faveur et de la haine.

L'homme n'est pas assez habile pour faire des lois positives qui satisfassent, dans chaque cas particulier, à tout ce qu'exigent la justice et le bien public.

Il n'est pas assez vertueux pour qu'on lui confie l'administration de la justice sociale, sans autre règle de conduite que les préceptes de la justice morale et la libre appréciation des exigences de l'ordre politique.

De là résulte la nécessité de combiner, dans certaines limites, le commandement du législateur avec la libre action de la conscience humaine dans chaque cas particulier; la loi positive et générale avec l'équité du juge.

Cette combinaison doit se retrouver et dans la loi pénale proprement dite, et dans celle qui organise le pouvoir judiciaire, et qui détermine les formes de la procédure. C'est dans la nécessité de cette combinaison que se trouve un des motifs les plus impérieux pour l'établissement du jury.

Mais ce n'est pas ici que nous devons traiter de ce qui concerne l'organisation judiciaire et les formes de la procédure. Bornons-nous à la loi pénale proprement dite.

Déjà, en développant les diverses parties de notre sujet, nous avons indiqué, toutes les fois que l'occasion s'est présentée, le point où la loi écrite doit s'arrêter et laisser un libre essor au pouvoir judiciaire. Aussi pourrions-nous nous borner à de simples renvois; mais nous estimons que la réunion, en un seul faisceau, des observations principales qui se trouvent éparses dans les divers chapitres de l'ouvrage, ne sera pas sans quelque utilité pour le lecteur. Nous pourrons en même temps ajouter quelques remarques qui n'ont pu trouver place ailleurs.

La loi positive se compose du dispositif et de la sanction pénale. Quelles sont, pour l'un et pour l'autre, les limites que le législateur ne doit pas se permettre de dépasser dans la loi pénale? Où commence le pouvoir du juge, la libre appréciation des cas individuels par sa conscience et son jugement?

Dispositif. 1° Il appartient au législateur de décider quels sont, parmi les actes immoraux, ceux que la justice pénale doit réprimer. Point de délit *légal*, quel que soit l'acte en soi, si la loi positive ne l'a pas explicitement placé au catalogue des délits.

Le juge criminel ne peut avoir aucun pouvoir *discrétionnaire* à cet égard. Il se rend coupable de forfaiture, s'il procède au jugement sur un acte auquel il ne peut pas appliquer le texte d'une loi pénale qui ait été dûment publiée avant le fait qu'on lui dénonce.

Peu importe que le fait lui paraisse criminel, et par sa propre nature, et par les motifs les plus urgents d'utilité publique; peu importe que la poursuite de ce fait lui paraisse justifiée par des raisons parfaitement semblables à celles qui ont déterminé le législateur à frapper d'une sanction pénale d'autres actes, même des actes analogues à celui dont il est question. Il ne s'agit pas ici d'une action civile. Le juge criminel peut et doit s'abstenir.

L'application de cette règle ne souffre pas de difficulté, lorsque le fait imputé est absolument étranger aux catégories comprises dans la loi pénale. Mais les poursuites illégales sont presque toujours dirigées contre les auteurs d'actes qui ont quelque analogie avec l'un ou l'autre des crimes prévus par la loi. Le

juge doit alors décider la question, souvent fort délicate, de savoir si effectivement l'acte imputé manque
des caractères qui constituent le délit légal. Le droit
d'interpréter la loi, ou pour mieux dire d'en rechercher le véritable sens, est un pouvoir dont on ne saurait le priver.

Le législateur doit s'efforcer de rendre la loi claire
et précise. Le juge ne doit jamais oublier qu'en cas
de doute il faut repousser l'application de la loi pénale. L'impunité d'un délit est un faible inconvénient,
le législateur pouvant expliquer sa pensée pour tous
les cas à venir.

2° Lorsqu'un acte immoral ne doit être poursuivi
qu'autant qu'il est accompagné de certaines circonstances, ou lorsque la peine doit varier essentiellement selon ces circonstances, il appartient au législateur de les désigner nettement. Dans le premier cas,
elles deviennent les caractères constitutifs du crime
légal ; dans le second, elles influent d'une manière
trop grave sur l'action de la justice pour que le législateur puisse passer sous silence, et se borner à donner une grande latitude à la sanction pénale, dans
l'espoir que le juge n'appliquera une forte peine
qu'aux faits accompagnés de l'une ou l'autre de ces
circonstances aggravantes.

3° Un crime pouvant être *préparé, tenté, manqué*
et *consommé*, il appartient au législateur d'établir les
règles qui doivent guider le juge dans l'appréciation
de ces diverses gradations du fait criminel, les principes *dirigeants* d'après lesquels l'acte préparatoire se
distingue de la tentative, celle-ci, du délit manqué,

et le délit manqué, du délit consommé. Il appartient au juge [1] de décider, dans chaque cas particulier, si les faits à la charge de l'accusé constituent l'une ou l'autre de ces dégradations.

4° Mais c'est encore au législateur qu'il appartient de statuer sur les questions de savoir si les *actes préparatoires* seront exempts de toute punition ; et

S'il doit y avoir des exceptions à cette règle.

5° Dans ce dernier cas, il ne doit pas seulement indiquer le crime dont même les seuls *préparatifs* donnent ouverture à l'action pénale ; mais il doit décrire les faits particuliers qui les constituent ; en d'autres termes, il doit ériger ces *actes préparatoires* en délit spécial et positivement caractérisé.

Si la nécessité le force dans quelques cas à s'écarter de cette règle, il doit alors trouver des moyens indirects de contenir dans les bornes de la justice les juges qu'il appelle, en quelque sorte, à créer le délit, à le déclarer constant et à le punir.

6° De même, les tentatives n'ayant pas toutes dès caractères identiques, il appartient au législateur de décider quelles sont celles qui donnent lieu à l'action pénale. Il appartient au juge de reconnaître, dans chaque cas particulier, si les faits imputés constituent une des tentatives que le législateur a déclarées punissables, ou s'ils ne constituent qu'une tentative non punissable, telle, par exemple, qu'une tentative suspendue par la volonté de l'agent.

---

[1] Il est inutile de faire remarquer que nous prenons souvent le mot de *juge* dans un sens général. Certes, nous n'entendons pas exclure les *jurés*.

7° C'est aussi le législateur qui doit décider quels sont les délits dont même la tentative doit être punie, lorsqu'elle réunit d'ailleurs les caractères que la loi générale exige dans la tentative punissable.

8° Enfin, c'est au législateur à établir le principe dirigeant pour l'application d'une peine à la tentative, soit qu'il veuille l'assimiler au crime consommé, soit qu'il préfère reconnaître la différence qui existe réellement entre ces deux actes.

Dans le second cas, il doit se borner à établir la règle à suivre pour proportionner la peine à la gravité des diverses tentatives. Il appartient au juge de déclarer à quel degré de pénalité s'élève, d'après la nature des actes que l'accusé a commis, la tentative qui lui est imputée.

9° Des observations analogues s'appliquent au délit *manqué*. Mais la latitude laissée aux juges doit diminuer, puisque la distance qui sépare l'acte commis de l'acte consommé, a aussi diminué.

10° Quant à la *participation* de plusieurs personnes au même crime, c'est par la loi que doit être résolue la question de savoir si l'on reconnaîtra deux espèces de participation (*codélinquence — complicité*) ou une seule espèce.

C'est dans la loi qu'on doit indiquer d'une manière générale les caractères de la participation, et ceux qui distinguent la *codélinquence* de la *complicité*, si cette distinction est admise.

Mais l'appréciation des faits, dans leurs rapports avec le principe dirigeant établi par la loi, appartient au juge. Si le législateur indique des faits particuliers, ce ne doit être que par forme d'explication et d'exemple.

La règle générale à suivre pour proportionner la peine aux divers genres de participation au crime, doit aussi être posée dans la loi.

11° Nous avons parlé jusqu'ici de l'acte criminel.

Si nous nous mettons maintenant à considérer plus particulièrement l'agent, nous verrons le domaine de la loi se resserrer, et celui du juge s'agrandir. En matière d'imputabilité, le législateur ne doit poser que des principes généraux.

Au reste, cette matière a un contact immédiat avec la loi de la procédure. Bornons-nous à quelques observations, plus spécialement relatives à la loi pénale.

12° La loi peut reconnaître en principe,

Que nul acte n'est imputable lorsqu'il n'y a pas eu le concours de l'intelligence et de la volonté de l'agent ;

Que ce concours est exclu par certains faits généraux, tels que l'enfance au-dessous d'un certain âge, l'état de démence, la contrainte par force irrésistible, etc.

Il appartient au juge de reconnaître si les faits, dans le cas particulier qui lui est déféré, rentrent dans l'un ou l'autre de ces faits généraux.

Mais nous ne craignons pas de répéter que le devoir commande aux juges de déclarer la non-culpabilité de l'accusé, toutes les fois que les faits particuliers leur ont inspiré la pleine conviction qu'il n'y a pas eu concours de l'intelligence et de la volonté de l'agent dans l'acte matériel, quand même les faits ne rentreraient dans aucun des faits généraux de *justification* prévus par la loi.

Le juge qui, dans un tel cas, condamnerait l'accusé trahirait sa conscience et se rendrait moralement coupable d'un crime. Nulle loi n'est obligatoire dans ce cas. Le législateur, en passant sous silence une cause de justification, a commis un oubli au détriment de l'innocence, ou a voulu commander une iniquité. Dans le premier cas, on doit réparer son oubli; dans le second, on ne doit pas obéir.

13° Le législaleur peut aussi signaler les faits généraux d'*excuse*, du moins les faits les plus saillants, ceux qui exigent, soit une diminution notable de la peine, soit l'application d'une autre espèce de punition.

Mais il agirait d'une manière irrationnelle, il dépasserait les bornes de son pouvoir, s'il entrait dans le détail des faits particuliers d'excuse, en défendant au juge d'admettre la preuve de ceux que la loi n'aura pas expressément prévus.

Il agirait irrationnellement si, par les termes absolus de la sanction pénale, il refusait au juge un pouvoir discrétionnaire, même pour les faits d'excuse que la loi aurait passés sous silence.

14° Ces règles n'admettent d'exception que dans le cas d'un crime tel que la *culpabilité élémentaire*, la perpétration, même en état de passion et de provocation, suffise pour que le coupable mérite le *maximum* de la peine *légale*.

15° Mais si la *culpabilité* même *élémentaire* n'existait pas ; si, par exemple, il n'y avait pas eu le concours de l'intelligence de l'agent ; si l'acte était le résultat de la négligence ; quel que fût l'acte matériel,
le législateur ne peut contraindre le juge à appliquer
la peine dont est menacé le crime volontaire.

16° Quant à la sanction pénale, il appartient au
législateur de déterminer les espèces de peines que la
justice sociale peut appliquer, le mode de leur exécution, et les conséquences accessoires de telle ou
telle punition.

17° Il lui appartient de décider quelles sont les
peines que le juge peut cumuler dans la même condamnation, et quels sont les cas où ce cumul doit
ou peut avoir lieu.

18° De même, c'est au législateur à indiquer les
cas où le juge pourra opter entre diverses espèces de
peine et à déterminer les peines entre lesquelles l'option sera permise.

19° On doit aussi énumérer dans la loi les faits généraux, tels que l'âge, le sexe ou autres, qui peuvent
exiger une exception pour l'espèce ou la quotité de
la peine à appliquer, indépendamment de toute considération relative à la culpabilité de l'agent.

20° Enfin, c'est le législateur qui doit fixer pour
chaque délit la peine que *pourra* encourir le délinquant.

21° Le législateur qui abandonnerait au juge l'une
ou l'autre de ces attributions, céderait au pouvoir judiciaire une partie du pouvoir législatif; il dépouille-
rait les citoyens des garanties auxquelles ils ont droit;

il ferait de la justice un pouvoir effrayant pour les uns, nullement redoutable pour les autres ; enfin il ôterait à la loi pénale une grande partie de son efficacité, en tant que moyen d'instruction et de crainte.

22° Mais le pouvoir législatif dégénérerait aussi en tyrannie, s'il ne se soumettait pas à certaines restrictions.

Ainsi, quant à la fixation de la peine pour chaque acte défendu par la loi pénale, il résulte des considérations précédentes, que le législateur, à l'exception d'un petit nombre de cas, ne doit jamais se permettre de fixer une peine qui ne soit pas susceptible de plus et de moins dans chaque application particulière : en d'autres termes, il doit presque toujours établir un *maximum* et un *minimum*, en laissant au juge le choix entre ces deux termes extrêmes, selon les circonstances.

23° Ce serait une erreur grave que de supprimer dans la loi l'un ou l'autre de ces termes, dans le but de laisser au juge une plus grande latitude dans l'application de son pouvoir d'équité.

La suppression du *maximum* nous rejetterait dans les inconvénients signalés ci-dessus (n° 20).

La suppression du *minimum* serait encore plus funeste, peut-être, pour l'ordre du public que celle du *maximum*. La loi perdrait de même une grande partie de son influence *préventive* sur l'esprit des citoyens. La jurisprudence des tribunaux serait incertaine, variable ; elle ne tarderait pas à offrir des disparates choquantes. Le juge aurait un moyen trop facile de céder, sans trop aventurer sa responsabilité morale,

à la prière, à l'intrigue, aux séductions de toute espèce. La suppression du *minimum* paraît favorable
aux accusés; cependant ils auraient à craindre que
les déclarations de culpabilité ne fussent prononcées
trop légèrement, lorsque la conscience des juges pourrait, pour ainsi dire, transiger avec elle-même, en
appliquant ou, s'ils étaient des jurés, espérant qu'on
appliquera une peine très-légère.

24° Lorsque le législateur, par la gravité très-va-
riable de l'acte défendu, est obligé de laisser au juge
une grande latitude pour l'application de la peine, la
loi peut établir en principe qu'elle reconnaît pour ces
actes deux degrés essentiellement distincts de culpabilité, et qu'en conséquence le juge du fait sera tenu
de déclarer si l'acte a été commis avec le premier ou
le second degrés de culpabilité.

En même temps le législateur doit fixer un *maximum* et un *minimum* de peine pour chacun de ces
deux degré de culpabilité.

Par ce moyen, le pouvoir *discrétionnaire* se trouve
partagé entre le législateur, le juge et le jury.

Le législateur décide que les degrés principaux de
culpabilité sont au nombre de deux, et prescrit la
peine pour l'un et pour l'autre.

Le jury déclare; d'après les faits particuliers librement appréciés par sa conscience, quel est le degré
de culpabilité dans le cas spécial.

Le juge choisit entre le *maximum* et le *minimum*
de la peine que la loi a fixée pour ce degré, et il tient
compte ainsi des nuances que la loi a négligées, et
que le jury n'a pas pu exprimer.

Mais ce moyen que nous avons indiqué pour quelques cas, tels que la négligence, la complicité, et qui peut être étendu à plusieurs autres, suppose le jury.

Si les mêmes personnes étaient chargées de juger le fait et d'appliquer la loi, ces distinctions ne seraient plus que ridicules.

Au surplus, le jury est la condition de toute bonne justice pénale.

On ne saurait développer une théorie quelconque de droit pénal sans que cette vérité perce de toute part.

La justice pénale suppose une règle *préconstituée*, un pouvoir qui l'applique aux faits particuliers, une conscience qui apprécie ces faits et les livre ensuite à ce pouvoir. Or, qu'on nous permette de le répéter, la conscience de la justice sociale est dans le jury.

CHAPITRE V ET DERNIER.

DE LA RÉDACTION DE LA LOI PÉNALE.

Un assez grand nombre d'observations concernant la rédaction de la loi pénale, ont trouvé naturellement leur place dans les divers chapitres de cet ouvrage, et surtout dans le chapitre précédent. Cependant ces observations étaient relatives au fond plus encore qu'à la forme purement extérieure des dispositions de la loi.

Nous avons aussi appelé l'attention du lecteur plus particulièrement sur la forme extérieure de la loi, en traitant du mode à suivre dans l'œuvre de la législation pénale, et en jetant à cette occasion un coup d'œil sur la belle et vaste question de la *codification*.

Les observations par lesquelles nous terminerons notre travail concernent plus spécialement encore la rédaction proprement dite, le mode à suivre pour que les paroles de la loi expriment exactement ce que le législateur a eu l'intention de dire, ni plus ni moins.

Personne ne conteste que c'est là le caractère d'une loi bien rédigée. Simplicité, précision, clarté; telles sont les conditions essentielles d'une bonne rédaction. Cela a été dit mille fois ; mais le précepte a été moins souvent mis en pratique par ceux-là mêmes qui l'enseignaient.

Il serait facile d'en donner une foule d'exemples, même récents, de montrer combien d'articles de loi ou de projets de loi ne sont ni plus précis, ni plus clairs que l'art. 136 du Code, adopté pour le royaume de Hanovre, où le crime de haute trahison est défini une attaque tendant à l'anéantissement de l'État, ou de ses éléments essentiels.

Au surplus, nous avons signalé dans les Considérations préliminaires plusieurs lois effrayantes par le vague, on voudrait pouvoir dire, par l'élasticité de leurs dispositions.

Ce vice de rédaction (nous sommes loin de croire qu'il y ait toujours eu intention de tyrannie) est peut-être celui qui est le plus à craindre dans les lois modernes. Il est peut-être une conséquence assez naturelle des progrès de l'esprit humain.

On connaît des lois dont la rédaction offre la véritable image du désordre. On en connaît dont les dispositions sur certaines matières sont révoltantes par l'indécence (le mot n'est pas trop fort) de leurs expressions. Il n'est que trop vrai que des lois ou des projets rédigés de la sorte ont paru même de nos jours. Cependant ce ne sont pas là les vices de rédaction qui sont le plus à craindre aujourd'hui.

Mais plus l'esprit se développe, plus il acquiert de force et de vigueur, et plus est grande sa tendance à généraliser, à ramener une foule de faits particuliers sous la même loi générale, à exprimer la généralisation par quelques mots qui lui paraissent propres à tout embrasser. De là le danger de tomber dans l'obscurité et dans le vague ; de là ces expressions métaphysiques qu'on a placées dans les lois, sans songer qu'en supposant même que ces expressions soient justes et précises en elles-mêmes, elles ne sauraient l'être aux yeux du public qui n'a pas suivi pas à pas le procédé intellectuel de l'homme qui les emploie.

Ces formules qui ne sont que des résultats, placées dans une loi où rien ne précède qui les amène et les explique, sont pour le public ce que les formules d'algèbre sont pour un homme dépourvu de connaissances mathématiques. Comprendra-t-il la formule, parce qu'il connaît les lettres de l'alphabet, qu'il sait lire, qu'il a du bon sens, et même, si l'on veut, beaucoup d'esprit.

Peut-on s'étonner qu'en suivant un pareil procédé, on obtienne des lois d'une rédaction dangereuse, surtout lorsqu'on sait combien le langage des sciences morales et politiques est encore imparfait et peu familier aux masses ; combien il abonde en termes vagues, équivoques, susceptibles de plusieurs significations ?

Aussi sommes-nous loin de partager l'opinion de ceux qui estiment pouvoir facilement atteindre la perfection dans la rédaction de la loi pénale, au moyen des définitions. Tout consiste, à leur avis, à définir le droit auquel le délit a porté atteinte, et le mode employé pour commettre cette atteinte. Composée de ces deux parties, la définition du délit ne peut, à les entendre, présenter ni obscurité ni incertitude.

La méthode est séduisante au premier abord ; elle

paraît ramener la rédaction des lois à une sorte de
mécanisme, aisé pour quiconque sait manier une
langue avec quelque facilité. Examinons cependant.

Qu'entend faire celui qui définit un délit, le vol,
par.exemple? Que veut-il dire, soit en disant que le
vol est une soustraction frauduleuse d'une chose ap-
partenant à autrui, soit en employant telle autre
phrase qu'on voudra? Il veut dire par deux expressions diverses : Le vol est un vol. Si les deux expressions ne formaient pas une véritable équation, la définition serait un mensonge.

Mais où prendra-t-il le second terme, celui qu'on
appelle définition? Il importe de le savoir; car il y a
au fond de tout cela autre chose, peut-être, qu'une
pure question de rédaction.

Le botaniste définit une plante, ou pour mieux
dire, il la décrit. Où prend-il les éléments de sa description? hors de lui-même, dans l'observation des
faits. Il est une plante qu'on a appelée rose. Le botaniste en a vu une, deux, vingt, cent. Il en a remarqué les caractères essentiels, communs, qui distinguent la rose de toutes les autres plantes. Alors il
nous dit : La rose est une plante faite de telle et telle
manière; c'est très-bien.

Mais n'oublions pas, d'un côté que le botaniste a
puisé les éléments de sa description dans l'observation des faits, de l'autre qu'il travaille à la science. Il
a besoin pour cela d'ordre, de classification, de rap-
prochements, enfin de tous les matériaux scientifiques d'un système.

Le jurisconsulte est dans le même cas, lorsqu'il

étudie ou qu'il fait un livre. Il a besoin d'analyser les caractères de chaque délit, d'en étudier les ressemblances ou les différences, relativement à tous les autres de s'en rendre compte à l'aide de la méthode ; il décompose et il recompose ; il emploie, selon les cas, l'analyse et la synthèse; c'est encore très-bien.

Mais si le directeur d'un jardin des plantes, au lieu de travailler pour la science, voulait seulement défendre qu'on touchât à certains objets, s'adresser pour cela au public, comment s'y prendrait-il? En voulant défendre qu'on touche aux roses, imaginerait-il de dire : On ne touche pas aux plantes ayant tels ou tels caractères botaniques? De deux choses l'une.

Ou il passe sous silence le mot de rose, et on ne le comprend pas ;

Ou il l'énonce d'abord, et sa description est inutile.

Elle pourrait être dangereuse, si les infractions des règlements devaient être jugées par un conseil de botanistes. Il se pourrait que plusieurs d'entre eux ne reconnussent pas dans la description tous les caractères de la plante qu'on aurait arrachée.

Il se peut que le directeur du jardin doive donner des ordres pour des plantes exotiques, dont le nom n'est pas familier dans le pays. Dans ce cas, une description peut être utile si, au lieu d'être tirée des caractères scientifiques, elle rappelle les caractères grossiers, patents, qui frappent les sens les moins exercés.

Représentons-nous maintenant un mathématicien faisant des définitions. Il ne s'agit pas pour lui de décrire ce que l'on fait ou ce qui existe, de prendre l'homme ou la nature sur le fait. Quand il définit le cercle ou le triangle, peu lui importe de savoir s'il y a dans le monde telle chose qu'un cercle ou un triangle; il lui suffit d'exprimer une idée que l'esprit humain puisse concevoir ; il lui suffit qu'il n'y ait pas de contradiction dans les termes, comme s'il disait : Une figure renfermée par une seule ligne droite, etc.

Quelquefois, sous la forme d'une définition, il énonce une proposition, une vérité, si l'on veut, évidente en soi, un axiome ; alors c'est plus que l'explication d'un mot, que la simple représentation d'une idée ; il y a affirmation, appel à la croyance d'intuition ; mais l'appel n'est adressé qu'à l'intelligence pure, à la conscience *intellective;* la conscience morale n'y prend aucune part.

Enfin, une définition peut aussi renfermer un théorème. Elle énonce alors un résultat, auquel on est arrivé par les combinaisons successives de plusieurs idées élémentaires, une vérité, mais toujours une vérité de pur raisonnement.

Qu'y a-t-il de commun entre le procédé du mathématicien et celui du législateur qui veut donner dans un Code les définitions des délits ?

Il n'y a qu'un seul rapport, extérieur, matériel ; le besoin ou le désir d'expliquer certains mots.

Car si le législateur se jetait dans de pures abstractions; si, au lieu de suivre pas à pas l'observation des faits moraux de la nature humaine, d'interroger la conscience morale, la conscience proprement dite, il avait la prétention d'élever un système de Droit sur la base d'un certain nombre de mots définis à sa guise, sans doute il imiterait le mathématicien; mais extérieurement et avec la différence que tandis que celui-ci est dans le vrai, le législateur serait dans le faux.

Le mathématicien élève une science hypothétique, mais à laquelle l'intelligence humaine donne son plein assentiment; rien ne lui fera croire que telles choses étant données, telle autre ne s'ensuive pas.

Le législateur élèverait un système pénal hypothétique, mais auquel la conscience humaine refuserait son assentiment. Aucune définition ne lui fera croire que la soustraction, par erreur, d'une chose d'autrui, soit un vol. Cependant il n'y a aucune contradiction dans les termes de cette phrase, *soustraction, par erreur, du bien d'autrui;* pas plus que dans les mots qui définissent le cercle.

Le géomètre peut dire que le cercle est une figure renfermée par trois lignes droites; qu'importe? Sa géométrie serait embarrassante à lire par la singularité de l'expression; elle ne serait pas moins bonne et moins vraie.

Mais le législateur qui veut définir le mot de vol dans le but de caractériser un délit, et d'en soumettre les auteurs à une sanction pénale, ne peut pas changer le sens que la conscience humaine et la langue commune attachent au mot. Il se rendrait coupable, comme l'officier qui, chargé de défendre une place, ferait pointer à faux son artillerie, en disant que l'angle aigu est celui qui est plus grand qu'un angle droit.

Or convenons-en ; le danger le plus grave des Codes faits spéculativement, riches en principes généraux et en définitions, c'est de tomber dans l'hypothèse ; c'est de faire, si l'on peut s'exprimer de la sorte, de la jurisprudence mathématique ; c'est de faire une législation dont les parties seront parfaitement coordonnées, où toutes les proportions seront gardées, où la logique la plus rigoureuse dominera tout le sujet, du premier jusqu'au dernier article, mais où tout cependant peut être faux, exagéré dans un sens ou dans l'autre sans liaison intime avec les sentiments et le langage de l'humanité, parce que les points de départ n'auront pas été pris dans les principes immuables du juste et de l'injuste, dans les révélations de la conscience, dans l'exacte observation des faits moraux. La manie des définitions, en particulier, aura jeté dès l'abord le législateur dans des généralités et des abstractions dont chemin faisant il abusera lui-même, ou dont abuseront ceux qui seront chargés d'appliquer la loi.

Un philosophe moderne a dit : « Dans les branches de nos études, qui ont pour objet la morale ou la politique, le système de connaissances qui se rapproche le plus, selon *moi*, d'une science hypothétique comme les mathématiques, c'est un code de jurisprudence ; ou plutôt on peut concevoir qu'un tel code offrît une telle ressemblance, si la rédaction en était systématique et conforme en toutes ses parties à certains principes généraux ou fondamentaux. Que ces principes fussent ou non justes et utiles, du moins il est possible, en raisonnant conséquemment d'après ces données, de créer un corps de science artificiel ou conventionnel, plus systématique, et en même temps plus complet que ne pourrait l'être, dans l'état présent des connaissances, aucune des sciences qui reposent, en dernière analyse, sur les règles éternelles et immuables de la vérité et de l'erreur, du bien et du mal [1]. »

Sans doute, il est possible, trop possible même, de faire un Code systématique, *que ces principes soient ou non justes et utiles.* L'observation du philosophe écossais est irrécusable, et en la donnant, ainsi qu'il le fait, uniquement comme exemple d'une chose possible, il ne dit rien qui ne soit à l'abri de tout reproche.

Mais comme il est important que la loi soit utile et juste, la question pour nous est de savoir quel est le procédé intellectuel qui peut entraîner plus facilement le législateur à sacrifier la vérité des principes à l'arrangement logique de la matière, à mettre des hypothèses et des conséquences de ces hypothèses, artistement coordonnées, à la place des dispositions que la justice légitime et que l'utilité publique exige.

Or, sans vouloir rentrer ici dans la question de la *codification*, nous sommes convaincu que si l'on adopte comme *règle absolue* la méthode, soit de substituer une définition à l'expression propre, naturelle, généralement reçue du délit, soit de joindre la définition au mot, on s'expose, entre autres inconvénients, au danger de s'écarter involontairement de la vérité.

---

[1] Dugald Stewart, *Élém. de la philos.*, etc., t. III, p. 58, trad. de M. Prévost, édit. de Genève.

Il est trop difficile de trouver des phrases générales et précises en même temps, des expressions qui ne disent absolument rien de plus ni rien de moins que ce qui est renfermé dans le mot indicatif du délit. N'oublions pas que ces définitions placées dans la loi se trouvent isolées, seules pour se défendre et s'expliquer. Elles n'auront pas, comme dans un livre, le secours des développements précédents et subséquents dont l'auteur les aura entourées.

Il y aura, dit-on, des jurisconsultes et des juges. Sans doute, et il se formera une jurisprudence; et nous ne sommes pas de ceux qui s'imaginent pouvoir s'en passer, qui se plaisent à la décrier.

Mais la bonne jurisprudence est celle qui prend sa source dans la nature même des choses, qui, en matière de délits, retrouve et fixe le sens des réponses de la conscience humaine. Si la définition du législateur est exacte, la jurisprudence n'en souffrira point; si la définition est inexacte, la jurisprudence sera d'abord incertaine, vacillante; elle ne retrouvera la bonne route qu'après avoir à grand'peine écarté les obstacles que les prétentions ambitieuses du législateur avaient jetés à la traverse.

Mais la question remonte, peut-être, plus haut. Les défenseurs les plus zélés du système absolu des définitions ne sont-ils pas les mêmes hommes qui s'imaginent que le législateur crée les droits et les obligations, et en conséquence les délits? On comprend alors comment ils sont moins effrayés que nous du danger des définitions; car il suffit pour eux que la définition exprime nettement leurs propres idées.

Ceux, au contraire, qui ne reconnaissent le délit
que dans un acte immoral en soi ; ceux qui, pour distinguer l'acte moral de l'acte immoral, le délit grave
en soi du délit moins grave, en un mot, le bien du
mal, consultent avant tout la conscience humaine ;
ceux-là demandent à la définition d'être l'image fidèle
des révélations de la conscience, d'appliquer à chaque
délit, non leurs idées systématiques, mais les notions
du sens commun.

Or, le sens commun a parlé avant le législateur. Il
a vu des hommes s'emparer malicieusement du bien
d'autrui, et il les a appelés voleurs. Il a vu des hommes
ôter la vie à leur semblable, il les a appelés meurtriers ;
et il n'a jamais confondu avec eux, ni celui qui tue
son agresseur pour défendre sa vie, ni celui qui tue
un animal. Qu'est-ce qu'un vol ? qu'est-ce qu'un
meurtre ? tout le monde le sait. Mettez à la place la
définition ; la plus grande partie du public ne saura
plus de quoi l'on parle.

Et si, sur plusieurs délits, il existe de la confusion
dans les notions et le langage du public, nous n'hésitons pas à en accuser les faiseurs de lois, qui ont
embrouillé les idées par leurs distinctions et leurs
classifications arbitraires, qui ont voulu créer des
définitions au lieu de les recevoir, inventer au lieu
d'observer, faire des systèmes au lieu de régler les
faits existants.

N'est-il pas singulier de voir des législateurs donner gravement la définition de l'adultère et de quelque chose de pis encore ? Dans quel but ? Dans le but
d'expliquer leur pensée ? Mais pourquoi, en parlant

du vol de chevaux, ne pas donner la définition du cheval? pourquoi, en parlant des meurtres commis avec préméditation, de sang-froid, de guet-apens, ne point définir ces expressions? enfin pourquoi ne pas définir chacun des mots dont se compose la définition, et ainsi de suite?

Il y a donc un point où il faut s'arrêter, où cette explication sous forme de définition ne serait plus qu'un moyen de rendre obscur et incertain ce qui est clair et certain de soi-même.

Dès lors, pourquoi ne pas appliquer cette observation même à la définition du délit? pourquoi établir la nécessité des définitions dans les lois, comme une règle générale et absolue?

Que conclure de ces observations? Qu'il n'y a point de règle immuable à établir; qu'il faut examiner attentivement l'état des choses et suivre selon les circonstances, la méthode qui, dans les cas divers, est la plus propre à donner à la loi toute la clarté et la précision nécessaires. Nous terminerons par quelques observations plus spéciales et positives, qui pourront, peut-être, fournir quelques directions pratiques pour la rédaction des lois.

1° Lorsque, après avoir reconnu qu'un acte réunit les caractères moraux et politiques du délit, on veut le placer dans la loi pénale, il faut rechercher avant tout si cet acte a reçu dans la langue commune un nom propre, fixe et déterminé, qui le distingue de tout autre acte immoral.

Si ce nom existe, le législateur doit s'en emparer et l'employer sans définition.

2° Si le crime dont il s'agit est susceptible de diverses peines, selon qu'il est ou non accompagné de
certaines circonstances, la loi doit d'abord exprimer
la peine dont elle menace les auteurs du délit simple.

Ensuite, par autant d'articles distincts, elle ajoute
au nom du délit les diverses circonstances aggravantes que le législateur juge à propos de prévoir.

De même, si le délit ne doit pas être puni lorsqu'il
est accompagné de certaines circonstances, ou commis par certaines personnes, la loi pose l'exception, en
ajoutant au nom du délit la circonstance qui l'excuse.

Par exemple le vol sera puni, etc.

Le vol avec effraction sera puni, etc.

Le vol avec effraction, de nuit, sera puni, etc.

Le vol commis avec effraction de nuit, par plusieurs personnes, avec armes, sera puni, etc.

Le vol commis sur les grandes routes, etc.

Il est inutile de faire remarquer que nous donnons
ces expressions uniquement par forme d'exemple,
sans considérer si c'est l'ordre que nous suivrions, les
termes que nous emploierions, en rédigeant une loi.
Continuons.

Le vol commis par la femme au préjudice de son
mari, ou par le fils au préjudice de son père, ne
donne point ouverture à une action pénale.

De même ; l'adultère sera puni, etc.

L'adultère commis avec violence sera puni, etc.

L'adultère commis par le mari, hors de la maison
commune, ne sera pas poursuivi.

3° Si le délit est un fait que la langue commune
n'a pas encore nettement saisi, en lui donnant un

nom fixe qui en représente immédiatement l'idée
précise à l'esprit, le législateur, après s'être *bien as-*
suré qu'il s'agit en effet d'un acte immoral et nuisible, doit remplir auprès du public l'office de *no-*
menclateur.

Dans ce cas, le nom seul ne suffit pas : il faut désigner le fait qu'on a en vue et auquel on veut appliquer le nom.

Mais au lieu de donner une définition sous des
formes abstraites, il faut donner la description du
fait, en la tirant, autant qu'il est possible, des actes
physiques qui le constituent, ou des effets nuisibles
qu'il produit. L'essentiel est de saisir les actes et les
effets communs à tous les délits de l'espèce dont il
s'agit, et d'éviter les actes et les effets insignifiants
ou trop spécieux. « Celui qui aura déterré un cadavre
pour le vendre, celui qui aura arraché un nègre à son
père ou à sa mère, » ne sont pas des expressions
propres à bien définir le crime de la traite des nègres
et le délit de violation des tombeaux.

4° Si le délit spécial qu'on veut punir est désigné
par un nom qui s'applique même à des actes dont la
loi pénale ne s'occupe point, le législateur doit ajouter au nom les circonstances qui rendent le fait général punissable dans tel ou tel cas.

Le mot de *stellionat* a été appliqué à un grand
nombre d'actes analogues. Supposons qu'on voulût
accorder l'action pénale proprement dite, dans un
seul cas, il faudrait dire : « Quiconque se rendra
coupable de stellionat, en vendant à une personne
une chose qu'il avait déjà vendue, etc. »

5° Quelquefois le sens net et précis que la langue commune avait attribué à un mot a été défiguré, altéré par la loi ou par la jurisprudence. Dans ce cas, il importe d'éviter ce mot, ou de lui rendre sa véritable signification; il y aurait danger à l'employer sans aucune explication.

Le Code pénal français avait employé le mot de *calomnie* dans un sens assez éloigné de la notion commune de ce délit.

6° Lorsqu'il s'agit de faits analogues, mais tels cependant qu'ils exigent une sanction pénale différente, et que la langue, à cause de leur analogie, leur applique indistinctement plusieurs noms, le législateur peut profiter de ces diverses dénominations, mais de manière à attribuer à chacune un sens exact et particulier.

Tels sont les actes désignés sous les noms de *calomnie, diffamation, outrage, injure*, etc.

La loi en déterminera le sens en attachant à chacun de ces mots la circonstance essentielle qui distingue l'un de ces faits des faits analogues; ces diverses dispositions, rapprochées les unes des autres, s'éclaireront mutuellement par le contraste des diverses qualifications que le législateur aura exprimées. Si la loi ne désignait que l'*outrage* seul, il serait facile de le confondre avec la *calomnie* ou avec l'*injure*. Mais la calomnie et l'injure se trouvant à leur tour qualifiées d'une manière spéciale, on ne saurait dépasser les limites assignées au délit d'outrage, sans comprendre à l'instant qu'on le confond avec l'un ou l'autre des délits analogues. Peu à peu, à l'aide de la jurisprudence et de la publicité, le sens précis de chacun de ces mots passera dans la langue commune.

7° Lorsqu'il s'agit de circonstances aggravantes ou atténuantes, il est d'autant plus essentiel de réfléchir mûrement à la rédaction de la loi, qu'elle peut changer essentiellement la distribution des pouvoirs entre les juges et le jury.

Si un crime qui peut être accompagné de ces circonstances n'est désigné que par un seul article et un seul mot, le législateur est obligé de laisser une grande latitude dans la sanction pénale, et un immense pouvoir au juge.

Si au contraire chaque circonstance importante forme un chef distinct avec une sanction pénale particulière, la question spéciale est posée au jury.

Il prononce alors sur la circonstance importante comme sur un délit *sui generis*.

Nous ne fatiguerons pas davantage nos lecteurs en multipliant ces observations minutieuses et de détail.

Tout se réduit, nous y insistons, à cette règle fondamentale : le législateur doit étudier les faits de son pays, du peuple qu'il est chargé de gouverner, s'en emparer, les régler dans le but et dans les limites de sa mission. Ce principe s'applique également aux actes et au langage. La loi peut écarter quelques erreurs, dissiper des nuages, aider avec mesure et prudence au développement national du droit. Mais si le législateur, en oubliant son rôle, s'aventure dans le champ de la spéculation; si par l'ambition de créer il néglige les actes, les opinions et le langage

de son peuple; s'il veut savamment expliquer ce
qui est clair, substituer des abstractions à des faits,
un langage particulier à la langue commune, il méconnaît les fonctions augustes dont il est revêtu.

Au surplus, ces égarements sont peu redoutables
là où la nation ne demeure pas étrangère à ses propres affaires, là où les élus du peuple coopèrent à
l'œuvre de la législation nationale. Les assemblées
ne font pas de systèmes; elles ne se plaisent guère
dans les généralités superflues et dans les abstractions
savantes; elles ne négligent pas les faits et la langue
de leur pays, car elles les portent en elles-mêmes;
elles sont le pays.

FIN DU TOME SECOND ET DERNIER.

TABLE DES MATIÈRES

CONTENUES DANS LE TOME SECOND.

LIVRE TROISIÈME.

DE LA PEINE.

LIVRE QUATRIÈME.

DE LA LOI PÉNALE.

FIN DE LA TABLE DU TOME SECOND ET DERNIER.

Saint-Denis. — Typographie de A. MOULIN.

9

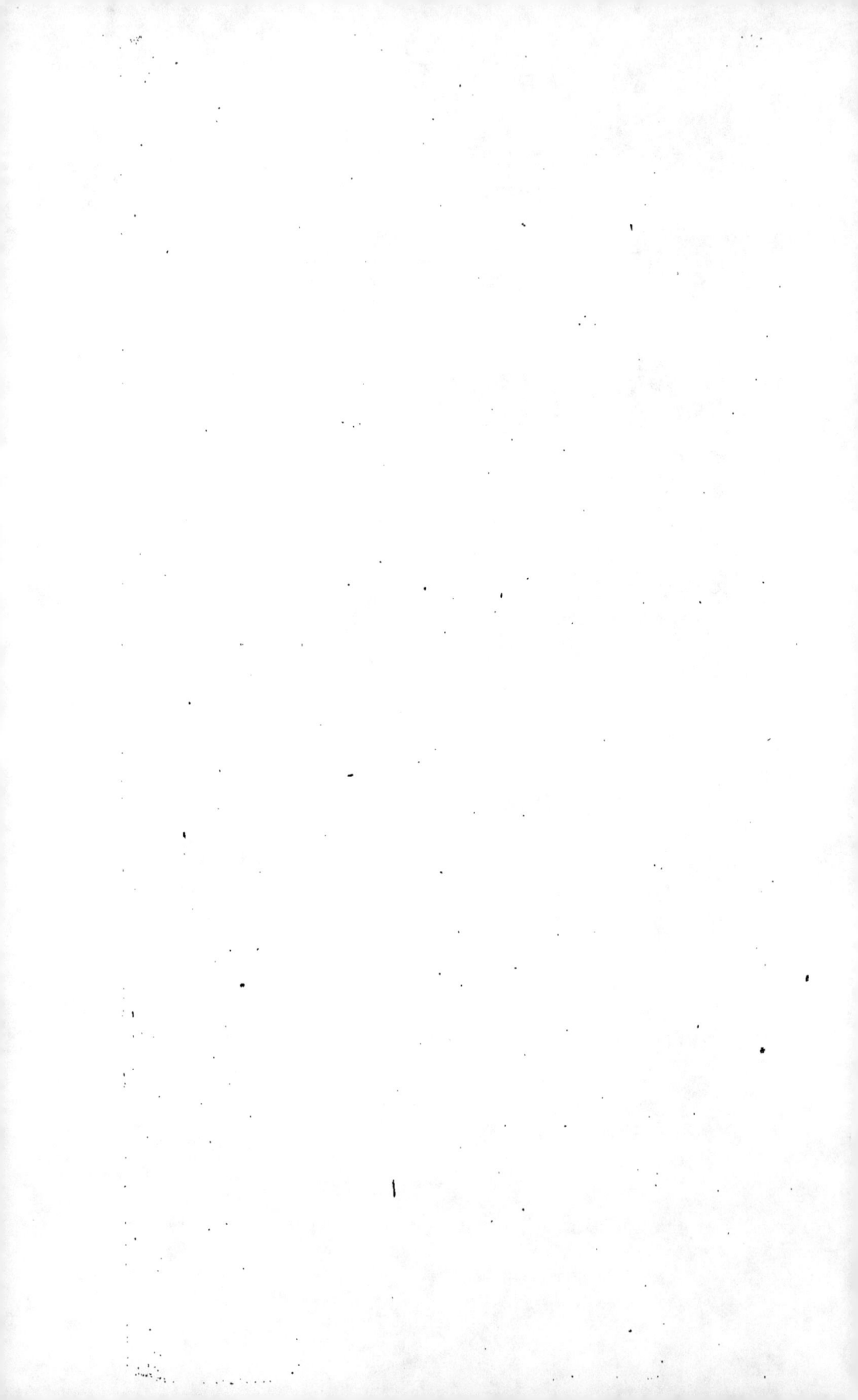

www.ingramcontent.com/pod-product-compliance
Lightning Source LLC
Chambersburg PA
CBHW060949220326
41599CB00023B/3638

* 9 7 8 2 0 1 9 5 8 6 0 9 6 *